陕西理工大学汉语言文学

现代礼仪

—— XIANDAI LIYI ——

李 丹 编著

重庆大学出版社

内容提要

本书依据传统礼仪中的有益内容和社会生活中的客观实际,针对性地向在校大学生及社会各类青年朋友介绍了中国传统礼仪的演变过程以及形象礼仪、待亲礼仪、交往礼仪等方面的基本内容,以期帮助相关读者更自觉、更从容、更快乐地学习、工作、创业、发展。本书在介绍过程中,作者既刻意较多地介绍典籍内容,又依据青年朋友的心理特点,尽力穿插一些传说典故、名人轶事等切题内容,以增加生动性与趣味性。如此,阅读本书,就有利于广大读者既能加深理性之思考,又能在阅读中获得教益。

图书在版编目(CIP)数据

现代礼仪 / 李丹编著. --重庆:重庆大学出版社,
2022.3
ISBN 978-7-5689-3036-9

Ⅰ.①现… Ⅱ.①李… Ⅲ.①礼仪—高等学校—教材
Ⅳ.①K891.26

中国版本图书馆 CIP 数据核字(2021)第 237307 号

现代礼仪

李 丹 编著
策划编辑:顾丽萍
责任编辑:杨育彪   版式设计:顾丽萍
责任校对:王 倩   责任印制:张 策
*
重庆大学出版社出版发行
出版人:饶帮华
社址:重庆市沙坪坝区大学城西路 21 号
邮编:401331
电话:(023) 88617190   88617185(中小学)
传真:(023) 88617186   88617166
网址:http://www.cqup.com.cn
邮箱:fxk@cqup.com.cn(营销中心)
全国新华书店经销
重庆升光电力印务有限公司印刷
*
开本:787mm×1092mm   1/16   印张:12.75   字数:297 千
2022 年 3 月第 1 版   2022 年 3 月第 1 次印刷
印数:1—2 000
ISBN 978-7-5689-3036-9   定价:39.00 元

前　言

人类的生存与发展,离不开法制,离不开道德,同样也离不开礼仪。

从古至今,礼仪的基本功能都在于展示每一个人类个体的良好形象,促进人与人之间的良性交际,维护正常而有益的社会秩序。现在,随着生活节奏的加快、人际交往圈的扩大,人们越来越看重对礼仪的学习和践行,期望以遵奉礼仪的言行举止得到他人的认可、赞赏和支持,取得更出色的、有益于社会发展的业绩。这是一种十分可喜的现象。

中华民族是举世闻名的"礼仪之邦"。五千余年的文明史所积淀下来的礼仪内容,浩如烟海,包容博大,真可谓士农工商,七十二行,处处皆有礼仪规范。这些礼仪规范流传到现在,有的已经脱离了现实生活而被人们弃用,有的因为过于行业化而被其他行业的人们淡化。正因如此,要帮助现实生活中的各类人群熟悉现代礼仪的全部内容,仍然是一件比较困难的事情。

编者在陕西理工大学为学生讲授现代礼仪多年,接触到了不少有关现代礼仪的专著和教材。这些专著和教材,各有特色,都有着十分宝贵的科学价值和实践意义。但同时本人又感到,面对许许多多的行家之论,对大学生们讲现代礼仪,究竟选讲些什么才好呢?既不能面面俱到,包罗万象,又不能过分单薄,对他们今后的生存、发展无补。因此,纠结良久之后,本人决定撰写此书,期望在撷英揽花、广采众论的基础上,抓住几个重点内容介绍给大学生以及和他们年龄相近的读者,帮助他们在各自的实际生活中处理好人际交往中的主要礼仪问题,以更好地实现充满正能量的人生价值。这个目的能否达到,还要看本书面世后的社会实践。

为了使编者的良好愿望最终成为现实,撰写此书时,主观上力求突出三个特点:其一,尽可能多地介绍传统文化中的一些积极内容,帮助读者了解现代礼仪的本源。这样,读者认识现代礼仪内容的视野,可能会有所扩展。其二,尽可能地既讲明怎么做,又讲明为什么要这样做,即既讲"礼",又讲"理"。这样,也许更能提高年轻读者自觉恪守现代礼仪的认知高度,从而感受到守"礼"的快乐,同时减轻"约束感"。其三,力求生动性与趣味性。为此,为了说"礼"需要,尽可能地穿插一些历史掌故、名人轶事、民间传说。用这些内容来调节一下较为枯燥的理论性阐说,也许能增强对读者的吸引力。除此之外,本人还特别注意提醒读者恰当估价礼仪的实际功能。生活是复杂的,世人是各色各等的,令人纠结的实际问题是多种多样的。这些因素决定了礼仪的践行必定会遇到一定的困难。因此,本人在书中除了介绍必要的礼仪规范外,也触及了一些共性之外的特殊情况,期望帮助读者妥善处理人际关系中的某些非礼仪能够奏效的实际问题。因为我始终认为,古往今来,礼仪之功能,不可能完全化解实际生活中的诸种矛盾,它的作用不能被无限放大。这一见解是否科学,也只能求教于专家。

坦诚地说,撰写本书,编者是尽心尽力的。其目的只有一个,那就是对读者有用,对社会有益。但限于自身的学养,本人的目的能否完全体现在本书的字里行间,还真不敢断言。限于编者水平有限,书中难免存在错误和不足之处,期望专家学者们悉心指正,也诚望读者朋友们提供宝贵意见,帮助本人在现代礼仪研究方面更上一层楼,最终迎来"只挂云帆济沧海"的美丽与壮阔。

李　丹

2021 年 6 月

目录

第一章

礼仪的"前世今生"

礼仪的"前世今生"是一种意在吸引人眼球的说法,它的直白意思是:礼仪的历史怎样?现今的状貌又怎样?人类的生活实践荡涤了些什么?保留下来的我们又该怎样评判?

因为,任何一种相对稳定且又有一定发展的社会活动,以及与这种社会活动紧密联系的文化体系,都不是一闪而亮、一跃而出的,都有着它的历史沿革性。在这种沿革的过程中,不断舍弃已经不合时宜的内容的同时又努力发扬尚能发挥积极作用的内容,都是十分自然的现象。

正是基于上述理由,我们今天要讲现代礼仪,首先必须回过头去,先看看我们老祖先的礼仪理论和理论指导下的礼仪活动。只有这样,我们才能骄傲地、毫不羞涩地说:我们始终守望着中华民族优秀的传统文化,维护着先贤圣哲及广大先民们所遗留下来的宝贵的精神财富。

第一节　礼仪的产生、内涵和本质

一、礼仪的产生

学界普遍认为,礼仪起源于鬼神信仰。在西周时期,我国古代礼仪已基本成形。据专家的研究,在殷周时就出现了"德"的观念和与之配合的"礼"的规范。此后,春秋时期的孔子,成了礼仪的集大成者。而孟子又对孔子所倡导的礼的核心"仁"进一步发挥,提出"仁政""仁义"见解。这就形成了后来归纳出的"孔孟之道"的说法。到了宋明两朝,传统礼仪与伦理道德说教相融合,使礼仪与礼教混杂难分,维护当时封建秩序的目的也更为明显,对人们的观念和行为的约束也更为严苛。

显而易见,以上见解对我们认识传统礼仪的产生、定形极富意义。但问题在于,这种见解的依据,是已经见诸文字的各类史料,而这种史料,包括至今还在发挥着重要作用的《论语》《孟子》《礼记》等,它们的基础又是什么呢? 或者说,是什么样的社会现状、什么样的人类活动,才使得先贤们有了如此丰富的见解和总结呢?

关于中国文学史的多个版本在介绍文学艺术起源时有一个共同观点:文学艺术起源于劳动。例如《淮南子·道应训》说:"今夫举大木者,前呼'邪许',后亦应之,此举重劝力歌也。"它证明了诗歌的产生与劳动的关系。由此我想,礼仪的源头,恐怕也还在先民们的生活实践之中。

为了追本溯源,我们不妨介绍一种远古时期的社会现象。《孟子·滕文公上》记载,古时的人们对父母亲的去世,起初是并不安葬的,只将尸体放到野外的某个山沟里就算完事了。但过了些时日,当逝者的后辈再经过那个山沟时,看到有狐狸在啃食其父母亲的尸体,有苍蝇、蚊子在叮咬其父母亲的尸体。此时,逝者后辈的额头立刻冒出了冷汗,眼睛只向别处看,不敢再看其父母亲的尸体。逝者的后辈并不是因为有人责怪他们才流汗,而是他们内心不忍,情不自禁地直冒冷汗。于是他们赶忙回家去,拿上竹篓、锄头,把父母亲的尸体埋了起来。这种埋法,就是"葬"礼的开始。尽管它还很不完备,但毕竟有了可贵的基础,形成了初步的程序和规矩。

杨荣国先生在他的《中国古代思想史》一书中论及周朝时"孝"的思想的产生时,也介绍了一种很实际的例证。书中说:武丁的儿子孝己,对父母亲很孝顺。只因他母亲早死,他父亲误听他后母的话,将他放逐而死了。后来虽然有许多人哀悼他,但卜辞之中,只有兄己、父己之名,却并无"孝己"之名,故《世本》和《史记》中均未记载其名其事。国学大师王国维研究,兄己、父己,其实就是孝己。他为什么被称作孝己,正是因孝顺父母而得名。

上述两例证明,"礼"和文学艺术一样,也源于生活。"礼"之始,程序、规矩只是雏形,后经不断地总结、丰富,直到大家觉得较为完备、没有缺漏时,它就成为一种正式的礼仪。这种礼仪一旦定形,它自然也就规范着其时及其后的人们的观念与行为。正因为此,世间也才有了"礼出于俗,礼化为俗"的说法。

至此,实际上我们已经触及了礼仪的部分内涵。当然,如果要科学地、较为系统地评说礼仪内涵,还须借助古今群贤的有价值的见解。

二、礼仪的内涵

在历史典籍中,就"礼仪"二字而论,涉及"礼"的篇什比比皆是,而谈"仪"者则相对较少。因为,在古人心中,礼就包含了仪,仪也离不开礼,故而也就常谈礼而少谈仪。那么,"礼"究竟是什么呢? 虽然,它的字面意思只表祭祀——古"禮"一字中,左边部分表示恭敬的态度,右边部分表示祭祀的器物(多指盛酒器具和装载其他祭品的用具),但所包含的实际内容,却十分丰富。

《中国礼仪大词典》中,对"礼"的定义是:"礼指特定民族、人群或国家基于客观历史传统而形成的,以确定、维护社会等级制度为核心内容的价值观念、道德规范以及与之相适应的典章制度、行为方式。"四川人民出版社出版的《简明古汉语字典》介绍,"礼"的义项有祭祀、尊敬、礼节、礼物、制度、行为规范等。《辞海》当中对"礼"的解释,也大致相同。

综合诸家阐释以及《论语》《孟子》,特别是《礼记》当中的阐说或介绍,我们对于"礼"的内涵,可以归纳出以下几项:

第一,它是一种典章制度。它着眼于国家大局,往往涉及政治、经济、军事、文化等,因而被视为"国之基""君之大柄"。比如《周礼》侧重言说古代的政治宗法制度就是一个明证。

作为典章制度的"礼",主要功能在于保持社会全局的稳定与安宁,维护天子之国及诸侯分封国的宗族式统治,以避免"礼崩乐坏",根基动摇。

第二,它是做人处事的一种道德规范。孔子提出"不知礼,无以立也。"(《论语·尧曰第二十》)《礼记》也评说道:"凡人之所以为人者,礼义也。"可见,礼仪的道德规范作用,实在不可轻视。按照先贤们的说法,不追求道德修养,不奉行礼仪规范,人就不可能安身立命,也就不能称其为人了。提到这个高度,应该是到达极致了吧。

作为道德规范的"礼",其主要功能在于促进世人提高道德修养,成为"君子",以"修身"作基础,进而能够"齐家治国平天下"。抛开个人功利目的来说,这种道德规范的修养,无疑具有跨越时空的积极意义。孔子早就说过:"恭而无礼则劳,慎而无礼则葸,勇而无礼则乱,直而无礼则绞。"(《论语·泰伯第八》)意思是:恭敬而不符合礼的规定就会烦扰不安,谨慎而不符合礼的规定就会胆怯退缩,勇敢而不符合礼的规定就会违法作乱,直率而不符合礼的规定就会尖刻伤人。老夫子这几句充满哲理的告诫,即使在今天,不也使我们受益无穷吗?

第三,它是全社会都应该遵守的一种行为准则。为了保持正常的人际交往,维护良好的人际关系,孔子既是对弟子也是对世人提出了基本的行为准则,这就是有名的"非礼勿视,非礼勿听,非礼勿言,非礼勿动"。(《论语·颜渊第十二》)孔子据此特意告诫他的弟子们说:这就是修行仁德的具体方法。如果说孔子的提法还有些笼统的话,那么《礼记》中的许多提法就非常明确、非常具体了。比如《礼记·曲礼上》中,对人们日常的行为举止的规范,几乎达到了不厌其详的地步。像"上于东阶,则先右足。上于西阶,则先左足。"(意思是凡与客人走台阶,若走东台阶,就先迈右脚。若走西台阶,则先迈左脚)之类,实在就太过琐碎了,稍不留神,岂不举步无"礼"了吗?

很显然,作为行为准则的"礼",它的基本功能是按照社会通行的规矩来约束自身,使每个人能够安分守己,不讨嫌,不添乱,从而既利于与人的和谐相处,又利于保持全社会的安宁平静。如此,每个人的生存环境就会日益改善。

第四,它是根据各种不同的实际内容而安排的趋于程式化的仪式。这种仪式,在特定环境或特定事项中是不可或缺的。因为,"礼"离开了仪式,它的内容便难以表现,无法让"礼"的承受者感知、理解、接受;另外一种情况是,"礼"的对象虽然已经离世,无法感知"礼"的内容,但通过相应的仪式,"礼"的对象的关系人(亲属、朋友、同事等)却可感知、理解"礼"的内容,得到安慰或鼓舞。这就是民间所说的"给活人看"。

第五,它是表示和好、感谢、慰问、恭敬等情绪的礼品。"礼"的这种内涵,民间称为"送礼"。它的一般做法是在某方家中有了婚丧嫁娶之事时,特意奉送礼物或礼金,以表示特有的关切。

"送礼"之举,意在表"情",所以一般都是互有来往的,老百姓把它叫作"送人情份子"。因为大家都明白一条古训:"礼尚往来:往而不来,非礼也;来而不往,亦非礼也。"(《礼记·曲礼上》)。正因为如此,礼物或礼金的相送,大致遵奉对等的原则。至亲之间,则根据个人经济情况自行决定,并无一定之规。至于送礼物,有些则是有特殊讲究的。这在其后章节中会有专门介绍,此处不赘述。

三、礼仪的本质

通过不同方式传输"礼"的信息,它的功能虽因对象、事项不同而有所差异,但拉近关系、联络感情、平安相处这一主线,却是十分清楚的。因此,它在人与人的交往中所发挥的积极作用不可轻视。

前面介绍了礼仪的五项基本内涵后,对于礼的本质,我们应该有一个大概的认知了。但是,如何科学评价礼仪或者叫作"礼"的本质,却不简单。

一般而言,根据孔子"礼者,敬人也"和《礼记·曲礼上》中的"夫礼者,自卑而尊人"可以认为礼的本质就是"敬人"。但实际上,敬人还只是一种外化了的现象,或者说还只是一种手段。进一步探究,便可以发现敬人的目的在于和谐人与人之间的关系。因此,根据荀子的"礼者,贵贱有等,长幼有差,贫富轻重,皆有称也"之类的言论,特别是根据始自殷、周时期的奴隶主统治阶级和历代封建统治阶级竭力宣扬"德""礼"等思想观念、行为规范的功利目的,学界的基本认识是:我国古代礼仪的主旨,是维护利于统治集团的等级制度,认同并坚持人的等级差异。这种认识是非常正确的。但是我们也应该看到,统治集团倡导礼仪虽然别有用心,但这并不能掩盖礼仪在民间流传的实际功能——优化人与人相处的关系。所以中国人民大学的金正昆教授评判说:"我国古代礼仪具有明显的两重性。一方面,它提出了礼仪的一些基本原则,制定了人际交往的行为规范,并且强调'礼之用,和为贵',这些都是可以为现代礼仪所借鉴的。另一方面,它并不尊重人,而在于维护封建统治制度。这些糟粕,自然必须为现代礼仪所否定。"(《社交礼仪教程》第2版)。毫无疑问,金先生的这种奉执"扬弃"精神的评判,是很有代表性的,也是非常中肯的。

根据"扬弃"二字的基本精神,笔者认为要真正做好扬弃工作,达到该扬者扬、该弃者弃的目的,必须在三个方面多下功夫。

其一,任何人都很难超越历史,超越宏观环境。因此我们分析评判历史人物时,必须认真审视他们所处的那个"现时代",从而给他们以充分的理解。同理,在评判以讲仁、讲儒、讲理为终身乐事的孔子、孟子、董仲舒、朱熹等人物时,也应充分考虑他们生存时代的社会总貌,猜度他们生活的酸甜苦辣,辨析他们心中的情感大趋势。如此,对他们的言辞、作为才能有比较公允的评说。不然,可能就会"因人废言",或"因言废人"。比如孟子为什么由孔子所提的"仁"的观念出发,大讲特讲"仁政""仁义"之说,只要看看他所处时代的诸侯国的统治者们都在忙些什么,也就心明如镜了。他对统治者们实在是"恨铁不成钢",希望给他们帮个忙呀！反过来看，如果诸侯国的统治者们真能施行"仁政"，对天下百姓讲"仁义"，那岂不是一件好事？可惜孟子的学说，统治者们并不感兴趣。他们感兴趣的，只是你征我伐，争夺地盘，称王称霸，雄踞天下。综上所述，如果完全认为孟子的主张一无是处，恐怕也不是公允之论。

其二，要尽可能科学、准确地理解古人谈论礼仪的言论，做到既要精当，又要留有余地。就拿前面提到的荀子的那句话来说，"等""差""轻重""称"几个关键词，是否都在表示等级差异，我看倒不一定。先秦之时，词汇量较少，有些词往往包含着多种义项，如果稍有不慎，就可能以一概全，不甚精准；进一步说，生活中由于社会地位、年龄大小、财富多寡而导致的人的差异，难道真的不存在吗？如果我们联系古训中关于衣食足而知荣辱、仓廪实而知礼节的人性总结，那么我们对于荀子的说法，也许就能理解多于批判了。

其三，对于先贤们的言论，要有整体的、宏观的把握。金无足赤，人无完人。一个人的言论，受时代及个人认识水平的局限，不可能皆是至理名言。有时候，说不当的、有缺陷的甚至完全错误的话，也在所难免。研读先贤的言论时，常常遇到这种实例，也就有了一点感悟。我认为，评判某人的言论，只有着眼于整片森林而不是只盯着几片黄叶或一两棵枯木，才能出语中肯，令人信服。比如《论语》这部书，誉之词甚多，毁之词也不少，甚至于说起孔子，有人奉为至圣大贤，也有人认为"孔家店"里没有什么好东西。持这种观点者，大概是只记得孔子说过的"唯女子与小人难养也"等几句话，就愤愤不平而已。实际上，总体而言，《论语》的价值是不可否定的。故而钱文忠教授才评论说："《论语》教给生活在现代的我们的，主要是一种人生的境界，一种人生的智慧，一种人生的态度。而正是在这个意义上，我们可以非常有把握地讲，《论语》有穿越时空的永恒的价值。而不是说，《论语》是一部万宝全书，我们读了《论语》，就可以解决我们面临的一切问题。"（《钱文忠解读〈三字经〉》）笔者认为，钱教授这种立足于宏观和本质的评判之说，为我们树立了很好的榜样，值得我们认真学习。

第二节　传统礼仪的基本类型和历史性启迪

一、传统礼仪的基本类型

如果要从微观上去分辨礼仪的类型，那实在是不可能的事情。因为古已有之的士农工商，七十二行，皆有礼仪之事，聚合起来，林林总总，很难界定。比如"开门七件事，柴米油盐酱醋茶"。这里面的礼仪怎么划分就很难很难。所以，人们只能从宏观上对传统礼仪进行分类。

根据实际生活中的礼仪状态，人们经过梳理分析后，将传统礼仪归为五大类，即吉礼、嘉礼、凶礼、宾礼、军礼。

（一）吉礼

吉礼即祭祀之礼。吉礼"上事天，下事地，尊先祖而隆君师"（《荀子·礼论》），所以被尊奉为五礼之首。具体来说，它包括以下三方面的内容：

①祭天神，即敬祀昊天上帝，敬祀日月星辰，敬祀传说中的其他神祇，如财神、雷神、二郎神等。

②祭地祇，即敬祭社稷、五帝（通常指黄帝、颛顼、帝喾、尧、舜）、五岳（东岳泰山、西岳华山、南岳衡山、北岳恒山、中岳嵩山），敬祭山林川泽，敬祭四方百物等。

③祭人鬼，即在特定时日敬祭先王、先祖和已故多年、丧期早过的长辈等，还可敬祭故世久远的历史名人等。

我在每一项祭祀中，特意加了一个"敬"字，这并不是简单地重复，而是旨在表明，根据古代礼仪，在所有的吉礼当中，执礼者内心都十分虔诚，神态都十分恭敬。孔子说："祭如在，祭神如神在。"（《论语·八佾第三》）意思是：祭祀某个对象时，就觉着这个对象在眼前一样，祭祀神灵时，这个神灵就像在眼前一样。孔老夫子的这种态度，正代表了古时举行吉礼时一种特有的礼仪要求，那就是"敬"。

（二）嘉礼

嘉礼即喜庆聚欢之礼。《周礼》中有"以嘉礼亲万民"的话，可证嘉礼的内容涉及了实际生活的方方面面。大致划类，则有以下几种：

①饮食之礼。用于宴请宗族亲人的礼仪。

②婚冠之礼。即成人礼（如加冠礼——按《礼记·曲礼上》的解释：男子到了二十岁称为"弱"，可以"加冠"了，就是说可以戴冠了，就要举行加冠礼）、婚配礼。

③宾射礼。相当于现在的招待朋友故旧的礼仪。

④飨燕之礼。"燕"通"宴"，指宴饮。这是招待四方宾客的礼仪。

⑤脤膰之礼。脤指古代祭祀时所用的生肉；膰指古代祭祀时所用的烤肉，故脤膰之礼是用于和亲同姓诸侯国的礼仪。

⑥贺庆之礼。用于和亲异姓诸侯国的礼仪。

嘉礼之"嘉"，在于贺，在于欢。因此，举行这种礼仪，宾主双方都要真诚互动，竭力创造出喜与乐的良好氛围。否则，就会觉得败兴，达不到"亲""热"的目的。

（三）凶礼

凶礼是对各种天灾或人祸的哀悼、吊唁、抚恤之礼。它的主要内容有：以丧礼哀死亡，以荒礼哀凶札，以吊礼哀祸灾，以禬礼哀围败，以恤礼哀寇乱。具体而言：

①丧礼。对各种关系的死亡者进行服丧的礼仪。

②荒礼。对特有个体或群体所遭受的天灾（如饥荒、水患、地震、瘟疫等）表示同情而举行的礼仪。

③吊礼。对特有个体或群体因有死伤或其他灾祸而进行的吊唁慰问的礼仪。

④襘礼。因某同盟国遭敌侵犯、损失巨大而进行的财、货补偿礼仪。

⑤恤礼。对某国因有外敌入侵或内乱发生而给予财、货援助的礼仪。

凶礼的关键是四个字:同情,帮助。它集中体现了人伤我伤、人痛我痛、人悲我悲的远古礼仪精神,更能增进友谊,赢得人心。

(四)宾礼

宾礼是接待各类宾客之礼。远古时期专指诸侯朝觐天子及诸侯之间正规交往的礼仪。秦、汉以后这种礼仪的范围、对象都发生了明显变化。

(五)军礼

军礼指军队的操演、征伐之礼。《周礼》所总结的"以军礼同邦国",阐明了军礼的基本目的是展示军威,震慑、统辖各诸侯邦国。它的主要类型有:

①大师之礼。这是展示大军征伐的礼仪,目的在于壮军威、鼓士气。

②大均之礼。这是王者和诸侯在均土地、征赋税时举行的军事检阅性的礼仪。

③大田之礼。这是天子定期狩猎时,练习战阵、检阅军马的一种礼仪,目的在于练兵。

④大役之礼。这是国家在开展大型工程(如筑城、开河、建造宫殿等)时动员、调用军旅的礼仪。目的在于检阅军力。

⑤大封之礼。这是勘定国与国、封地与封地之间的疆界并树立界碑的一种礼仪。

军礼之意,在于展示实力,以壮声威。因此,庄严、大气是它的基本规范。这种基本规范决定了军礼的组织、实施者,一般都是奴隶主或封建统治集团的上层人物。

以上礼仪分类,基本依据是春秋战国及之前的文献资料。秦汉以降直至宋明两代,社会环境、统治模式、世人观念等都发生了重大变化。此时,礼仪类别的界定、礼仪实施的范围、礼仪参与的主体,以及各种礼仪的具体规范,也都发生了重大变化。全面论说礼仪类别的演变及其派生内容,本书的容量显然无力承担,故不赘言,诚望理解、包容。

二、传统礼仪的历史性启迪

我国传统礼仪的历史性启迪是多方面的,仅根据前述五大类礼仪,就可以探究出以下几点。这几点启迪的深远意义,永远都不会被磨灭。

①不忘根本。这是意义最深远的启迪。

根本是什么? 在古人心中,昊天上帝,日月星辰,先王先祖,乃至三山五岳,林木川泽,等等,都是人之"本"。离开了这些"本",上至天子诸侯,下至草莽众生,既不能存活生命,更不能延续血脉。因此,在五礼之首的"吉礼"中,对这些都要真诚而恭敬地祭祀,以示不忘根本,永怀永念。

之所以这样,是源于人们对这些"本"有着完全符合实际的认知,并由此产生了始终无法淡化的深情。比如对于天地,他们是这样认知的:"天地不仁,以万物为刍狗。"(老子《道德经》)"刍"是干草,代指一切植物;"狗"代指一切动物。意思是说,高天大地无所偏爱,任凭所有的植物、动物都自然生长(以保人类取用不竭)。认识到了这一层,人们自然会明白,没有高天大地,他们终将食用不继,命尽脉绝。既然如此,他们又怎么能够忘记天与地这两个"本"呢?

在古人看来:"山木川谷丘陵,民所取财用也。"(《礼记·祭法》)即一山一水,一草一木,一丘一壑,也是人类的命之所系,也是本,也不能忘。就拿水来说吧,人们评价为"上善若水,水善利万物而不争。处众人之所恶,故几于道"(《道德经》)。水就像至高无上的善。它润泽万物却又不与万物相争;甘心处于任何被人厌恶的地方,它的善已经接近于"道"了。这完全符合人类衍生的事实。远古之人选择栖居之地,首先考虑的是靠近水源。汉中的先民之所以在龙岗居住,就是因为这块"风水宝地"北靠汉江,南临濂水(古称廉水)。再如其后所谓的古都西安、洛阳、南京等,哪一个不是近水而建? 这中间最闻名于世的恐怕就是"八水绕长安"之说吧(长安即现今的西安)。历史一再证明:天下苍生,谁也离不开水。水既然有这么重要的作用,人又怎么能够忘记它呢? 这就是古人总要定期祭祀"水神"或"河神"的原因所在。

人生之本,荀子这样总结:"天地生之本""先祖者类之本""君师者治之本"。他认为天地万物是人类的生存之本,先辈祖宗是人的血脉延续之本,国家(古人眼中:君即代表国)和师长是社会安宁、人无烦扰之本。由传统礼仪观之,所有的本,我们的先人们都以他们特有的礼仪,为后人提供了念之想之、感恩戴德的示范。

②睦邻亲远。用现在的流行语来说,也可以叫作"广结善缘"。这一点,在嘉礼当中表现得尤为突出。在这种礼仪中,宗族亲人也好,朋友故旧也好,四方宾客,同姓异姓,都相互往来,联络感情。如此,地无分远近,人无分亲疏,都被笼罩了特定礼仪的温馨和谐之中。

这种睦邻亲远的行为,显示的是一种胸怀,一种眼界,一种人性的向"和"向"善"。它的认识基础,则是"四海之内,皆兄弟也"(《论语·颜渊第十二》)、"仁者无敌"(《孟子·梁惠王上》)、"爱人者,人恒爱之;敬人者,人恒敬之"(《孟子·离娄下》)之类的仁爱思想。以这种思想规范言行,必将团结更多的人,形成更强的凝聚力。现实生活中的一些人,只求利益,不求仁爱,结果就让他人大失所望,甚至视其为禽兽一般。所以,"嘉礼"中的这种为人指向,今天很具有实践意义。

③扶危济困。传统礼仪中所展示出的扶危济困精神,应该是人类历史中永远不能缺少、永远为世人肯定和赞赏的精神。一个人难免生老病亡,意外遇祸,所谓"三穷三富不到老";一个民族,一个国家,自然灾害,内乱外侮,有的不可抗拒,有的难以预判。因此,当某方遇到这样那样的危难时,他方或表以同情,或伸以援手,这不仅是在帮忙解决实际问题,更重要的是体现了一种道义和人格。这种道义和人格正是中国之所以能被称为"礼仪之邦"的支撑点之一。

这种扶危济困精神,源自儒学先贤们初具萌芽的"人类大同"思想。降格而言,就是一种悲悯精神,也就是恻隐精神。"无恻隐之心,非人也。"(《孟子·公孙丑上》)孟子认为,人如果没有同情之心,那就不是人。据此,他还希望天子和诸侯国国君明白:"乐民之乐者,民亦乐其乐;忧民之忧者,民亦忧其忧。"(《孟子·梁惠王下》)大概正是孟子的这句话,使宋代革新派人物范仲淹在他的名篇《岳阳楼记》中写出了千古名言"先天下之忧而忧,后天下之乐而乐"。很显然,传统礼仪虽然有这样那样的局限性,但它所展示的以同情心为基础的扶危济困精神,在中华民族的发展进程中,却一直发挥着积极作用。

现在,不同的国度,不同的地域,生存状态的不平衡依然存在。这种现状,更加引起了人们对扶危济困精神的关注。从局部来说,见危相助、见难相帮的"中国好人",屡见不鲜。实际上,这正是古礼精神的一种传承和发扬。这就充分证明,传统礼仪中的扶危济困精神,在任何一种社会状态下,都是充满着正能量的文化瑰宝,值得人们格外珍惜、呵护,不使它受一丝一毫的污损和破坏。

④储备实力。传统礼仪中的军礼,根本目的就是展示实力、利用实力,为天子和诸侯国国君威服本邦或他邦助力。抛开这种历史局限性来说,个人也罢,团队也罢,国家也罢,民族也罢,谁能离得开实力?中国自鸦片战争之后百余年来之所以屡受外国列强欺凌,就是因为封建末世的"积贫积弱"使国家毫无实力可言,只能成为列强口边的肥肉。小而言之,个人创业,如果技不如人,人格也不如人,无任何"实力"优势,那就只能步步艰难,甚至完全失败。所以,储备实力,万万不可轻视。

实力从何而来?说大话不能来,玩虚招不能来,只能靠坚持不懈、脚踏实地、科学合理地积聚而来。分而言之,个人的实力,靠学习和实践积聚;团队的实力,靠所有成员团结奋斗,集体提升;国家的实力,靠全民之力、全民之智、全民之心。这是被无数历史事实证明了的,谁也改变不了。

远古的天子、诸侯敢于组织并举行军礼,必然是认为一有必要,二有这个实力。这对后人无疑是一种提醒:真正有实力者,个人就不会虚度人生,团队就不会骤然出局,国家就不会蒙难受辱。毫无疑义,这种提醒或者说这种启迪,它的价值和意义同样也是永恒的。

第三节　传统礼仪的演变过程和总体特点

一、传统礼仪的演变过程

我国的传统礼仪也可称为古代礼仪。它起始于远古先民们的鬼神信仰,衰落于中国最后一个封建王朝——清王朝。这种衰落,只是因时代变化而淘汰了那些过时的陈腐内容,至于那些仍然可以发挥积极作用的内容,则被融入了现代礼仪当中,变成了"古为今用"的新的教化材料。

学界普遍认为,我国传统礼仪的演变过程在不同阶段有不同的重点内容,也有不同的代表性人物。这些不同,也就提供了各个阶段的历史评价依据。

(一)传统礼仪的初创时期

传统礼仪的初创时期始于原始社会之初,止于五帝时代。据考证,我国原始社会时,人们在实际生活中已经有了一定的礼仪规范,宗教礼仪、婚姻礼仪等已现初步形态,而敬天祭神礼仪则为其主体。比如,距今约一万八千年前的北京周口店的山顶洞人,就有了礼的观念和体现这种观念的具体行为。他们缝制衣服,既遮羞,又防止风吹雨淋和烈日暴晒;族中有人死亡,他们会举行一定的悼念活动,具备了初步的交际礼仪。

到了新石器时代(这个时期的标志,是原始人由打制石器进化到了磨制石器。史学界将打制石器时代称为旧石器时代,将磨制石器时代称为新石器时代),人与人之间的交往礼仪又有所发展。据考证,在陕西西安东郊的半坡遗址中,就发现当时的人们在日常交往中已经注意到尊卑之序、男女之别了。在同一家庭中,家庭成员按照男女、长幼席地而坐:男子靠左边坐,女子靠右边坐(右为尊,这体现了母系社会的特点);长者坐上边,幼者坐下边。他们还会划分不同区域,让成年男女在各自的区域内举行活动。

到了五帝时期,礼仪规范的严密性进一步加强。此时的著名人物,当属神农氏、黄帝和尧、舜二帝。神农氏又称烈山氏、厉山氏,一般认为他就是炎帝;黄帝姓公孙,名轩辕,号有熊氏,被称为中华民族的始祖。《商君书·画策》记载:"神农之世,男耕而食,妇织而衣;刑政不用而治,甲兵不起而王。神农既没,以强胜弱,以众暴寡,故黄帝作为君臣上下之义、义子兄弟之礼、夫妇妃匹之合,内行刀锯,外用甲兵。故时变也。"很显然,神农之时,世道因礼仪而和谐宁静。黄帝之时,匡正礼仪,君臣父子兄弟夫妇各有其称,并配之以法规,故世道大变。到了尧舜之时,民间交往礼仪得到了进一步发展,拜、揖、拱手等礼仪已广泛运用于社交活动中。尧因称帝前封为唐侯,故世称"唐尧"。他见诸子不贤,便选定二十岁时即以孝闻名的舜(舜的孝行,元代郭守正,也有人认为是郭守敬所编的《二十四孝》中有介绍,并排为第一)为接班人。尧死后,舜继帝位,因早年常在虞(今河南虞城北)活动,故世称"虞舜"。虞舜主政时,曾命伯夷主礼,制订礼、乐教化人民。

通过这一阶段的初创,就为第二阶段的走向成熟奠定了一定的基础。这一时期的许多实例也充分证明,礼仪从来就没有离开过早期人类的交往活动。

(二)传统礼仪的成熟时期

传统礼仪的成熟时期大约始于公元前的21世纪,止于公元前771年,即夏、商、周三代。这个时期,最重要的事件是出现了中国历史上第一部较全面地专门记载礼的书籍——《周礼》,最重要的人物是周武王的弟弟周公(即周公旦)。

夏、商、周三代,都是奴隶主阶级统治天下。为了维护种族式国家的统治阶级的利益,奴隶主们相继补充、修订了比较完备的礼仪制度,内容涉及政治、宗教、婚姻、家庭等诸多方面,基本奠定了中华民族传统礼仪的基础。

商代时,相继出现了"上帝""德""礼""孝"的思想。统治阶级利用这些思想,配之以相关的规范,既维护族人团结,又以此引导族外人照样学样,不至于心怀怨怒,继而反抗。

到了周代,因为周公的出现,使这一时期成了中国传统礼仪极为重要的发展期。周公是西周初年奴隶主阶级的出色政治家,姓姬名旦。他先是帮助周武王灭了殷商,武王死后他又全力辅佐周成王稳坐天下。他精心制礼作乐,建立了周朝完整的典章制度。据说《周礼》一书,即为周公所作。前文已论及的"吉礼""嘉礼"等五大类礼仪,《周礼》当中都有明确记载,既周全又浩繁。

周代的礼仪规范,所体现的思想观念是改造过的殷人的"德""礼""孝"的思想。按杨荣国先生的见解,周人对殷人"德"治的办法很感兴趣,认为讲"德"治,可以使被奴役者悦服。同样,在礼的观念方面,周人也是有继承、有发展的。周人认为使被奴役的人民固守他们的工作而不逾越,这才叫作"礼",才是礼治的完成。所以,杨先生总结周人之"礼"时说:"周人把'礼'从仪式中区别开来,可知周人的'礼'的规范作用,较之殷人的,是更一步的具体化了。"(语见杨荣国《中国古代思想史》)

周人对殷人提出的"孝"的思想不仅有了新的发挥,而且能使之具体化。比如,周代规定,凡不孝不友,做不到"子孝父慈,弟敬兄爱"的,便不能参与政事,不能成为政府中的一员。这比起殷人只倡导孝道但缺少具体措施来说,显然是大进了一步。

总而言之,由于《周礼》的出现,人们对礼仪的理解与遵奉,有了新的高度和较全面、较实用的标准。这也说明,至此,我国的传统礼仪步入了成熟期,它的影响力将一直持续下去。

(三)传统礼仪的革新时期

传统礼仪的革新时期即春秋战国时期,起于公元前771年(周平王东迁洛邑,今洛阳),止于公元前221年(秦王朝建立)。

春秋战国时期,周王室衰微,诸侯国你争我夺,征伐不断,百姓苦不堪言。这种局面,倒也帮了"士人"之忙,他们苦心探究,提出各种学说,形成了"百家争鸣"的盛况。其中,孔子、孟子、荀子等思想巨人对"礼"进行了深入研究,提出了新的见解,对传统礼仪予以革新,使礼仪理论有了新的发展。

孔子,名丘,字仲尼,生于公元前551年,死于公元前479年。孔子是中国儒家学派的创始人,是伟大的思想家、教育家,也是世界名人。他删《诗》《书》,定《礼》《乐》,修《春秋》,为我国历史文化典籍的整理和保存做出了重要贡献。比如他编订的《仪礼》,详细记录了战国以前贵族生活的各种礼节仪式,为后世保存了丰富的史料。《仪礼》《周礼》和后来孔门弟子编著的《礼记》(《礼记》为西汉时戴德、戴圣所撰写的文献。戴德为叔,戴圣为侄。戴德之《礼记》俗称大戴《礼记》,今不多用。戴圣之《礼记》俗称小戴《礼记》,今多用),后世合称"三礼"。

就礼仪而言,孔子因"对政治的变乱看不下去"(杨荣国先生之语),便全力主张复兴周礼。当然,孔子所谓的复兴周礼,并不是原样照搬,而是注入了新的内容。

孔子注入的新内容,最主要的就是"仁"的思想。"仁"的概念,起源于商代。春秋时代,"仁"的观念被普遍作为人的道德规范。孔子为了用"仁"的观念规范"礼"的内容,他提炼、综合众论,并加入自己的见解,对"仁"的内涵进行了多方面的阐说。

孔子心目中的"仁",除了包含"孝""忠""恕"之外,还包含"礼""智""勇""恭""宽""信"等。但其中心,则是两个,一是"孝悌",二是"克己复礼"。杨荣国先生认为,这两个中心,目的是从纵、横两面维护宗族关系,维护宗族统治。张岂之先生则认为,孔子的"仁"学就是"人学"。因为孔子认为"仁"就是"爱人"。而且,还有"爱国"的精神。因此,"孔子是中国古代把爱人、爱国思想相结合的倡导者和奠基者"。(语见张岂之主编的《中国思想史》)

孟子是战国时期儒家学派的代表性人物,名轲,字子舆。他在儒家学派中的地位仅次于孔子,故在封建社会里被尊为"亚圣"。

孟子生于公元前约389年(另说372年),死于公元前约305年(另说289年),迟于孔子一百年左右,故他以孔子的继承人自居。他发展孔子"仁"的思想,提出"仁政""仁义"学说,主张"以仁德服人"。在道德修养方面,孟子提出"闻过则喜""事亲为大,守身为大""舍生取义",养"浩然之气",怀"恻隐之心""羞恶之心""辞让之心"和"是非之心"等,其积极意义至今都不过时。

特别值得注意的是,孟子发展了古已有之的"民本"思想,提出"民贵君轻"的观点,具有长久的史鉴意义。他所说的"民为贵,社稷次之,君为轻"是对过往历史的高度概括,堪为经典名言。为了做到真正的"贵民",他具体分析说:"民之为道也,有恒产者有恒心,无恒产者无恒心。苟无恒心,放辟邪侈,无不为已。"(《孟子·滕文公上》)就是说:老百姓的生活规律是,有固定的产业就有坚定的道德观念,没有固定的产业就没有坚定的道德观念。如果没有坚定的道德观念,就会为非作歹,违法乱纪,无所不为了。基于这种见解,孟子认为:治理天下,一定要使老百姓们"饱食暖衣""逸居而有教"。他还进一步明确提出教的内容:"教以人伦:父子有亲,君臣有义,夫妇有别,长幼有序,朋友有信。"就是教育老百姓懂得人伦规范:父子间要有骨肉亲情,君臣间要有忠义之道,夫妻间要有内外区别,长幼间要有尊卑次序,朋友间要有诚信。很明显,孟子这种将百姓的生存条件与道德礼仪教育结合起来的"民本"思想,更具有实践意义。

荀子,名况,字卿,生卒之年不详,是战国末期的著名思想家。荀子关于"礼"的思想,总体来说并没有脱离先前儒家礼治思想的基本立场,但他又有新的观点,那就是"礼法并重"。所以杨荣国先生认为荀子的思想是"礼表法里"的思想。

具体而言,荀子也像他的先辈孔子、孟子一样,十分看重"礼"的作用。他认为"人无礼则不生,事无礼则不成,国无礼则不宁",所以极力主张"隆礼"。对于"礼"的具体内容,他特别强调各色人等各得其位,这就有了"法"的内涵。他甚至明确提出,"礼"是法的原则和基础。

就讲"礼"来看,荀子与其前辈最重要的不同有两个方面:一方面是他反对孔、孟维护的世袭制度,主张社会成员的等级地位可以以"礼义"之准绳变动;另一方面是他肯定人的正当欲望,认为人类的欲望应当给予适当的、合量的满足。这种见解,无疑是合情合理的,符合实际的。试想,如果人类正当的物质性欲望和精神性欲望得不到符合社会生产力水平的满足,那人类又怎么能够继续生存和发展?

总而论之,荀子是儒法兼有的过渡式人物。他的"礼法"思想,比孔子、孟子有了明显进步。孔子、孟子、荀子等人的礼仪主张,构建了我国传统礼仪的总体框架,扩充并改进了多方面的礼仪内容,实现了传统礼仪的一次富有深远影响的飞跃。

(四)传统礼仪的转型时期

传统礼仪的转型时期始于公元前221年秦王朝建立,止于公元1796年清王朝实现真正意义上的大统。秦王朝的建立,标志着中国封建制度的确立。在这种大背景下,传统礼仪随之转型,成为封建主义化的礼仪。

封建主义化的礼仪,经历了一个漫长的、不断强化的过程。这个强化过程,有两次高潮,一次是西汉时期的"罢黜百家,独尊儒术",一次是"宋明理学"的兴起与蔓延。

"罢黜百家,独尊儒术"的倡导者是董仲舒。他生于公元前179年,死于公元前104年,是西汉时期的儒学大师。他总结秦王朝由盛至衰、短期而亡的教训,希望汉朝统治者"德""法"兼用以安天下。他所谓的"德"就是封建的仁义道德。因此,他提出"罢黜百家,独尊儒术",把以孔子为代表的儒家思想定为教化人民、维护统治的主流思想。

为了推行封建礼仪观,董仲舒根据他对人伦关系的理解和对人性属性的划分(他认为人性分为三等,即"圣人之性""斗筲之性""中民之性"。"圣人之性"是善的,"斗筲之性"是恶的,"中民之性"则既非至善,也非至恶,只能通过教化使其改恶向善),将先前的儒家礼仪概括为"三纲五常"("纲"本指网上的总绳,泛指事物的主要部分;"常"指规律、准则)。"三纲"指君为臣纲、父为子纲、夫为妻纲;"五常"指仁、义、礼、智、信。董仲舒认为"三纲五常"上合天道,下合人伦,不可变更。汉武帝采纳了董仲舒的建议,遂使儒家礼教成为封建社会的主流礼规。它的影响,至今尚有。

宋、明两代,传统礼仪的内容又有了新的发展。换言之,转型后的封建礼仪,由于"理学"的一再推波助澜,从内容扩展、规范细化两方面来说,又迎来了一个新高潮。

宋明理学,又被称作"新儒家"或"新儒学",它的著名代表人物有周敦颐、程颢、程颐、朱熹、陆九渊、王守仁等人。

周敦颐是宋明理学思想体系的奠基人,而朱熹,则是影响最大的理学大师。朱熹字元晦,另字仲晦,号晦庵,南宋时人,1130年至1200年在世。他发展北宋理学名家程颢、程颐两兄弟的"天理"理论,提出了不少新的见解。朱熹认为,世间万物莫不体现天理,人伦纲常也体现着天理,所以他说:"夫天下之事,莫不有理。为君臣者有君臣之理,为父子者有父子之理,为夫妇、为兄弟、为朋友,以至于出入起居,应事接物之际,亦莫不各有理焉。"(《朱子大全》卷十四)他的这种理论,为封建礼仪增添了重重的一笔。

"理学"至于明代,王守仁又添浓浓一笔。王守仁,字伯安,后因结庐于会稽山阳明洞,自号"阳明子",故学界习惯称他为"王阳明"。王阳明是明代理学派中最有影响的人物。他的理学,世人称之为"心学"。这与宋代朱熹有很大的不同。他的"心学"核心是"心外无理""心外无物""良知即是天理""天理即是良知",因此,人人都须自觉地"致良知"。

在宋明理学的影响下,封建礼仪既向家庭扩展,出现了许许多多的家庭礼仪成果,如《朱子家礼》等,又趋于细化,如专门教育蒙童(刚入学启蒙的小孩)的《三字经》,里面有大量的道德规范教育,该书为宋代末年出现;又如《弟子规》《改良女儿经》等多讲礼仪规范的专门性启蒙读物,或针对小儿,或针对女性,虽然成书均在清代初、中期,但受宋明理学的影响,也是显而易见的。

(五)传统礼仪的衰微、融化时期

传统礼仪的衰微、融化时期起于1796年,止于1911年的辛亥革命。由于少数民族入主中原,传统礼仪受到了一定的干扰;另一方面,自鸦片战争开始,西方文化涌进国门,传统礼仪受到了冲击。在这种形势下,传统礼仪中的有些内容,自然而然地就被世人抛弃了,这就导致传统礼仪不再那么盛行了。但是,积淀了几千年的传统礼仪,毕竟还有许多有价值的内容。执掌天下者和庙堂外的有识之士,将这些有价值的内容融入新的、带有民主科学色彩的礼仪之中,使它们继续发挥其积极作用。

更为重要的是,广大民众在自己的生活实践中感受到,传统礼仪中的不少内容,对他们是有用的、有益的,从而乐意持续地奉行它。这样,也就保证了传统礼仪中有价值的内容的自然融入。正是这种融入,使得其后逐步成熟的现代礼仪更加丰厚,也更能为人们所理解和接受。

二、传统礼仪的总体特点

纵观中国的传统礼仪,可以发现它的诸多特点。这些特点有的依然体现在现代礼仪之中;有的虽然在外在形式上大有变化,但它还能从新的形式中捕捉到传统礼仪某种特点的影子。因此,明了传统礼仪的特点,对更好地理解、奉行现代礼仪,具有十分重要的意义。

全面分析传统礼仪的特点,那或许能另成专著。因此,这里只能简要而论。依我看来,传统礼仪的特点,主要有以下五点。

(一)规范性

这不是我的发明,而是学界的共同看法。"规"指的是规矩、标准;"范"本指"模子",后通指"榜样"。合起来说,就是标准的榜样。传统礼仪所体现的规范性,就是某种礼仪一旦成形,所有的人就必须遵守,不能更改,不能逾越。不遵守,就是失礼。正是这个原因,孔夫子才对鲁国大夫季氏严厉斥责说:"八佾舞于庭,是可忍也,孰不可忍也?"(《论语·八佾第三》)按照礼的规定,天子可用"八佾"乐舞(一行八人为一佾,八佾就是六十四人),诸侯可用"六佾"(四十八人)之舞,大夫只能用"四佾"(三十二人)之舞。季氏只是大夫,可他用"八佾"之舞,大失了礼仪,所以孔子觉得不可容忍。

这种实例,历史上还有很多很多。比如封建时代的"丁忧"之规(官员无论职位高低,凡遇父母去世,必须按礼回家守孝三年),为官者都必须遵守。除非皇上"夺情",不批准当事者回乡守孝外,谁若违犯,则是轻者被人责骂,重者或可丢官为民。这就表明,传统礼仪的规范性,是不可随意逾越的"红线"。

(二)限定性

这种限定,除了交际场合的限定,还有事项、对象的限定。通俗地说,可以叫作"不当其事,不遵其礼"。孔夫子遇到穿丧服的人,即使这个人是个少年,也一定会站起来。经过他们身边时,一定会小步快走以示恭敬。(见《论语·子罕第九》)这就是一种交际场合的限定。

很多时候,你的身份也决定着你的礼仪,这叫作"心中有礼",或者叫作"内省"。宋明理学盛行以后,这种限定性体现得更为普遍。比如女性的"妇德"要求,那是不容许"人前一个样,人后一个样"的。

至于事项的限定,那是自然而然的。事项要求你需按"嘉礼"行事时,你就得按"嘉礼"之规办;事项需要你按"宾礼"行事时,你就得按"宾礼"之规办。事情变了,礼仪也就变了,顺其自然才对,不能"一条巷子走到黑"。

总而言之,限定性是相对的,不是绝对的。离开了特定的场合和事项,你充当的"角色"不同,守礼或不守礼就要灵活变通。这一方面,古人中提供的许多实例,就很好地注解了传统礼仪的这种"限定性"。

(三)实践性

如不实践,礼仪就不成其为礼仪。正因为如此,就传统礼仪的"规矩"而言,操作性很强,极便于人们照着办。就礼仪的实践效果看,传统礼仪的大多数内容,当时的人们还是心存敬畏、努力实践的。

特别明显的是,历代先贤们在倡导礼仪的同时,也都努力地实践着礼仪,树起了言行一致的典范。制作《周礼》的周公,一生严守君臣之礼,万古流芳。日常生活中,秉持"敬人"之道,更是青史留名。《史记·鲁周公世家》载,周公曾经这样表述过自己的日常行为:"我一沐三握发,一饭三吐哺,起以待士,犹恐失天下之贤人。"是说自己常常是洗一次头发,要多次挽起来而待客,吃一次饭,常常是几次把已经入口的饭食吐出来,恭敬待客。即使这样,我还是担心失去了天下的贤德之人。这是多么了不起的守"礼"举止呀!所以后来的曹操,才在他的诗篇《短歌行》中由衷慨叹"周公吐哺,天下归心"。

孔老夫子的守礼之举,《论语》中多有记载,不必赘说。宋明理学的集大成者朱熹,不仅自己恪守礼仪,而且一再教育自己的后辈谨遵礼仪,不辱门楣。这些事实,都证明了传统礼仪的实践性的可贵作用。

因此,礼仪是不尚空谈而尚行动的。如果像"丈二高的灯台,只照别人不照自己",那么礼仪终将只是一纸空文。无疑,传统礼仪的实践性,至今仍然需要认真体现。

(四)继承性

继承性也就是传承性。这个特点无须展开细说。守孝三年之礼,古已有之。现在,家中若有老人过世，依然要在办完三周年的祭祀后，葬礼才算真正完成。这种继承特点，是显而易见的。

传统礼仪之所以具有继承性，关键在于传统礼仪中的不少规矩体现了世道人心，人们是乐于接受的。一代又一代的人接受它，传播它，就把它变成了一种文化遗产，后人倍加珍视。还拿前面的"守孝三年"来说吧，它是有根有据的。古人认为，一个人呱呱坠地，在父母的呵护、养育下，经过三年，如无特殊情况，才可以脱离父母的怀抱，独立行走，这叫作"三年免于怀"。正因为如此，父母过世，为报父母之恩，必须守孝三年。道理如此明白，谁又能不接受呢？如此，这种礼仪就一直被继承到了今天，并且还会一直继续下去。

当然，在继承的过程中，有些内容，有些形式，可能会发生一定的变化。这是正常现象，不必大惊小怪。

（五）时效性

时效性表现在两个方面。从宏观方面说，礼仪是社会生活的产物，不可能脱离特定的历史条件。因此，随着历史条件的变化，礼仪中有些内容就过时了，无法再用了，它的效能也就消失了。比如周代，有诸侯朝觐天子和诸侯国之间的会盟礼仪。秦王朝建立了封建式国家后，诸侯不存在了，相关的礼仪也就不存在了。从微观方面说，联系前面的相关内容，我们可以明白，某项事情结束了，相关的礼仪也就暂时终止了，这也是礼仪时效性的表现。比如古时的"加冠礼"，一旦某人的"加冠"事情办完，对该人而言，相关礼仪也就结束。试想，如果一件事情的"礼仪"没完没了地持续下去，那还得了，那就成了"礼"妨碍了"理"，妨碍了正常生活，反而"无礼"了。

还有，不同地域，不同民族，同一事项的礼仪规矩也是有所不同的。因此，离开了这个区域或民族环境，这儿的礼仪也就自然无效了。这也是一种时效性。

总而言之，礼仪的"敬人"特质永远存在，但失效了的或者变化了的具体规范，在传统礼仪的演化过程中则屡见不鲜。这种时效性，也许正是中国礼仪的一种进步。

第四节　现代礼仪应当坚守、传承的基本原则

现代礼仪是传统礼仪的"今生"。因此，只要是合理的内容，前者被后者继承是很自然的事情。现代礼仪坚守、传承传统礼仪中体现出来的有积极意义的基本原则，自然也是历史的必然。

传统礼仪所体现出的基本原则，无论宏观或微观，都直接影响到人际交往的效果。研究现代礼仪的专家、学者们十分关注传统礼仪的基本原则，并依据自己的研究提出了现代礼仪应当坚守的基本原则，这对后学之辈无疑颇具启发意义。

专家、学者们提出的现代礼仪原则，多寡不一，但见解略同。根据学界的研究，我认为现

代礼仪应该始终坚守以下原则。

一、真诚敬人

"敬人"是礼的核心和根本。对此,远古先贤们早有至理之论。在民间,也有"你敬人一尺,人敬你一丈"的说法。可见,倘不敬人,礼仪又有何用?因此,与人相处时,要尊重、友好,不要拂他人的面子,损他人的人格。

与"敬人"密切相关的,是真诚。谚语云:"一两重的真诚,等于一吨重的聪明。"俄国短篇小说大师契诃夫也说过一句名言:"蚜虫吃青草,锈吃铁,虚伪吃灵魂。"这表明,敬人若离开了真诚,那就只是一种形式,令人厌恶。只有真诚敬人,礼仪才会实实在在地发挥出应有功能,得到礼仪承受者的首肯与赞许。

怎样才算是真诚敬人呢?那就是运用相关礼仪时,一定要诚心诚意,表里如一,而不是口是心非或弄虚作假。这样,就可避免礼仪的承受者受到轻慢,受到侮辱,受到伤害。当然,真诚不是随心所欲,任意而为,而是必须和"敬人"紧密关联。孔子曾经告诫他人说:"君子贞而不谅。"(《论语·卫灵公第十五》)意思是说君子须讲求诚信,但又不能拘泥于小信。古人还有名言说"交浅不言深"。因此,一定要根据不同对象,确定恰当的礼遇他人的尺度。关于这一点,民间那种"以座位待客,以茶水待客,以酒菜待客"的区分之法,可为借鉴。另外,哪些话可说,哪些话不说,哪些事直言相告,哪些事刻意回避,也要依据礼仪承受者的立场或倾向性而定,绝不能"哪壶不开提哪壶"。否则,真诚敬人的结果往往会适得其反,让人败兴。

二、自律自控

自律就是按礼仪规范严格要求自己,约束自己。所以首先要在心中确立对礼仪的敬畏感,做到"心中有礼",从而自觉学习、逐步明了相关的礼仪规范。孔夫子当年入太庙,每事问,学生不理解,问他为什么要这样?孔子回答说,这就是"礼"啊!孔夫子的这种学习态度,很值得今人仿效。其次,要认真严肃地按礼仪规范言语、行动,切不可不讲礼规,胡言乱语,为所欲为,让人耻笑。特别是当某种礼仪活动正在进行时,更要如此。另外,坚持慎独,形成良好习惯,保证人前人后一个样,在内在外一个样,永远是礼仪规范的自觉践行者。

自控,指特定情况下的自我调节,确保自己不失态,不失礼。所谓特定情况,就是意想不到的状况(如他人不当的言辞,不当的行为,甚至是故意地愚弄耍笑等)出现时,要做到"骤然临之而不惊,无故加之而不怒",善于化解尴尬,化解矛盾,不失礼仪,不失人格。有时候,当你代表一级组织、一个团体甚至是国家与人交往时,自我控制更需要特别注意,否则,就有可能给组织、团体或国家带来不良影响。现实生活中,那种因不能自控而使组织或国家蒙羞的个案时有发生,这很值得人们引以为戒。

三、恪守信誉

"言必信,行必果"是维护信誉的基本原则,也是中华民族的优良传统。《左传》有语:"失信不立。"孔子更是详加阐释说:"言忠信,行笃敬,虽蛮貊之邦行矣;言不忠信,行不笃敬,虽州里行乎哉?"(《论语·卫灵公第十五》)意思是说:说话忠实可信,做事认真谨慎,即使到了北方那些偏远的落后部族,也可以通行无阻;说话不忠实可信,做事不认真谨慎,即使在本州本里,能行得通吗? 显然,只有言行相符,一诺千金,才能守住信誉,在与人交往中赢得他人的信赖与尊重。

为了实现"言必信",言须"讷"而不需急。这就是说,出言应该谨慎,表面迟缓实则是深思熟虑后方才吐露;而不是急于出口,不思后果,结果是言语失真,难以取信于人。

为了行必有果,首先要"三思而后行",按孔夫子的说法,至少要思考两次。对那些复杂之事,应思考些什么呢? 主要是:事情合情合理合规合法吗? 做此事会有什么困难吗? 做此事的利弊都有哪些? 自己有能力去办好这件事吗? 等等。把这些都思考明白了,方能对有关人或有关方恰当表态,方能按规行动,以求得最终的满意结果。切不可大包大揽,随随便便拍胸脯,打"包票",结果尴尬收场,失信于人。另外,有些事情,明知其结果必然会引出祸乱,或者致他人于不仁不义不守法规之地,就不能行动,也不支持他人的此类行动。这也是一种"果",是不乱大"谋"之果,是守"礼"之果,同样能维护良好信誉。

至于那些约定俗成的,又在礼仪和法规允许范围中的事,只要力所能及,就要说到做到,不放空炮。倘如此,他人对你便会倍加信服。

四、奉行恕道

恕道可以算得上传统礼仪的两只翅膀之一。另一只翅膀就是前面已经屡屡而言的"敬人"。

何谓恕道? 台湾学者傅佩荣先生说:"'恕'是如心,也就是用我的心比你的心,这叫恕道。"(《我读孔子》)可见,坚持宽容和饶恕,就是恕道。

恕道观念,远古即有。孔子的学生子贡请教说,有一个字可以终身奉行的吗? 孔子回答说,大概就是"恕"这个字吧。自己不喜欢的事,就不要强加给别人。国学大师南怀瑾先生解释说,子贡本事大,外交、政治、经商均有建树。本事大的人不容易宽恕别人,因此孔子才用"恕"来告诫他。所以,孔子的另一个弟子曾参评价说:"夫子之道,忠恕而已矣!"(《论语·里仁第四》)他认为他老师的学说,就是忠和恕两方面的内容。

今天,我们怎样来奉行恕道呢? 首先,不要求全责备,而要宽容别人的弱点和缺点。要明白"水至清则无鱼,人至察则无徒"的道理,待人留有余地,与更多的人和谐相处,避免自己成为孤家寡人;其次,要宽恕别人的过失,给人以更新的机会,切不要刀刀见肉,针针见血。俗话说,人非圣贤,孰能无过? 谁都不敢保证他一生的道路上不会碰上"马失前蹄"的窘境。

所以,宽恕别人实际上也是在宽恕自己。要知道,综览古今天下事,"人间随处有乘除"(曾国藩诗句)。另外,有些无原则的小事,点明了伤面子,甚至伤感情,因而不去言说,只能装糊涂。这叫作"看破不说破"。

看破不说破,是曾国藩处世的一种聪明。南怀瑾先生介绍,曾国藩当上了地方大员后,有一位老儒为谋求一官半职,就跑到曾大帅官衙中厮混。日子久了,见曾没有动静,就写了一封信放在曾的书桌上。信中吹嘘自己的能耐,又说只为天下计而视功名如浮云等。曾的一个年轻幕僚在书桌上看了这封信后,在上面写了几句打油诗,讽刺老儒之虚伪。曾发现后就训导那位幕僚说:年轻人啊,你还是历练不够啊!那位老先生的心思难道我真的不明白吗?他是我的故旧,才疏学浅,年事已高,我不可能给他一官半职,只能好吃好喝招待他。这种事,看破不能说破。不说破,大家相安无事;说破了,他失了颜面,今后就不好相处了。年轻幕僚听罢,自愧弗如,羞惭而退。

所以,"看破不说破"既是一种智慧,也是一种礼仪。当今之人,都应该好好学习。

五、避禁随俗

这是"入乡随俗"的同一说法。它的源头,同样在远古礼仪当中。《礼记·曲礼上》早就提醒过世人,一定要"入境而问禁,入国而问俗,入门而问讳"。不问,就可能闹笑话,失礼仪,甚至惹下麻烦。这种提醒,对今天的人们来说仍然大有用处。

要做好避禁随俗,关键是放下身架,不耻下问,切不要自以为是,随意评判当地的风俗习惯。在少数民族居住区域,更要特别注意这一点。

一般来说,避禁随俗,宏观上的内容好把握,因为了解的渠道较多。微观上的内容比较繁杂,易于出错。"十里不同风,百里不同俗",甚至各家都有各家的特殊情况,比如 A 家有丧事,B 家有产妇,C 家在张罗婚事,等等。因此如碰到了这些家户的人,怎样问话,怎样交往,一定要慎之又慎,切莫说错话,办错事,伤人情感,惹下麻烦。现实生活中,这种教训并不少见,深可借鉴。

避禁随俗,不仅不同地域、不同民族、不同人家多有讲究,而且不同行业也各有各的禁忌习俗。比如在船户家中用餐,若上有整条鱼,食用时千万不要翻动。又如在中医医生那里就诊,你也不能恶意评说"药王爷"孙思邈(唐代名医,陕西耀县人,著有《千金方》和《千金翼方》两部医药学名著,民间尊其为"药王")的史实或传说之类。因此,多了解各行各业的特殊习俗,依俗行事,不评曲直,对现代人来说也非常必要。

第二章

形象礼仪

个人，是社交的基本参加者。离开了个人的参与，社交就难以进行。

社交礼仪的核心，在于以适当之法敬人，即所谓的"礼者，敬人也"。然而，作为社交的参加者，每个人在以礼对待社交对象的同时，也有必要对个人形象加以关注，以免失礼或失仪。在社交礼仪中，个人形象的设计、塑造与维护，有一些具体规范需要我们自觉遵守。

在社交场合，人们留给初次见面者的第一印象至关重要，它往往会影响到他人对自己的看法与评价。它的形成，不需要经年累月，也不大会反复变化，而往往由他人见到自己的第一眼所决定，一般不会超过刚见面时的前三秒钟。他人由此对自己产生的看法和评价，在此后的交往中将产生巨大影响。这就是心理学所谓的首因效应。

根据首因效应，决定他人对自己看法与评价的第一印象，通常由个人的仪容、仪表、仪态所构成。个人形象，一般也由这几个要素构成。

个人形象礼仪的塑造，要遵循三条基本原则。那就是应事、应己、应制。应，含有适应之意。应事，是要求塑造个人形象要适应所处的具体场合。应己，是要求塑造个人形象要适应个人特点。应制，则是要求塑造个人形象要适应约定俗成的各种规范。此三者相辅相成，缺一不可。

第一节　仪容礼仪

仪容，通常是指人的外观、外貌，重点是指人的容貌，具体包括面容、发式、气味及总体精神面貌。在人际交往中，每个人的仪容都会引起交往对象的特别关注，并将影响对方对自己的整体评价。

一、仪容的基本要求

（一）昂扬健康

最好的仪容状态就是具有昂扬健康的精神面貌。仪容的后天修饰只是治表，而反映本质的则是精神。一定要使自己具有健康的心态和良好的生活习惯、作息规律等，仪容才会美丽。

（二）和谐自然

仪容只要和谐自然了，浓眉大眼和疏眉淡眼便都是美的。追求仪容美，也只能在对自然的补充上使之更和谐。因此不能不顾自身而亦步亦趋，比如别人染黄头发，你也染黄头发，别人修"一字"眉，你也修"一字"眉。这种抹杀个性、违背自然的做法，非但不美，反而会不自觉地丑化了自己。

（三）卫生常持

卫生常持是指个人仪容的整洁干净要成为常态。因此，每天早晚要洗脸，清除附着在面部的污垢、汗渍等不洁之物；保持牙齿清洁，坚持早晚刷牙，每次刷牙不少于 3 分钟。为了防止口臭，在工作和会客前不要吃葱、蒜、韭菜、腐乳或其他有刺鼻气味的食物。（方法：每天早晨起床后，空腹喝一杯淡盐水；平时多用淡茶水漱口，有效控制口腔异味。）保持鼻腔卫生，鼻毛过长应用小剪刀剪短；养成定期洗头的习惯，一般每周为 2 ~ 3 次，易出油的头发每两天洗 1 次。梳头时，一定要注意清理上衣和肩背上掉落的头皮屑和脱落的头发；应勤洗手，修剪指甲；要经常洗澡，尤其是参加一些正式的活动之前一定要洗澡；年轻男士不要蓄胡须，每天应把脸刮干净。

另一方面，仪容修饰的常态化，既指天天注意，时时注意，也指仪容不能过度包装而应以日常状态为主。太光亮的头发，太鲜艳的口红，太刺鼻的香水等，都不太合适。

二、仪容的修饰

（一）头发

按照一般习惯，当人们打量他人时，往往是从头部开始的。而头发位于人体的"制高点"，所以更容易引人注目。正因为如此，修饰仪容通常应当"从头做起"。

修饰头发，应注意以下四个方面的问题。

1. 勤于梳洗

头发是人们脸面之中的脸面，所以应当自觉地做好日常护理。不论有无交际应酬活动，都要勤于梳洗自己的头发。

对头发勤于梳洗,作用有三个:一是有助于保养头发,二是有助于消除异味,三是有助于清除异物。若是对头发懒于梳洗,弄得自己蓬头垢面,满头汗馊、油味,头屑随处可见,甚至生出寄生物来,是很损害个人形象的。

通常理发,男士应为半月左右一次,女士可根据个人情况酌定,但最长不应长于 1 个月。洗发,只要客观条件许可,应当 3 天左右进行一次,若能天天都洗自然更好。至于梳理头发,应当时时不忘,见机行事。总之,头发一定要洗净、理好,使其雅观入时。

如有重要的交际应酬,应当在事前认真进行一次洗发、理发、梳发。但要特别注意的是,此类活动应在"幕后"操作,不可当众"演出"。

2. 长短适度

从社交礼仪和审美的角度看,头发的长短受到若干因素的制约,是不可以只讲个性,而不讲规范的。影响头发长度有以下因素。

(1)性别因素

男女有别,在头发的长度上便有所体现。一般认为,女士可以留短发,但却很少理光头;男士头发可以稍长,但不宜长发披肩、梳辫挽髻。在头发的长度上可以中性化一点,但不应超过极限,不女不男,令人"安能辨我是雄雌"?

(2)身高因素

头发的长度,在一定程度上与个人身高有关。以女士留长发为例,头发的长度就应与身高成正比。一个矮个的女士若长发过腰,会使自己显得个头更矮,显然很不明智。

(3)年龄因素

人有长幼之分,头发的长度亦受此影响。例如,一头飘逸披肩的秀发,在少女头上相得益彰,有如青春的护照;而它出现在一位年逾七十的老奶奶头上,则会令人哗然。

(4)职业因素

职业对头发的长度影响很大,这是不言而喻的。比如,野战军战士为了负伤后抢救方便,通常都理光头,而商界、政界人士则不宜如此。商界对头发的长度大都有明确限制:女士头发不宜长过肩部,必要时应以盘发、束发作为变通;男士不宜留鬓角、发帘,最好不要长于 7 厘米,即前面的头发不触及额头,侧发不触及耳朵,后发不触及衬衫领口。而剃光头,则男女都不合适。

3. 发型得体

发型,即头发的整体造型。选择发型,除了个人偏好外,最重要的是要考虑个人条件和所处场合。

(1)个人条件

个人条件包括发质、脸型、身高、胖瘦、年纪、着装、配饰、性格等,这些条件都会影响到发型的选择。

在上述个人条件里,脸型对发型的选择影响最大。选择发型时,一定要遵守应己原则,使二者相互适应。比如,国字脸的男士最好别理板寸。下端向外翻翘的发型,主要适合鹅蛋脸的女士,要是倒三角脸型的女士选择了它,会适得其反。

（2）所处场合

在社会生活中，人们的职业不同、身份不同、工作环境不同，发型自然也应有所不同。总而言之，在工作场合抛头露面的人，发型应当传统、庄重、保守一些；在社交场合频频亮相的人，发型则应当个性、时尚、艺术一些。一般情况下，艺术工作者的发型可以前卫、怪异一些。

4. 美化自然

人们在修饰头发时，往往会有意识地运用某些技术手段对其进行美化，这就是所谓美发。美发不仅要美观大方，而且要自然、妥帖，不宜雕琢痕迹过重，或是不合时宜。

在通常情况下，美发的方法有以下四种形式，应谨慎选择。

（1）烫发

烫发，即运用物理手段或化学手段，将头发做成适当的形状的方法。决定烫发之前，先要关注一下本人的发质、年龄、职业是否合适。

（2）染发

发色不理想，或是头发变白，即可使用染发剂令其变色。对中国人而言，将头发染黑不必非议，而若想将其染成其他色彩，甚至染成多色彩发，则需三思而行。在十分正规的场合，往往会引人非议。

（3）作发

作发，即运用发油、发露、发乳、发胶、摩丝等美发用品，将头发塑造成一定形状，或对其进行护理。作发的要求与烫发的要求大体相似。

（4）假发

头发有先天缺陷或后天缺陷者，均可选戴假发。选择假发，一是要使用方便，二是要天衣无缝，不可过于做作或过分俗气。

（二）面容

仪容在很大程度上指的就是人的面容，由此可见，面容修饰在仪容修饰中举足轻重。

修饰面容，首先要做到勤洗脸，使之干净清爽，无汗渍、无油污、无泪痕、无其他任何不洁之物。洗脸，每天仅在早上起床后洗一次远远不够。午休后、用餐后、出汗后、劳动后、外出后，都需要及时洗脸。

修饰面容，具体到各个不同的部位，还有一些不同的规定。

1. 眼睛

眼睛，是人际交往中被他人注视最多的地方，自然也是修饰面容的首要之处。

（1）保洁

保洁主要是指眼部分泌物的及时清除。另外，如果眼睛患有传染病，应当自觉回避社交活动，省得让他人提心吊胆，近之为难，避之不恭。

（2）修眉

若感到自己的眉形刻板或不雅观，可进行必要的修饰，但是不提倡进行"一成不变"的文眉，更不允许剃去所有眉毛，刻意标新立异。此外，还须注意，文面、文身一般也在禁忌之列。

出入正规场合较多者,意欲进行文身时,更要三思。

（3）眼镜

若有必要,可佩戴眼镜。戴眼镜不仅要美观、舒适、方便、安全,而且还应随时对其进行揩拭或清洗。在社交场合与工作场合,按惯例不应戴太阳镜,免得让人"不识庐山真面目",或是给人一种拒之千里的感觉。

2. 耳朵

要特别注意以下几点。

（1）保持卫生

在洗澡、洗头、洗脸时,不要忘记清洗一下耳朵。必要时,还要清除耳孔中不洁的分泌物。但是切忌"奇景共欣赏",不要在他人面前进行操作。

（2）修剪耳毛

有些人,特别是一些上了年纪的人,耳毛长得较快,甚至会长出耳孔之外。如有这种现象,应适时修剪,不要任其自由发展,影响全局。

3. 鼻子

涉及个人形象的有关鼻子的问题,主要有以下两点。

（1）清洁

平时应注意保持鼻腔清洁,不要让异物堵塞鼻孔,或是让鼻涕肆意流淌。不要随处吸鼻子、擤鼻涕、抛洒鼻涕,不要在人前人后时时掏挖鼻孔。

（2）修整

参加社交应酬之前,勿忘检查一下鼻毛是否长出鼻孔之外。一旦出现这种情况,应及时进行修剪。切勿置之不理,或是当众下手拔除。

4. 嘴巴

嘴巴是发声之所,也是进食之处,理所当然地也应当多作修饰,细心照顾。

（1）护理

牙齿洁白、口腔无味是护理的基本要求。要做好这一点,一要每天定时在每一次饭后刷牙,以去除异物、异味;二要经常采用爽口液、牙线、洗牙等方式保护牙齿;三要在重要应酬之前忌食烟、酒、葱、蒜、韭菜、腐乳之类气味刺鼻的东西,免得让交流对象掩鼻受罪。

（2）异响

社交礼仪规定,除了合适的谈笑之声,人体之内发出的其他声音,如咳嗽、哈欠、喷嚏、吐痰、清嗓、吸鼻、打嗝、放屁的声响,都是不雅之声,统称为异响,在社交场合应当禁止出现。需要指出的是,禁止异响重在自律。在大庭广众之中,如果他人不慎制造了异响,最明智的做法是视而不见,置若罔闻。若本人不慎弄出了异响,则最好及时承认,并向身边的人说声抱歉。不要显得若无其事,这样会让他人相互猜疑,人人不快。

（3）胡须

唇周长有胡须,是成年男子的生理特点。男士若无特殊的宗教信仰和民族习惯,最好不要蓄须,应及时地剃去胡须。在社交场合,即使胡子茬为他人所见,也是失礼的。青年男子尤其不要蓄须,否则既稀疏难看,又显得邋里邋遢。若女士因内分泌失调而长出类似胡须的汗毛,更应及时治疗,并予以清除。

5. 脖颈

脖颈与头部相连,属于面容的自然延伸部分。修饰脖颈,一是要防止其皮肤过早老化,与面容产生较大反差;二是要使之经常保持清洁卫生,不要只顾脸面,不顾其他,结果脸上干干净净,脖子上尤其是脖后、耳后藏污纳垢,肮脏不堪,与脸上反差过大,就有损仪容。

(三)手臂

在正常情况下,手臂是人际交往之中使用最勤、动作最多的一个部分,而且其动作还往往被附加多种多样的含义。因此,手臂往往被人们视为社交之中每个人都有的"第二枚名片"。从某种程度上讲,它甚至比人们常规使用的印在纸片上的那枚名片更受重视。

修饰手臂的问题,涉及手掌、肩臂与汗毛这三个方面。

1. 手掌

手掌是手臂的中心部位,也是"制作"形形色色手语的关键部位。它的修饰重点有以下几个方面。

(1)洗涤

在日常生活中,手是接触其他人、其他物体最多的地方。从清洁、卫生、健康的角度考虑,手更应当勤于洗涤。用餐前、"方便"后、接触过肮脏物体、遭受到"污染"之时洗手,更是做人的应有之举。否则,就会使自己和"不卫生"画上等号,讨人之嫌。

(2)指甲

指甲应当定期修剪,大体上应每周修剪一次。不要长时间不剪手指甲,这样看上去脏兮兮的。也不要无故留长指甲,因为它不仅毫无实用价值,而且不美观、不卫生、不方便。修剪手指甲,应令其不超过手指指尖为宜。反之,即可视为过长。指甲外形不美时,亦可进行修饰。

(3)死皮

手部若接触过肮脏之物,在手指甲周围即会产生死皮。若发现死皮之后,应立即将其修剪掉,但不宜当众操作,更不宜用手去撕,或用牙齿去咬。

(4)伤残

对于手部要悉心照料,不要让它常带伤残。若皮肤粗糙、红肿、皲裂,应及时进行护理、治疗。若长癣、生疮、发炎、破损、变形,不仅要及时治疗,而且还应避免使之接触他人。因为不管是直接的还是间接的接触,都会令他人不快,甚至产生反感。

2. 肩臂

社交礼仪规定,在非常正式的政务、商务、学术、外交活动中,人们的手臂,尤其是肩部,不应当裸露在衣服之外。也就是说,在这些场合不宜穿着半袖装或无袖装。而在其他一切非正式场合,则无此限制。

修饰肩臂,最重要的就是这一条。着装时肩臂的露与不露,应依照具体所处的场合而定。

3. 汗毛

因个人生理条件的不同,有的人手臂上汗毛生长得过浓或过长。这种事一般无关大局,没有必要非去进行"干涉"不可。不过,如果情况反常,特别是有碍美观的话,最好还是要采用适当的方法进行脱毛。

需要强调的是,在他人面前,尤其是在外人或异性面前,腋毛是不应为对方所见的。它属于"个人隐私",不甚雅观,被人见到是很失礼的。根据现代人着装的具体情况,女士特别要注意这一点。在正式场合,一定要牢记,不要穿着会令腋毛外现的服装。而在非正式场合,如果打算穿着暴露腋窝的服装,则要先除去腋毛。

(四)腿部

中国人看人的一般习惯性做法,是"远看头,近看脚,不远不近看中腰"。腿部在近距离之内常被他人注视,因此在修饰仪容时自然需要注意。

修饰腿部,应当注意以下几个问题。

1. 脚部

修饰脚部,需要对以下三点予以关注。

(1)裸露

严格地说,在正式场合是不允许穿露脚的鞋子的。它既不美观,又有可能被人误会,且易于磨损不甚雅观的脚趾、脚跟,因此切勿随意裸露在外。

(2)清洁

在正常情况下,应注意保持脚部的卫生。鞋子、袜子要勤洗勤换,脚要每天洗一次,袜子则应该每天更换,以防止其臭气熏人。不要穿残破、有异味的袜子。如果有可能,应在办公桌或随身所带的公文包里装上备用的袜子,以备不时之需。

在非正式场合穿露脚的鞋子时,要确保其干净、清洁。不要在他人面前脱下鞋子、趿拉着鞋子,更不要脱下袜子抠脚丫子。这些不良习惯,令人作呕,极其有损个人形象。

(3)修甲

脚指甲要勤于修剪,至少要做到每周修剪一次,及时去除死趾甲。不应任其藏污纳垢,或是长于脚趾趾尖。趾部通常不应露出鞋外,所以不要随便穿露趾凉鞋活动于正式场合。

2. 腿部

在正式场合,不允许男士的着装暴露腿部,即不允许其穿短裤。女士可以穿长裤、裙子,但不得穿短裤,或是暴露大部分大腿的超短裙。越是正式的场合,讲究女士的裙子越长。在庄严、肃穆的场合,女士的裙长应在膝部以下。

女士在正式场合穿裙子时,不允许光着大腿不穿袜子,尤其不允许其光着大腿暴露于裙子之外。在非正式场合,特别是在休闲活动中,则无此规定。

3. 汗毛

男士成年以后,腿部汗毛大都过重,所以在正式场合不允许其穿短裤,或是卷起裤管。设想露出一截"飞毛腿",何其不雅!

女士一般无此问题。但若因内分泌失调而腿部汗毛变得浓黑茂密,则最好脱去或剃除。或者选择穿深色丝袜加以遮掩。

(五)化妆

化妆,是修饰仪容的一种高级方法。它是指使用化妆品并按一定技法对自己进行修饰、装扮,以便使自己的容貌变得更加靓丽。

在人际交往中,进行适当的化妆是必要的。这既是自尊的表示,也意味着对交流对象的重视。在一般情况下,女士应对化妆更加重视。当然,它不只是女士的专利,男士也有必要进行适当的化妆。

在社交场合,化妆需要注意两个方面:第一,要掌握原则;第二,要合乎礼规。

1. 化妆的原则

进行化妆前,一定要树立正确的意识。这种有关化妆的正确意识,就是化妆的原则。关于社交场合化妆的原则,一共有以下四条。

(1)美化

化妆,意在使人变得更加美丽,因此在化妆时要注意适度矫正、修饰得法,通过化妆避短藏拙。在化妆时不要任意发挥,寻求新奇,有意无意地将自己老化、丑化、怪异化。

(2)自然

通常,化妆既要求美化、生动、具有生命力,更要求真实、自然。化妆的最高境界是"妆成有却无",即没有任何明显的人工美化的痕迹,而好比天然的美丽。

(3)得法

化妆虽讲究个性化,但有一些基本的知识必须通过学习来掌握,难以无师自通。比如说,工作时化妆宜淡,社交时化妆可以稍浓,香水不宜涂在衣服上和容易出汗的地方,口红与指甲油最好为同一色系,等等。

(4)协调

高水平的化妆,强调的是其整体效果和谐悦目,即所谓的协调。所以在化妆时,应努力使妆面协调、全身协调、场合协调、身份协调,以体现出自己慧眼独具,品位不俗。

2. 化妆的礼规

进行化妆时,应认真遵守以下礼仪规范。

(1)勿当众进行化妆

化妆应在无人之处,或是在专用的化妆间进行。若当众进行化妆,则有卖弄表演或吸引异性之嫌,弄不好还会令人觉得身份可疑。

（2）勿在异性面前化妆

聪明的人绝不会在异性面前化妆。对关系密切者而言，那样做会使其发现自己的本来面目；对关系普通者而言，那样做则有"以色事人"、充当花瓶之嫌。

（3）勿使化妆妨碍于人

有人将自己的妆化得过浓、过重，香气泛滥，令人窒息。这种化妆，就是对他人的妨碍。

（4）勿使妆面出现残缺

若妆面出现残缺，应及时避人补妆。若听任不理，则会让人觉得你低俗、懒惰。

（5）勿借用他人化妆品

借用他人的化妆品很不卫生，故应避免。

（6）勿评论他人的妆容

化妆纯属个人之事，所以对他人的妆容不应自以为是地加以评论或非议。

第二节 仪表礼仪

仪表专指服饰，服饰包括服装和配饰两大类。首先，我们应该了解服饰的基本要求。

一、服饰的基本要求

（一）呈现个性

服饰应该体现人的个性特征，而不能一味地迎合时尚。因为，流行的不一定是适合你的。

（二）扬长避短

选择服饰一定要扬长避短，以展现自己的优点，掩饰自己的缺陷。

（三）民族特色

越是民族的就越是世界的。所以在服饰方面只有体现自己民族的文化特点，表现自己民族特有的审美情趣，才会独具一格，更胜一筹。

（四）简洁为美

"简约即时尚。"因此，使用服饰，切忌过繁过杂，毫无章法。

二、服装

服装,是对人们所穿着的衣服的总称。在人际交往中,服装被视为人的"第二肌肤",既可以遮风、挡雨、防暑、御寒、蔽体、掩羞,发挥多重实用性功能,又可以美化人体、扬长避短,展示个性,反映精神风貌,体现生活情趣,发挥多种装饰性功能。不但如此,在正式场合,它还具有反映社会分工和体现地位、身份差异的社会性功能。

正因为如此,在社交场合,只讲"穿衣戴帽,各凭所好",显然是远远不够的。著名的意大利影星索菲亚·罗兰就曾深有感触地说过:"你的服装往往表明你是哪一类人物,它们代表着你的个性。一个和你会面的人往往自觉不自觉地根据你的衣着来判断你的为人。"这能给人以很多启迪。

在社交场合,服装在某种意义上就像每个人手持的一封无言的介绍信,时刻向每一个交流对象传递各种信息。美国心理学家彼德·罗福甚至认为:一个人的服装并不只是表露他的情感,而且还显示着他的智慧。一个人的衣着习惯,往往透露出他的人生哲学和价值观。莎士比亚则进一步强调:"服装往往可以表现人格。"

在中国,人们很早以前就十分讲究服饰礼仪。孔夫子就曾经说过:"见人不可以不饰。不饰无貌,无貌不敬,不敬无礼,无礼不立。"他所谓的"饰",指的就是服装。由此可见,学习服装礼仪,遵守服装礼仪,是人际交往取得成功的一个前提。

服装之涉及面虽然不少,但要素则为三项:面料、色彩、款式。此外,还要考虑着装的问题。下面,分而述之。

(一)面料

面料就是用来制作服装的材料。面料不仅可以诠释服装的风格和特征,而且直接左右服装的色彩、造型的表现效果。

服装的面料五花八门。总体来讲,优质、高档的面料,大都具有穿着舒适、吸汗透气、悬垂挺括、视觉高贵、触觉柔美等几个方面的特点。

制作在正式的社交场合所穿着的服装,宜选纯棉、纯毛、纯丝、纯麻制品。用这四种纯天然面料制作的服装,大都档次较高。有时也可以穿着纯皮革制作的服装。

下面对常见的服装面料作简单介绍。

1. 棉布

棉布是各类棉纺织品的总称。它多用来制作时装、休闲装、内衣和衬衫。优点是轻松保暖,柔和贴身,吸湿性、透气性很好。缺点是易缩、易皱,外观不够挺括,穿着时需要经常熨烫。

2. 麻布

麻布是以各种麻类植物纤维制成的一种布料。一般被用来制作休闲装、工作装。优点是吸湿、导热、透气性非常好。缺点是穿着不是非常舒适,外观比较粗糙、生硬。

3. 丝绸

丝绸是以蚕丝为原料纺织而成的各种丝织物的统称。丝绸被用来制作各种服装,尤其适合制作女士服装。优点是轻薄、合身、柔软、滑爽、透气,色彩绚丽,富有光泽,高贵典雅,穿着舒适。缺点是容易起褶皱、容易吸身、不够结实、容易褪色。

4. 呢绒

呢绒又叫毛料,是对各种羊毛、羊绒织成的织物的泛称。通常它被用来制作礼服、西装、大衣等正规、高档的服装。优点是防皱耐磨,手感柔软,高雅挺括,富有弹性,保暖性强。缺点是洗涤比较困难,不太适合制作夏装。

5. 皮革

皮革是经过加工的动物毛皮面料。多用来制作时装、冬装。又可以分为两类:一是革皮,即经过去毛处理的皮革;二是裘皮,即处理过的连皮带毛的皮革。优点是轻盈保暖,雍容华贵。缺点是价格昂贵,储存、护理方面要求较高。

6. 化纤

化纤是化学纤维的简称,是以高分子化合物为原料制作而成的纤维纺织品。通常它分为人工纤维与合成纤维两类。它们共同的优点是色彩鲜艳、质地柔软、悬垂挺括、滑爽舒适。缺点是耐磨性、耐热性、吸湿性、透气性较差,遇热容易变形,容易产生静电。虽然可以用其制作服装,但总体档次不高。

7. 混纺

混纺是将天然纤维与化学纤维按照一定的比例混合纺织而成的织物。可用来制作各种服装。它的长处是既吸收了棉、麻、丝、毛与化纤各自的优点,又尽可能地避免它们各自的缺点,而且价格比较低廉,所以大受欢迎。

(二)色彩

色彩是服装留给人们最深的印象之一,而且在很大程度上决定服装穿着的成败。在服装的几大要素之中,色彩对他人的刺激最快速、最强烈、最深刻,所以应该引起高度重视。

人们选择服装的色彩时往往既要考虑个性、爱好、季节,又要考虑他人的感受和所处的场合。所以世界著名服装设计师伊迪丝·里德说:"也许在取得衣着成功方面,色彩是最有帮助的要素。色彩可以是您最好的朋友,也可以是您最凶恶的敌人。"

在服装的色彩上要想获得成功,最重要的是处理好色彩的特性、色彩的搭配、色彩的调节以及正装的色彩选择等四个方面的问题。

1. 色彩的特性

从本质上讲,色彩是人的眼睛对物体反射的不同波长的光所产生的印象。从色彩的功能上看,它具有以下基本特性。

(1)色彩的冷暖

每种色彩都有区别于其他色彩的独特的相貌特征,它叫作色相。色彩因色相不同而使人产生温暖或寒冷的感觉。使人有温暖、热烈、兴奋感的色彩,我们叫暖色,如红色、黄色。使人有寒冷、抑制、平静感的色彩,我们叫冷色,如蓝色、黑色。

（2）色彩的轻重

色彩的明暗变化的程度被称为明度。色彩越浅,明度就越强,它使人有上升感、轻感。色彩越深,明度就越弱,使人有下垂感、重感。人们平日的着装,通常讲究的是上浅下深。

（3）色彩的软硬

色彩鲜艳明亮的程度叫作纯度。色彩纯度越高,就越鲜艳纯粹,并给人以软的感觉。色彩纯度越低,就给人以硬的感觉。前者适用于喜庆场合的着装,后者则适用于庄重场合的着装。

（4）色彩的缩扩

一般来讲,冷色、深色属收缩色,暖色、浅色属扩张色。运用到服装上,前者显人苗条,后者显人丰满。

2. 色彩的搭配

搭配色彩,常用的有下述手法。

（1）统一法

统一法即配色时尽量采用同一色系中各种相同或不同的色彩进行搭配。例如全身白色调,或是全身黑色调等。在工作场合或庄重的社交场合适合用此法进行搭配。

（2）对比法

对比法即在配色时运用冷暖、深浅、明暗两种特性相反的色彩进行组合的方法。它可以使着装在色彩上反差强烈,突出个性。这种方法适用于各种场合的着装配色。

（3）呼应法

呼应法即配色时在某些相关的部位刻意采用同一种色彩,使其遥相呼应,产生美感。例如,穿西装的男士讲究鞋与包同色。女士讲究帽子、鞋或提包同色。它也适用于各类场合的着装配色。

（4）点缀法

点缀法即在采用统一法配色时,为了有所变化,而在某个局部小范围内选用其他色彩加以点缀。例如在统一色调的服装上点缀不同颜色或相反颜色的袖边、领口、口袋等,这种方法主要适用于在工作场合的着装配色。

（5）时尚法

时尚法即在配色时酌情选用正在流行的某种色彩。此法多用于普通的社交场合和休闲场合着装的配色。

3. 色彩的调节

（1）强调法

如果服装的整体配色过于单调,可加入强烈的色彩,使之产生变化感。

（2）平衡法

服装色彩过于深沉或淡雅时,会使人感到软弱无力,整体失衡。这时,可在保持个人风格的前提下,适当添加相反的色彩进行调节。

（3）分割法

当两种对比色过分强烈时,可运用其他比较协调的色彩,在其交界处进行分割以增加和谐度。

（4）渐变法

两种色彩的组合不是十分协调时,可在二者之间配以呈阶梯变化的色彩,形成有层次的渐变。

4. 正装的色彩

（1）三色原则

三色原则是选择正装色彩的基本原则,就是要求正装的色彩整体上最好控制在三种色彩以内。这样做有助于保持正装庄重、保守的总体风格,并使正装在色彩上显得规范、简洁、和谐。

（2）基本色彩

正装的色彩一般应为单色、深色,并且应当没有图案。最标准的套装色彩是蓝色、黑色、灰色、棕色。衬衫的最佳色彩为白色;皮鞋、袜子、公文包的最佳色彩是深色,常见为黑色。

（三）款式

服装的款式指的是它的种类、式样与造型。它不仅和着装者的性别、年龄、体型、职业、偏好有关,而且受到文化、习俗、道德、宗教和流行趋势的影响。

在社交场合,选择服装有时对服装款式的要求很高。因为在服装三要素中,有关款式方面的礼仪规范最详尽、最具体、最严格。

1. TPO 原则

TPO 原则是有关服饰礼仪的基本原则之一。其中的 T、P、O 三个字母,分别是英文时间、地点、目的这三个单词的缩写。它的含义是要求人们在选择款式时,应力求使自己的着装及其具体款式与时间、地点、目的协调一致。

（1）时间

从时间上讲,一年有春、夏、秋、冬四季的交替,一天有 24 小时的变化,在不同的时间里,着装的类别、式样、造型应因此有所变化。比如,冬天要穿保暖、御寒的冬装,夏天要穿透气、吸汗、凉爽的夏装。白天穿的衣服需要面对他人,应当合身、严谨;晚上居家所穿的衣服不为外人所见,可以宽大、随意一些。

（2）地点

从地点上讲,在室内或室外,在闹市或乡村,在国外,身处单位或家中,在不同的地点,着装的款式应该有所不同。例如,穿泳装出现在海滨、浴场是可以的;但如果穿着它去上班、逛街,则令人哗然。在国内,少女只要愿意,随时可以穿吊带背心、超短裙,但她如果以这身行头出现在着装保守的某些阿拉伯国家里,就显得有些不尊重当地人了,甚至还会引出麻烦。

（3）目的

从目的上讲，人们的着装往往体现着一定的意愿，即自己对着装留给他人的印象如何，是有一定预期的。服装的款式在表现服装的目的性方面发挥着一定的作用。自尊还是敬人，颓废还是振奋，保守还是张扬，等等。一个人身着款式庄重的服装前去应聘或洽谈生意，说明他郑重其事、渴望成功。如在这类场合选择款式暴露、性感的服装，则表示自视甚高，对求职、生意的重视远远不及对其本人的重视。

2. 场合的要求

在具体选择服装款式时，应当在遵守 TPO 原则的同时，还应注意区分自己所处的具体场合，并且依照礼仪规范和惯例，在不同的场合选择不同款式的服装。

从总体上来划分，在交际中人们所面临的场合，可被分为公务、社交、休闲这三个大类。原则上讲，公务场合、社交场合属于正式场合，总的要求是正规、讲究。休闲场合则属于非正式场合，总的要求是无伤大雅的随意、自便。

（1）公务场合

公务场合，指的是人们置身于工作地点，用于上班的场所。公务场合对服装款式的基本要求是：庄重、保守、传统。适用于公务场合的服装款式为：制服、套装、套裙、工作服，等等。不适合在公务场合穿着的服装款式有：牛仔装、运动装、沙滩装、家居装，等等。

（2）社交场合

社交场合，指的是人们置身于交际地点，用于上班之外，在公共场合与他人交往、共处的场所。聚会、拜会、宴会、舞会、音乐会等，都是典型的社交场合。社交场合对服装款式的基本要求是：典雅、时尚、个性。符合这一要求，适用于社交场合的服装款式为：时装、礼服、民族服装，以及个人缝制的个性化服装，等等。不适合在社交场合穿着的服装款式则有制服、工作服、牛仔装、运动装、沙滩装、家居装，等等。

（3）休闲场合

休闲场合，指的是人们置身于闲暇地点，用于在公务、社交之外，一人独处，或是在公共场合与不相识者共处的场所。居家、健身、旅游、娱乐、逛街等，都属于休闲活动。休闲场合对服装款式的基本要求是：舒适、方便、自然。符合这一要求，适用于休闲场合的服装款式为：家居装、牛仔装、运动装、沙滩装等。不适合在休闲场合穿着的服装款式则有：制服、套裙、工作服、礼服、时装，等等。

（四）着装

着装即服装的穿着。它既是一种需要，更是一门艺术。从礼仪的角度来说，着装不仅指穿衣戴帽，更指由此而折射出的人们的教养与品位。从本质上讲，着装与穿衣并不是一回事。穿衣，往往看重的是服装的实用性。它仅仅是将服装穿在身上遮羞、蔽体、御寒或防暑而已。着装却大不相同，着装实际上是一个人基于自身的阅历、修养和审美品位，在对服装的搭配技巧、流行时尚、所处场合、自身特点进行综合考虑的基础上，在力所能及的前提下，对服装进行的精心选择、搭配和组合。在各种正式场合，不注重个人着装往往会遭人非议，而注重个人着装则会给他人留下良好的印象。

着装要获得成功,进而做到品位超群,就必须兼顾个体性、整体性、整洁性、文明性、技巧性。这五个方面都非常重要,任何一点都不能偏废。

1. 个体性

每个人都具有自己的个性,所以个体性是着装要注意的第一个方面。具体来讲,个体性有两层含义:第一,着装应当兼顾自身的特点,"量体裁衣",扬长避短。第二,着装应创造并保持自己的风格,在允许的前提下,着装在某些方面可以与众不同,但切勿盲目追赶时髦,随波逐流,毫无特色。

2. 整体性

正确的着装应当有统筹的考虑和精心的搭配,其各个部分不仅要"自成一体",而且要相互呼应、配合,在整体上尽可能显出和谐与完美。如果着装的各个部分之间缺乏联系,那么再完整也毫无意义。着装要坚持整体性,重点要注意两个方面:其一,要恪守服装约定俗成的搭配。例如,穿西装时应配皮鞋,而不能穿布鞋、凉鞋、拖鞋。其二,要使服装各个部分相互适应,局部服从于整体,力求展现服装的整体美。

3. 整洁性

在任何情况下,人们的着装都要力求整洁,避免肮脏或邋遢。坚持整洁性,主要体现在以下四个方面:首先,着装应当整齐,不允许它又折又皱。其次,着装应当完好,不应又残又破,乱打补丁。再次,着装应当干净,不应当又脏又臭。最后,着装应当卫生。任何服装都不允许有明显的污渍、油迹、汗味和体臭。

4. 文明性

穿着服装是人与动物的一大区别。在日常生活中,不仅要做到会穿衣戴帽,而且要努力做到文明着装。着装的文明性,主要是要求着装文明大方,符合社会的道德传统和常规做法。它的具体要求有:一忌穿过露的服装。尤其是在公务场合,袒胸露背,暴露大腿、脚部和腋窝的服装,均应忌穿。二忌穿过透的服装。三忌穿过短的服装。不要为了标新立异,而穿着小一号的服装。更不要在正式场合穿短裤、小背心、超短裙这类服装。因为这种服装不仅会使自己行动不便,频频"走光",而且也失敬于人,使他人心中不快。四忌穿过紧的服装。不要为了展示自己的线条而有意选择过于紧身的服装,更不要使自己内衣、内裤的轮廓在过紧的服装之外隐隐而现。

5. 技巧性

不同的服装有不同的搭配和约定俗成的穿法。例如,穿单排扣西装上衣时,两粒纽扣的要系上面一粒,三粒纽扣的要系中间一粒或是上面两粒。女士穿裙子时,所穿丝袜的袜口应被裙子下摆所遮掩,而不宜露于裙摆之外;穿露趾凉鞋时,一般不宜穿袜子。穿西装不打领带时,内穿的衬衫应当不系领扣,等等。这些都属于着装的技巧。

三、配饰

配饰,指的是人们在着装的同时所选用、佩戴的装饰性物品。配饰的实用价值不是很强,有些配饰甚至毫无实用价值。从总体上讲,配饰对人们的穿着打扮,尤其是对服装而言,只起着辅助、烘托、陪衬、美化的作用。然而,从审美的角度来看,它却与服装、化妆一道被列为人们装饰、美化自身的三大方法之一。有人不仅将它视为服装的一个有机组成部分,而且还将它当作焦点,认为它发挥着画龙点睛的作用。

在社交场合,配饰尤为引人注目,并发挥着一定的交际功能。这体现在两个方面:第一,它是一种无声的语言,可以表达使用者的知识、阅历、教养和审美品位。第二,它是一种有意的暗示,可以暗示使用者的地位、身份、财富和婚恋状况等。

广义上讲,与服装同时使用的、发挥装饰作用的一切物品,例如首饰、手表、领带、手帕、围巾、帽子、手套、包袋、眼镜、钢笔、鞋子、袜子等,都可以称作饰物。其中最重要的当推首饰,此外还有手表、领带,等等。

(一)首饰

首饰,以往是指戴在头上的装饰品,现在则泛指各类没有任何实际用途的饰物。

学习首饰礼仪,需要掌握的主要有两点:一是使用规则,二是佩戴方法。

1.使用规则

使用首饰,通常应当遵守以下八条规则。

(1)数量规则

戴首饰时数量上的规则是以少为佳。必要时,可以一件首饰也不佩戴。如果有意同时佩戴多种首饰,在总量上一般不超过三种。除耳环、手镯外,最好不要使同时佩戴的同类首饰超过一件。新娘可以例外。

(2)色彩规则

戴首饰时色彩上的规则是力求同色。若同时佩戴两件或两件以上首饰,应使其色彩一致。戴镶嵌首饰时,应使其主色调保持一致。千万不要使所戴的几种首饰色彩斑斓,把佩戴者打扮得像一棵"圣诞树"。

(3)质地规则

戴首饰时质地上的规则是争取同质。若同时佩戴两件或两件以上首饰,应使其质地相同。戴镶嵌首饰时,应使其被镶嵌物质地一致,托架也应力求一致。另外应注意,高档饰物尤其是珠宝首饰,多适用于隆重的社交场合,但不适合在工作、休闲时佩戴。

(4)身份规则

选戴首饰时,不仅要照顾个人爱好,更要服从本人身份,要与自己的性别、年龄、职业、工作环境保持大体一致。

（5）体型规则

戴首饰时，体型上的规则是要使首饰为自己的体型扬长避短。

（6）季节规则

一般来说，季节不同，所戴首饰也应该有所不同。金色、深色首饰适于冷季佩戴，银色、浅色首饰则适合暖季佩戴。

（7）搭配规则

佩戴首饰，要兼顾服装的质地、色彩、款式，并使之在搭配、风格上相互匹配。

（8）习俗规则

不同的地区，不同的民族，佩戴首饰的习惯做法多有不同。对此一是要了解，二是要尊重。

2. 佩戴方法

首饰的种类很多，以其使用的部位而论，有头饰、颈饰、胸饰、足饰之分。在具体品种上，有戒指、项链、挂件、耳环、手镯、手链、脚链、胸针、领针等。下面介绍一些首饰的佩戴方法。

（1）戒指

戒指又叫指环。戒指自古以来就具有强烈的象征意义，因此它的戴法很有讲究。按照我国的习惯，订婚戒指一般戴在左手的中指，结婚戒指戴在左手的无名指；若是未婚姑娘，应戴在右手的中指或无名指。

戴戒指讲究戴在左手上，按西方的传统习俗来说，左手上显示的是上帝赐给你的运气，它是与心相关联的，因此，将戒指戴在左手上是有意义的。国际上比较流行的戴法是：食指——想结婚，表示未婚；中指——已经在恋爱中；无名指——表示已经订婚或结婚；小指——表示独身。在国外，不戴戒指也表示"名花还无主，你可以追我"。

至于右手，在传统上也有一个说法：那就是戴在无名指上，表示具有修女的心性。当然，还有一种戒指，无论你戴在哪里都不具备任何意义。这种戒指就是一般的花戒，它只起到一种装饰的作用，可以戴在任何你想戴的手指上，没有任何拘束。

戒指一般最好只戴一枚，如果想多戴，至多可戴两枚，只有新娘例外。戴两枚戒指时，戴在一只手两个相连的手指上，也可以戴在两只手对应的手指上。拇指通常不戴戒指，一个指头上不应戴多枚戒指。戴薄纱手套时戴戒指，应藏于其内，只有新娘不受此限制。

钻戒是最正规的结婚戒指，应按通行规矩佩戴。

（2）项链

项链，男女均可使用，但男士所戴的项链一般不外露。通常，所戴的项链不多于一条，但可将一条长项链折成数圈佩戴。项链的粗细，应与脖子的粗细成正比。

（3）挂件

挂件又叫项链坠，多与项链同时配套使用。常见的有文字、动物、鸡心、锁片、元宝、花篮、十字、像盒、镶宝、吉祥图案、艺术造型等。在正式场合不要选用过分怪异或令人误解的图形、文字挂件，也不要同时使用两个或两个以上的挂件。

（4）耳环

耳环又叫耳饰，具体又可分为耳环、耳链、耳钉、耳坠等。在一般情况下，它仅为女性使用，并且讲究成对使用，不宜在一只耳朵上同时戴多只耳环。在国外，男子也有戴耳环的，但习惯是左耳一只，右耳不戴。

（5）手镯

手镯可以只戴一只，也可以同时戴两只。戴一只时，通常应戴于左手。戴两只时，可一只手戴一个，也可以都戴在左手上。男性一般不戴手镯。

（6）手链

男女均可佩戴手链，但一只手上仅限戴一条手链。在一般情况下，手链只戴一条，并应戴在左手上。在一只手上戴多条手链，双手同时戴手链，手链与手镯同时佩戴，一般是不允许的。它和手镯不应与手表同戴于一只手上。

（7）脚链

脚链主要适用于非正式场合。脚链一般只戴一条，戴在哪只脚腕上都可以。如果戴脚链时穿丝袜，应将脚链戴在袜子外面。

（8）胸针

胸针又称胸花，多为女士所用。别胸针的部位多有讲究。穿西装时，应别在左侧领上。穿无领上衣时，应别在左侧胸前。发型偏左时，胸针应当居右。发型偏右时，胸针则应偏左。

（9）领针

领针即专用于西式上装左侧领之上的饰物。佩戴领针，数量以一枚为限，而且不宜与胸针、纪念章、奖章等同时使用。在正式场合，不要佩戴有广告作用的领针。不要别在如右侧衣领、帽子、书包、围巾、裙摆、腰带、裤腰、裤管等位置。

（二）手表

手表，也叫腕表。在正规的社交场合，有人说："手表不仅是男人的首饰，而且是男人最重要的首饰。"在西方国家，手表与钢笔、打火机被称为成年男子的"三件宝"，是每个男人不可离身之物。现如今，腕表已不再是单纯的时间工具，它更多的时候是为你的造型增添亮点的装饰品。一块缠绕于腕间的手表会令你更加知性而富有魅力，若与手镯、手链相互混搭则更加耀眼突出。

1.手表的选择

选择手表，往往应注重其种类、形状、色彩、图案、功能等五个方面的问题。

（1）种类

根据标准的不同，手表可以分为许多不同的种类。在社交场合，一般都是依据价格来区分其种类的。按照这个标准，手表可被分为豪华表、高档表、中档表、低档表四类。

（2）形状

在正式场合所戴的手表，在造型上应该庄重、保守，避免怪异、新潮。一般而言，正圆形、椭圆形、正方形、长方形及菱形手表，适用范围很广，特别适合在正式场合佩戴。

（3）色彩

在正式场合，一般选择单色或双色手表，不宜选择三色或三色以上的手表。金色表、银色表、黑色表，即表盘、表壳、表带均为金色、银色、黑色的手表，是最为理想的选择。

（4）图案

除数字、商标、厂名、品牌外，在正式场合佩戴的手表，没有必要出现其他图案。

（5）功能

计时是手表最主要的功能。因此，正式场合所用的手表，应当精确到时、分，能精确到秒更好。有些附加的功能，如温度、湿度、风速、方向、血压、步速等，均可有可无。

2. 忌戴的手表

在比较正式的交际场合，成年人不应佩戴以下不符合礼仪规范的手表。

（1）失效表

失效表即计时不准确，或是不能计时的手表。戴着这种手表不仅没有多大作用，还有可能误事。

（2）劣质表

劣质表平日戴一戴还行，但在正式场合千万不要戴。不一定非要戴名牌表，但在力所能及的情况下，应该选择质地和做工稍好一些的手表。

（3）怀式表

怀式表又叫怀表、袋表、链表，这是一种极具古典浪漫风格的手表。在今天使用怀式表，虽意味着怀旧，但是与时代气息格格不入，而且与日常穿戴的服装也难以搭配。

（4）广告表

广告表即用作广告宣传的手表。在正式场合佩戴广告表，不仅有可能被人理解为是在替人做广告宣传，还会给人留下爱占小便宜的不良印象。

（5）卡通表

卡通表即以卡通图形为主制造成的手表。它属于时装表，可以与时装、便装搭配，多受少女、儿童的欢迎，但不能与正装搭配，故不适合在庄重、严肃的场合佩戴，尤其不适合成年男子佩戴。

（6）世界表

世界表即可同时显示外地或世界各地时间的手表。戴这种不发挥真正的计时作用的手表的人，常常会被人认为是不切实际的梦想家。

（三）领带

男士穿西装时，最抢眼的通常不是西装本身，而是领带。领带属于男士的饰物，因此女士一般不打领带。

1. 领带的选择

（1）面料

制作领带的最高档、最正宗的面料是真丝与纯毛。尼龙也可以制作领带，但档次较低。以其他面料,比如棉布、麻料、皮革、塑料、纸张、珍珠等制作的领带,大多不适合在正式场合使用。

（2）色彩

从色彩上讲,领带有单色、多色之分。单色领带适用于公务活动和隆重的社交场合,并以蓝色、灰色、黑色、棕色、白色、紫红色最受欢迎。多色领带一般不超过三种颜色,可用于各种场合。色彩过于艳丽的领带只有在非正式的社交、休闲场合使用,才不会惹来非议。

（3）图案

用于正式场合的领带,其图案应规则、传统,最常见的有斜条、横条、竖条、圆点、方格以及规则的碎花,它们多有一定的寓意。印有人物、动物、植物、花卉、房屋、景观、怪异神秘图案的领带,仅适用于非正式的场合。印有广告、团体标志、家族徽记的领带,最好不要乱用。

（4）款式

领带的款式,一般来说,有宽窄之分,这主要受到时尚潮流的左右。选择领带时,应注意最好使领带的宽度与自己身体的宽度成正比,但不要反差过大。它还有箭头与平头之别。前者下端为倒三角形,适用于各种场合,比较传统。后者下端为平头,比较时髦,多适用于非正式场合。

2. 领带的打法

（1）领带的结法

领带扎得好不好看,关键在于领带结打得如何。打领带结有三点技巧:第一,要把它打得端正、挺括,外观上呈倒三角形。第二,可以在收紧领结时,有意在其下压出一个窝或一条沟来。第三,领结的大小大体上应与所穿的衬衫领子的大小成正比。需要说明的是,穿立领衬衫时不宜打领带,穿翼领衬衫时则只适合扎蝴蝶结。

（2）领带的长度

成人日常所用的领带,通常长度为130～150厘米。领带打好之后,外侧应略长于内侧。其标准的长度,应当是下端正好触及腰带扣的上端。当然,领带也不要打得太短。

（3）领带的位置

穿西装上衣系好衣扣后,领带应处于西装上衣与内穿的衬衫之间。穿西装背心、羊毛衫、羊绒衫、羊毛背心时,领带应处于它们与衬衫之间。穿多件羊毛衫时,这种情况不合常规,最好不要出现,应将领带置于最内侧的那件羊毛衫与衬衫之间。

（4）领带的配饰

打领带时,在一般情况下,没有必要使用任何配饰。在清风徐来、快步疾走时,领带轻轻飘动,能替男士平添一些潇洒、帅气。有时候,为了减少领带在行动时任意飘动带来的不便,或为了不使其妨碍本人工作、行动,可酌情使用领带配饰。领带配饰的基本作用是固定领带,其次才是装饰。常见的领带配饰有领带夹、领带针和领带棒。选择领带配饰时,多考虑金属质地制品,并要求素色为佳,形状与图案要雅致、简洁。

领带夹主要用于将领带固定于衬衫上。使用领带夹的正确位置,在衬衫从上往下数的第四粒、第五粒纽扣之间。最好不要让它在系上西装上衣扣子之后外露。

领带针主要用于将领带别在衬衫上,并发挥一定的装饰作用。使用它时,应将其别在衬衫从上往下数第三粒纽扣处的领带正中央。

领带棒主要用于穿着扣领衬衫时,穿过领带,将其固定在衬衫领口处。

(四)围巾

除了冬季用来御寒外,围巾的装饰性远胜于它的保暖性。男性宜选择质地优良的围巾,进入室内后要除去。女性可以选择五花八门的围巾来修饰自己,除了厚大的冬季御寒围巾外,还可以选择丝质、纱质围巾来修饰。

(五)眼镜

眼镜可以弥补脸部的缺陷,也可作为人的气质的补充,墨镜还可以使人避免因阳光太强而不由自主地皱眉。眼镜的选配,首先要与脸型相符。身材高大且脸阔的人不宜戴小的眼镜,而身材纤细瘦小的人不要戴厚重的大边框眼镜;眼镜一定要调整好松紧,以免由于戴着不适而不住地伸手去扶眼镜,摆弄眼镜。在室内,应该摘去墨镜。倘若患有眼疾不宜摘镜,应向别人说明并表示歉意;在室外照相,尤其是与多人合影时,不宜戴墨镜,因为这样相片上的你会貌似盲人。

(六)包袋

在交际场合,包袋也是一种装饰品。其颜色可以多姿多彩,质地要优良,做工要精细,并且要与服装保持协调。包袋应保持干净鲜亮,褶皱缝里不能嵌满灰尘,金属扣应该保持光泽。如果包袋的边、口、角等有磨损时,就不应在交际场合再予使用。

(七)帽子

帽子在西方被认为是权力和地位的象征。男子从前都要戴一种叫作"波乐"(Bowler Hat)的礼帽,在街上遇到熟人,可抬一下帽子示意。把帽子摘下握于手中站立,是英国白金汉宫每年游园会上男子的礼仪要求。女子则早在男士流行帽子前就已经将帽子视为流行服饰不可或缺的内容。在我国的传统服饰中,主要以男子戴各种不同时期流行的礼帽,而女子则不戴帽。无论男女,如果戴帽子的话,那么帽子的式样、风格、质地,必须与所穿的服装相吻合,也要与场合气氛一致,不能在一个庄重严肃的场合歪戴着一顶俏皮的小帽。凡致礼时,男子一律要摘帽,进入室内,也应将帽子与风衣、大衣留在衣帽寄存处。女子的帽子倘若作为衣服整体的一部分,则不必脱帽。

(八)鞋子

在欧美国家,光脚穿鞋,即被视为"性感"的做法。不仅如此,一些有可能使脚部过于暴露的鞋子,如拖鞋、凉鞋、镂空鞋、无跟鞋,也因此不得登大雅之堂。穿着正装时,最佳的鞋子是黑色皮鞋。

（九）袜子

袜子首先要与服装相协调，一般以素雅为宜，花样或颜色不宜太挑。穿袜子还应与身材腿型相配，胖矮之人袜色宜深，身材修长者袜色可浅。袜子以轻、薄为好，穿厚尼龙袜出现在正式场合就不太合适。

不要穿残破和有异味的袜子，袜子的袜口不宜外露。男性入座时，如裤脚下露出了袜口甚至一截腿，那是很不雅观的。冬季要将外裤的边口包住袜口，因为袜口暴露在外裤外是很难看的。女性亦应如此。女性穿着裙装、旗袍时，不能露出袜口，更不能在袜口和裙子的下摆间露出一截腿；否则就很不雅观，易遭人非议。

第三节　仪态礼仪

仪态，指的是人们在外观上可以明显地被觉察到的活动、动作，以及在活动、动作之中身体各部分所呈现出的姿态。有时，它也叫举止、动作、仪姿或姿态。一般情况下，它主要是由人的肢体所呈现出的各种体态及其变动所组成的。在现实生活之中，人们正是通过身体的种种不同的姿势变化，来完成自己的各项活动的。

人的仪态，可以展现人类所独有的形体之美。平日人们所推崇的风度，其实指的就是训练有素的、优雅的、具有无比魅力的举止。

人的仪态，在日常生活里时刻都在表露着人的思想、情感以及对外界的反应。它可能是自觉的，也可能是不自觉的。社交礼仪因而将举止视作人类的一种无声的语言，叫体态语言，又称第二语言或副语言。正如达·芬奇所言："从仪态了解人的内心世界，把握人的本来面目，往往具有相当的准确性与可靠性。"

一、仪态礼仪的基本要求

（一）遵时守约

遵时守约，指的是无论什么活动或约会，应按规定时间到达。有约在先而不赴约，是极为失礼的；答应的约会临时取消，会使对方难堪，甚至发怒；迎接客人时你却比客人晚到，文艺演出开场后你才入场，诸如此类，都是不遵时守约的表现。

为了遵时守约，我们要对可能造成迟到的客观情况如交通堵塞、天气恶劣等，做好防范准备。万一有事不能准时赴约，必须向主人说清楚，并设法补救。同时要注意，赴约也不是越早越好。因此，拜见、会谈等一般在所约时间的前一至三分钟到达为宜；较轻松的招待会、宴会在所约时间的后几分钟到达为宜，但重大的正式宴会则不能晚到。观看演出要提前五至十分钟到达，以便主方安排座次。

（二）卫生整洁

首先要注意不乱扔果皮纸屑、随手抛弃废物。其次勿在人面前打喷嚏、擤鼻涕、掏耳剔牙、挠痒、抓头皮。最后，注意不在公共场所和禁烟区域吸烟。

（三）尊老助残、尊重女士

对老人表示敬重，对残疾人表示尊重，上下楼梯、车辆，进出电梯等，应让老人在前；进出门要为老人开门。对残疾人不要歧视，但也不能表现出怜悯同情，而应该理解尊重，甚至要表现出对残疾的"熟视无睹"。对残疾人说话要表现出完全是对一个健康人说话的态度，否则就会伤害对方。

尊重女士也是文明礼仪的一部分，要注意不同场合对女士的关照，比如就餐时替女士拉开座椅，为女士开门、让路、让座等；有女士在场，说话应该文雅免俗。

二、仪态礼仪规范

（一）坐立有相

1.手姿

手姿，又叫手势，指的是人的两只手臂所做的各种动作。

古罗马政治家西塞马说过："一切心理活动都伴有指手画脚等动作。手势恰如人体的一种语言，这种语言甚至连野蛮人都能理解。"法国大画家德拉克洛瓦则指出："手应当像脸一样富有表情。"他们的话从不同侧面指出了手姿的重要性。

（1）基本手姿

学习手姿，最重要的是正确掌握和运用基本手势。

①垂放。垂放，是最基本的手姿。做法：一是双手自然下垂，掌心向内，叠放或相握于腹前；二是双手伸直下垂，掌心向内，分别贴放于大腿两侧。它多用于站立之时。

②背手。背手，多见于站立、行走时，既可显示权威，又可镇定自己。做法：双臂伸到身后，双手相握，同时昂首挺胸。

③持物。持物，即用手拿东西。其做法多样，既可用一只手，又可用双手。但最关键的是，拿东西时应动作自然，五指并拢，用力均匀，不应翘起无名指与小指，显得成心作态。

④鼓掌。鼓掌，是用以表示欢迎、祝贺、支持的一种手姿，多用于会议、演出、比赛或迎候嘉宾。其正确做法是以右手掌心向下，有节奏地拍击掌心向上的左掌。必要时，应起身站立。但是，不应以此表示反对、拒绝、讽刺、驱赶之意，即不允许"鼓倒掌"。

⑤夸奖。这种手姿主要用以表扬他人。做法：伸出右手，跷起拇指，指尖向上，指腹面向被称道者。但在交谈时，不应将右手拇指竖起来反向指向其他人，因为这意味着自大或貌

视。自指鼻尖,也有自高自大、不可一世之嫌。

⑥指示。这是用以引导来宾、指示方向的手姿。做法:以右手或左手抬至一定的高度,五指并拢,掌心向上,以其肘部为轴,朝一定方向伸出手臂。

(2)手姿禁忌

①易被误解的手姿。易被他人误解的手姿有两种:一是出自个人习惯,但不通用,不被人理解;二是因为文化背景不同,被赋予了不同的含义。比如,伸起右臂,右手掌心外向,拇指与食指合成圆圈,其余手指伸直这一手姿,在英美表示"OK",在日本表示钱,在拉美则表示下流,不了解不同文化背景的人就很容易误会。

②不卫生的手姿。在他人面前搔头皮、掏耳朵、剜眼屎、抠鼻孔、剔牙齿、抓痒痒、搓脚丫等手姿,都极不卫生,会令人不快。

③欠稳重的手姿。在大庭广众之下,双手乱动、乱摸、乱举、乱扶、乱放,或是咬指尖、折衣角、抬胳膊、抱大腿、拢头发等手姿,都是应当禁止的不稳重手姿。

④失敬于人的手姿。掌心向下挥动手臂,勾动食指或除拇指外的其他四指招呼别人,用手指点他人,都是失敬于人的手姿。其中指点他人,即伸出一只手臂,食指指向他人,其余四指握拢这一手姿,因含有指斥、教训的意思,就尤为失礼。

2. 站姿

站姿,指的是人在站立时所呈现出的具体姿态。这种静态的身体造型是其他动态的身体造型的基础。人际交往中,站姿是一个人全部仪态的根本。站姿不美,也就无法做到其他姿势的优美典雅。古人主张"站如松",说明良好的站姿给人一种挺、直、高的感觉。

(1)基本站姿

两脚跟相靠,脚尖展开45°~60°,身体重心主要支撑于脚掌、脚弓之上。两腿并拢直立,腿部肌肉收紧,大腿内侧夹紧,胯部上提。腹肌、臀大肌微收缩并上提,臀、腹部前后相夹,胯部两侧略向中间用力。脊柱、后背挺直,胸略向前上方提起。两肩放松下沉,气沉于胸腹之间,自然呼吸,两臂自然下垂,中指对准裤缝。脖颈挺直,头向上顶,下颌微收,双目平视前方,表情自然。

(2)几种常用站姿

①叉手站姿。两手在腹前交叉,右手搭在左手上,直立。这种站姿,男子可以两脚分开,距离不超过20厘米;女子可以用小丁字步,即一脚稍微向前,脚跟靠在另一脚内侧。这是一种常用的接待站姿。

②背手站姿。即双手在身后交叉,右手贴在左手外面,贴在两臀中间,两脚可分可并,分开距离不超过肩宽。脚尖展开,两脚夹角成60°。挺胸立腰,收颌,收腹,双目平视。

这种站姿略带威严,易产生距离感,所以常用于门童和保卫人员。如果两脚改为并立,就显出了尊重的意味。

③背垂手站姿。即一只手背在后面,贴在臀部,另一只手自然下垂,手自然弯曲,中指对准裤缝。两脚既可以并拢也可以分开,也可以成小丁字步。这种站姿,男士多用,显得大方,自然洒脱。

（3）站姿禁忌

①身躯歪斜。人在站立时，以身躯直立为美，不允许歪歪斜斜，如头偏、肩斜、身歪、腿曲，或是膝部不直。因为身躯不正会破坏人体的线条美。

②弯腰驼背。弯着腰，驼着背，都会影响身体的美感。

③趴伏倚靠。在站立时不能随便趴在一个地方或靠在某处。

④双腿大叉。双腿在站立时分开的距离，在一般情况下越小越好。即使分开，也不能使其距离宽于本人的肩部。

⑤脚位不当。在正常情况下，双脚在站立时呈现"V"字式、"丁"字式、平行式等脚位，都是允许的。但是采用人字式、蹬踏式等脚位则是不允许的。所谓人字式脚位，指的是站立时两脚脚尖靠在一处，而脚后跟之间却大幅度地分开来，即所谓的"内八字"。所谓蹬踏式脚位，是指站立时为图舒服，在一只脚站在地上的同时，将另外一只脚踩在鞋帮上、踏在椅面上、蹬在窗台上、跨在桌面上等。这两种脚位，都极不雅观。

⑥手位不当。将手放在衣服口袋里，双手抱在胸前，将手抱在脑后，将双肘支于某处，用手托住下巴，这些都是不妥当、不允许的。

⑦半立半坐。半坐半立的姿势也是不允许的。

⑧浑身乱动。腿脚抖来抖去，手臂挥来挥去，身体扭来扭去，都会使人的站姿变得很难看。

3. 蹲姿

蹲姿，是人处于静态的立姿时的一种特殊情况。多用于拾捡物品、帮助别人或照顾自己等特定情况之下。

（1）基本蹲姿

下蹲拾物时，应自然、得体、大方，不遮遮掩掩。下蹲时，两腿合力支撑身体，避免滑倒。下蹲时应使头、胸、膝关节在一条直线上，使蹲姿优美。女士无论采用哪种蹲姿，如无极为特殊的情况，都应将腿靠紧，臀部向下。

（2）其他蹲姿

①交叉式蹲姿。下蹲时右脚在前，左脚在后，右小腿垂直于地面，全脚着地。左膝由后面伸向右侧，左脚跟抬起，脚掌着地。两腿靠紧，合力支撑身体，臀部向下，上身稍前倾。

②高低式蹲姿。下蹲时右脚在前，左脚稍后，两腿靠紧向下蹲。右脚全脚着地，小腿基本垂直于地面，左脚脚跟提起，脚掌着地。左膝低于右膝，左膝内侧靠于右小腿内侧，形成右膝高左膝低的姿态，臀部向下，基本上以左腿支撑身体（也可以反向）。

（3）蹲姿禁忌

弯腰捡拾物品时，两腿叉开，臀部向后撅起，是不雅观的姿态。两腿展开平衡下蹲，这样的姿态也不优雅。因此，这两种蹲姿都要避免。另外，下蹲时要尽力做到内衣"不可以露，也不可以透"。

4. 坐姿

坐姿，即人在就座之后所呈现出的姿势。在社交应酬之中，坐姿往往是人们采用最多的姿势。坐姿的重点,是指坐定后的姿势。但对就座时的姿势,也不能不管不顾。

（1）就座的姿势

就座,即走向座位直到坐下来的一系列过程,它是坐姿的前奏。在这个过程中的礼仪要点是:

①注意顺序。若与他人一起入座,则入座时一定要讲究先后顺序。合乎礼仪的顺序有两种:一是优先尊长,即请位尊之人、年长之人首先入座。二是同时就座,它适用于平辈和亲友同事之间。无论如何,抢先就座都是失礼失态的表现。

②讲究方位。不论是从正面、侧面还是背面走向座位,通常都讲究从左侧一方走向自己的座位,从左侧一方离开自己的座位,它简称为"左进左出"。在正式场合,一定要特别遵守此规。

③入座无声。在就座的整个过程中,不管是移动座位还是放下身体,都不应发出嘈杂的声音。调整坐姿时,同样也不宜弄出声响。

④入座得法。就座时,应转身背对座位。如距其较远,可以右脚后移半步,待腿部接触座位边缘后,再轻轻坐下。着裙装的女士入座,通常应先用双手拢平裙摆,随后坐下。

⑤离座谨慎。离座亦应注意礼仪序列。不要突然跳起,惊吓他人;也不要弄出声响,或把身边的东西弄到地上去。

（2）坐定的姿势

正确的坐姿要求是"坐如钟",即坐相要像钟一样端正。正确优雅的坐姿是一种文明行为,它既能体现一个人的形态美,又能体现行为美。

①基本坐姿。入座要轻而稳,女士着裙装要先轻拢裙摆,而后入座。面带笑容,双目平视,嘴唇微闭,微收下颌。双肩平正放松,两臂自然放在大腿上,也可放在椅子或沙发扶手上。立腰、挺胸、上体自然挺直。双膝自然并拢,双腿正放或侧放。坐满椅子面的四分之三左右,背部不宜经常倚靠椅背。起立时,右脚向后收半步而后起立。谈话时,可以侧坐,此时上体与腿应同时转向一侧。

②几种常用坐姿。

A. 女士开关式坐姿。坐正,双膝并紧,两小腿前后分开,两脚前后在一条直线上,两手合握置于两腿间或大腿上。

B. 女士左侧点式坐姿。坐正,双膝并紧,上身挺直,两小腿向左斜伸出去,左脚靠近右脚内侧,左脚脚掌内侧着地,右脚脚跟提起,双手放在右腿上,头向右侧转。

C. 女士右侧挂式坐姿。在左侧点或右侧点基础上,将左脚提起挂在右脚踝关节处,两腿并拢,上身左转45°,立腰挺胸。

D. 女士侧身重叠式坐姿。胯部左转45°,头胸向右转,左小腿垂直于地面,右腿重叠于左腿上,右腿向里收,右脚尖向下。

E. 男士前伸式坐姿。坐正,两腿前伸,双脚在踝关节处交叉。

F. 男士后点式坐姿。坐正,上体稍向前倾,双小腿向后屈回,双脚掌着地。

G. 男士开关式坐姿。坐正,两小腿前后分开,两脚前后在一条线上,两手合握置于两腿间。

H.男士正身重叠式坐姿。右小腿垂直于地面,左腿在其上重叠,左小腿向里收,脚尖向下,双手扶于扶手上或交叉于腿间。

③坐姿禁忌。

A.双腿叉开过大。面对外人时,双腿如果叉开过大,不论是大腿叉开还是小腿叉开,都极为不雅。

B.架腿方式欠妥。不要跷二郎腿,这样显得很放肆,也显得对他人很不尊重。

C.双腿直伸出去。坐下后,不宜将双腿直挺挺地伸向前方。身前若有桌子,双腿尽量不要超过桌子的外沿。

D.腿部抖动摇晃。坐在别人面前,反复抖动或摇晃自己的腿部,不仅会令他人心烦意乱,而且会给人一种特别不安稳的印象。

E.脚尖指向他人。这一做法非常失礼,应自觉克服。

F.脚尖高高翘起。这一做法也是非常不礼貌的。

G.用脚蹬踏他物。坐下来之后,脚部一般要放在地上。要是用脚在别处乱蹬乱踩,甚至将其蹬踩于高处,都是不合适的。

H.用脚趾脱鞋袜。这种动作极不文明,不宜在他人面前进行。

I.用手触摸脚部。这种动作在外人面前做是不文雅的,应自觉禁止。

J.将身体堆入沙发或坐在椅子边,会有一种阿谀感。因此,不可在外人面前采用此种坐姿。

K.头部胡晃,头靠在座位背上,或低头注视地面,都是不礼貌的动作,应予以禁止。

5.行姿

行姿,亦称走姿,它指的是人在行走的过程中所形成的姿势。与其他姿势不同的是,它自始至终都处于动态之中,它体现的是人类的运动之美和精神风貌。

(1)基本行姿

①双目向前平视,微收下颌。

②双肩平稳,双臂自然摆动,摆幅在30°～35°为宜。

③上身挺直,头正挺胸,收腹、立腰,重心稍前倾。

④注意步位,两脚内侧落于一条直线上。

⑤步幅适当。一般应该是前脚脚跟与后脚脚尖相距一脚之长,但因性别、身高不同以及服饰的限制会有一些差异。

⑥行走速度适中。停下脚步、拐弯、上下楼梯时要从容不迫,控制自如。

(2)不同的行姿

①着西装行走。西装造型以线条为主,故穿西装行走时要注意挺拔,保持后背平直,两腿立直,走路的步幅可以大一些,手臂放松伸直摆动。行走时不要晃肩,胯部不要左右摆动。

②着旗袍行走。旗袍造型突出曲线美,反映出东方女性柔美的风韵。故穿着旗袍行走

时应身体挺拔,下颌微收,不要塌腰、撅臀,走路步幅不宜太大,应走成一条直线。两手臂在体侧摆动幅度不宜太大,应用腰力把身体的重量提起来。胯部可以随着脚步和身体重心的转移而稍微左右摆动。

③着长裙行走。着长裙使人显得修长,故走路要求平稳,步幅可以稍大些,以保持裙摆的摆动与脚步协调,具有韵律感。转动时要注意头和身体协调配合,头部转动要慢于身体转动。

④着短裙行走。短裙要表现出轻盈、敏捷、活泼、洒脱的特点。行走步幅不宜太大,速度可稍快,给人以活泼灵巧的感觉。

⑤穿高跟鞋行走。穿上高跟鞋后,脚跟提高,身体重心自然前移。为了保持身体平衡,行走时膝关节要绷直,胸部自然挺起,并且收腰、提臀、直腰,使走路的姿势更加挺拔。穿高跟鞋走路,步幅要小,脚跟先着地,两脚落地时脚跟要落在一条直线上,像一枝柳条上的柳叶一样,就是所谓的"柳叶步"。

(3)行姿禁忌

①走路时不要脚蹭地面,发出声响。

②走路不要摆"八字步"或"鸭子步"。

③女士不可以扭腰摆臀,左顾右盼;男士不可以弯腰驼背,歪肩晃膀。

(二)行礼有节

1. 国内见面礼节

(1)点头致意

点头致意是人们生活中常用的交际礼节。施礼时,要两脚跟并拢,腿立直,两手下垂,目视对方,收颌含胸,头向前低下45°。

在公共场合遇到相识的朋友,相距较远时,或与相识者在一个场合多次见面时,不必握手问好,可举起右手打招呼(不可大声喊)并点头致意。有时与相识者侧身而过,从礼节礼貌上讲,也应回身问好,并微笑点头。对一面之交的朋友,或不相识者在社交场合见面时,均可点头微笑,不可目光对视却不理睬。

(2)拱手礼

"拱手为揖"是我国传统礼节。始于先秦,直至清末延续了近两千年。至今在武术界、长者之间和一些民族风俗浓郁的场合仍沿用。施礼时,右手攥拳,左手掌包握在右拳上,两臂屈肘抬至胸前,目视对方,自上而下,或自内而外有节奏地晃动两三下。

(3)鞠躬礼

鞠躬礼源于中国。在先秦时代就有"鞠躬",当时是指弯曲身体之意,代表一个人谦逊恭谨的姿态。后来逐渐形成弯身的礼节,称为"鞠躬礼"。对尊长者、对异性,或在婚礼、葬礼、授奖仪式等场合,都可以使用鞠躬礼。平时迎送客人,也可以鞠躬为礼。

①鞠躬的方法。施礼前,应脱帽,用右手(如果右手持物可用左手)握住帽前沿中央(如果戴高顶小帽时,应握帽顶中央前部),帽里朝向身体,持帽于腰中,或于体侧,另一只手自然

下垂。两脚立正,目视受礼者,以腰部为轴,上体前倾,目视对方脚尖或地面。如果没有戴帽,则双手放在身体的两侧或叠放于体前。施礼的度数,应根据对象和场合来定。一般迎客为30°,表示深深的谢意或歉意为45°。鞠躬时,速度应适中,深表谢意或致哀时速度应缓慢一些。

②鞠躬的礼规。鞠躬时目光应向下看,表示一种谦恭的态度,不要一边鞠躬一边翻起眼睛看着对方。鞠躬时嘴里不能吃东西或叼着香烟。鞠躬礼毕,双眼应有礼貌地注视对方。若是迎面相遇,鞠躬后,向右边跨出一步,给对方让路。

现在常用的还有一种握手礼。因后面章节有叙述,故此处从略。

2. 国外常见见面礼节

(1)吻礼

①吻面颊礼。吻面颊礼在妇女之间、长辈与晚辈之间使用。施礼时,亲吻脸部的右侧、左侧,或一侧。

②吻额头礼。吻额头礼是长辈对晚辈亲吻额头的中间部位,以表示怜爱之意。

③吻手背礼。男士对尊贵的女士表示尊敬时,可采用吻女士手背的礼节。施礼时,女士首先将右手抬起,手背向上。男士则用右手轻轻捏住女士右手的指尖部位,吻其手背,而后抬头微笑相视,再把手放下。

④贴面颊礼。男士与女士之间采用贴面颊的礼节。施礼时,两人的面颊相贴,顺序是先右后左。

(2)拥抱礼

随着国际交往的扩大,"拥抱"礼节已被越来越多的人们所采用。在一些欢迎来宾的场合,在一些民间的仪式中,在亲朋好友中,会经常采用拥抱的礼节。拥抱的姿势是:两人相对站立,右手在上,扶住对方左后肩,左手在下,扶住对方右后腰,双方头部及上身先侧向左边行拥抱礼,然后头部及上身再侧向右边相拥抱,接着再次侧向左边拥抱,即可松开,礼仪完毕。

(3)合十礼

合十礼,原是印度的一般礼节,后为东南亚佛教国家及各国佛教教徒们普遍采用。施礼时,五指并拢,两手掌在胸前对合,指尖向上略向外,同鼻尖基本平,头略低。合十礼的双手举得越高,表示尊敬的程度越深。见面时地位较低、年纪较轻者,应向对方先行合十礼,地位高者、长者还礼时,手的位置可低些。

(三)表情自然

表情,是面部表情一词的简称,指的是人类在神经系统的控制之下,面部肌肉及其各种器官所进行的运动、变化和调整,以及面部在外观上所呈现出的某种特定的形态。

一般认为,面部表情对人的语言起着解释、澄清、纠正和强化的作用。人类感情的表达公式是:7%言语+38%声音+55%表情,面部表情反映着人的内心。

人类的表情变化十分丰富,不可胜数。罗曼·罗兰就曾感慨道:"面部表情是多少世纪培养成功的语言,是比嘴里讲的要复杂到千百倍的语言。"尽管如此,表情却大都具有共性,它超越了地域文化的界限,成为一种人类的世界性"语言",民族性、地域性差异较少。

表情礼仪主要探讨的是眼神、笑容这两个方面的问题。

1. 眼神

眼神是面部表情的核心。意大利艺术家达·芬奇曾把人的眼睛誉为"心灵之窗"。孟子说:"存乎人者,莫良于眸子。眸子不能掩其恶。胸中正,则眸子瞭焉;胸中不正,则眸子眊焉。"(《孟子·离娄上》)意思是说:观察一个人的品质,重点在于观察他的眼睛,眼睛不能掩藏一个人的恶处。心中光明正大,眼睛就明亮,心术不正,眼睛就暗淡。社会学家和心理学家做过许多实验,也都认为在人体的各个器官中,眼睛能够表达更多的"无声的"语言。例如,有一个女孩很肯定地告诉精神病医生,说她很爱她的男友,但在说话的同时,她却微微地摇头。其实,她的潜意识通过摇头的动作表现了出来,在她内心深处已经否定了口头上对男友的爱。研究表明,人脑接收的信息87%来自人的眼睛,9%来自人的耳朵,4%来自其他器官。

为什么眼睛会如此奇妙?原因在于人的面部,除了眼睛,其他部位的肌肉都可以有意识地控制。也就是面部表情可以控制,而眼神却不行。

早在古代,人们已注意到眼睛是迷惑人的源泉了。古希腊人相信眼睛有特殊的力量,相信"魔眼"或死盯着的眼睛会让人患病,甚至有致死的力量。我国历代的画家和文学家对眼睛更是十分偏爱。晋代顾恺之说:"传神写照,正在阿堵中。""阿堵"指的是"这、这里",意思是画人最重要的是眼睛。唐代大诗人白居易在《长恨歌》中描写绝代佳人杨贵妃顾盼神飞、媚态夺人的名句是"回眸一笑百媚生,六宫粉黛无颜色"。在《红楼梦》中,曹雪芹笔下的林黛玉有一双"似喜非喜含情目",故堪称绝代佳人。

女性对眼睛的奥秘很敏感。她们会想尽一切办法使自己的眼睛更具魅力。早在克里奥帕特拉女王时代,女性就用可以使瞳孔放大的药物颠茄,使眼睛乌黑,增加其魅力。几百年前的意大利交际花,会使用一种植物研成的药粉,把它们揉进眼睛里,刺激瞳孔放大。现代女性描画眼线,涂睫毛膏,都是为了增加眼睛的魅力。

不同的民族、不同的文化和习俗,眼神的运用也存在差异。在美国,一般情况下,男士是不能盯着女士看的,两个男士之间也不能对视时间太长,除非得到对方的默许。日本人对话时目光落在对方的颈部、四目相视是失礼的行为。而犹太人则习惯端详他人。阿拉伯人谈话时也互相凝视,他们认为凝视表示重视,而目光朝四面八方看是一种轻蔑和侮辱对方的行为。美国西南各州的那发和族印第安人在对话时不准打量对方,南美印第安人部族维图托和博罗罗人在谈话时眼睛要向四面八方巡视。肯尼亚的卢奥族,岳母和女婿交谈时要转过身去。在波多黎各,交谈时女孩子不能注视成年人的眼睛,这样才算对成年人表示尊敬和顺从。而安哥拉维拉省基姆本杜人,向对方不停地眨眼睛则表示欢迎和谢意。由此,便知眼神之多种功用。

眼语的构成,一般涉及时间、角度、部位、方式、变化等五个方面。

（1）时间

在整个交谈的过程中，与对方目光接触应该累计达到全部交谈时间的 50%～70%，其余 30%～50% 可以注视对方脸部以外 5～10 米处，这样比较自然和礼貌。

①表示友好。若对对方表示友好，则注视对方的时间应占全部相处时间的 1/3 左右。

②表示重视。若对对方表示关注，比如听报告、请教问题时，则注视对方的时间应占全部相处时间的 2/3 左右。

③表示轻视。若注视对方的时间不到全部相处时间的 1/3，往往意味着对其瞧不起或没有兴趣。

④表示敌意。若注视对方的时间超过了全部相处时间的 2/3，往往表示可能对对方抱有敌意。

⑤表示兴趣。注视对方的时间长于全部相处时间的 2/3 以上，有时还意味着对对方产生了兴趣。

（2）角度

①平视。平视，一般适用于在普通场合与身份、地位平等的人进行交流。

②侧视。它是一种平视的特殊情况，即位居交往对象一侧，面向对方，平视对方。它的关键在于面向对方，否则就是斜视，那是很失礼的。

③仰视。仰视，表示尊重、敬畏之意，适用于面对尊长之时。

④俯视。俯视，它可对晚辈表示宽容、怜爱，也可以是对他人表示轻视、歧视。

（3）部位

在人际交往中，注视他人的部位不同，不仅表明自己的态度不同，也表明双方关系有所不同。在一般情况下，与他人相处时，不宜注视头顶、大腿、脚部与手部，或是"目中无人"。对异性而言，通常不应注视其肩部以下，尤其是胸部、裆部、腿部。在人际交往中，允许注视的部位有：

①双眼。注视对方双眼，表示自己聚精会神，一心一意，重视对方，但时间不宜过长。这也叫作关注型注视。

②额头。注视对方的额头，表示严肃、认真、公事公办。它叫作公务型注视，适用于极为正规的公务活动。

③眼部至唇部。这是各种社交场合都适应的注视区域，因此它也叫社交型注视。

④眼部至胸部。注视这一区域，表示亲近、友善，多用于关系密切的男女之间、亲人之间，所以称为亲密型注视。

⑤眼部至裆部。它适用于注视相距较远的熟人，表示亲近、友善，故称远亲密型注视，但不适用于关系普通的异性。

⑥任意部位。对他人身上的某一部位随意一瞥，可表示注意，也可表示敌意。它叫作随意型注视，也叫瞥视。多用于在公共场合注视陌生之人，但应慎用。

（4）方式

①直视。直视，即直接地注视交往对象。它表示认真、尊重，适用于各种情况。若直视

他人双眼,即称为对视。对视表明自己大方、坦诚;或是关注对方。

②凝视。凝视,即全神贯注地进行注视。它表示专注、恭敬。

③盯视。盯视,即长时间地凝视某人的某一部位。它表示出神或挑衅,不宜多用。

例如,《法制日报》曾报道:美国加利福尼亚州一名叫拉尔的警察吃了官司,原因是七位女同事向法庭投诉,说拉尔眼睛不停地盯着她们,使她们感到很不舒服。拉尔自己辩护说,他没有调戏女同事或触摸过她们。但法庭最后裁定:拉尔的凝视"习惯是淫亵的",判拉尔应被革职。另外,美国加利福尼亚大学曾做过一项实验:让参加实验的男女站在十字路口,目不转睛地盯着等红绿灯信号过马路的行人。结果,当出现绿灯信号时,行人为了躲避盯着自己的目光,都像逃命似的加快步伐,很快冲过马路。这个实验说明,人们非常讨厌别人用眼睛死盯住自己,因为被人死盯着会产生一种受到威胁和不安的感觉。这就是不提倡随意盯视的根据。

④虚视。虚视,特点是目光不聚焦于某处,眼神不集中。它多表示胆怯、疑虑、走神、疲乏,或是失意、无聊。

⑤扫视。扫视,即视线移来移去,注视时上下左右反复打量。它表示好奇、吃惊。不能多用,对异性尤其禁用。

⑥睨视。睨视是斜着眼睛注视。它多表示怀疑、轻视,一般忌用。与初识之人交往时,尤其应当忌用。

⑦眯视。眯视,即眯着眼睛注视。它表示惊奇、看不清楚,一般不宜采用。

⑧环视。环视,即有节奏地注视不同的人员或事物。它表示认真、重视。适于同时与多人打交道,表示自己"一视同仁"。

⑨他视。他视,即与某人交往时不注视对方,反而望着别处。它表示胆怯、害羞、心虚、反感、心不在焉,是不宜采用的一种眼神。

⑩无视。无视,即在人际交往中闭上双眼不看对方。它表示疲惫、反感、生气、无聊或没有兴趣,给人的感觉往往是不大友好。

（5）变化

在人际交往中,目光、视线、眼神都是时刻变化的,它主要表现为:

①眼皮的开合。人的内心情感的变化,会使其眼睛周围的肌肉进行运动,从而使其眼皮开合也产生改变。例如,瞪眼、眯眼、闭眼等。瞪大双眼,表示愤怒、惊愕;睁圆双眼,则表示疑惑、不满。眼皮眨动一般每分钟5～8次,若过快则表示活跃、思索,过慢则表示轻蔑、厌恶。有时,眨眼还可表示调皮或不解。

②瞳孔的变化。瞳孔的变化往往显而易见,但却不由自主地反映着人们的内心世界。平时,它变化不多。若突然变大,发出光芒,目光炯炯时,则表示惊奇、喜悦、感兴趣。若突然缩小,双目黯然无光,则表示伤感、厌恶、毫无兴趣。

美国心理学教授提出"人们看到了动心的事物,瞳孔会无意识地放大"。日本爱媛大学教授福井康立是研究瞳孔现象的专家,他认为瞳孔大的人要比瞳孔小的人更有魅力。在一个实验中,研究者向男性展示很多女性的照片,并事先让修描者将其中一张的瞳孔描大一点,除此之外,这些照片完全一样。结果表明,男性更喜欢女性瞳孔大一点的那张照片。这证明:瞳孔大的人在身体上和社交上更有吸引力。

③眼球的转动。眼球若反复转动,表示在动心思。若其悄然挤动,则表示向人暗示。

④视线的交流。在人际交往中,与他人视线交流,常常表示特殊含义。比如,可以表示爱憎。心理学家认为,一个人看谁的时间越长,表示越喜欢他。如果仅仅只看人一眼,则只表示有兴趣。脆弱的幼儿具有天生的求生本能,他们寻求母亲的眼睛,以便让自己得到照料。拉美国家的"PASEO"公共广场每到星期天,尚未订婚的青年男女便会集合在广场上,青年男子从一端走过来,青年女子从另一端走过去,如果他们有人注视对方队伍中某个人,而且得到回视,那么在下一个来回他们就会相互说话,最后可能约会。

再如:萨姆走入夜总会,目光四下打量,想找一个合适的姑娘。他先是碰到一个中年妇女的目光,吓得赶快掉转目光。最后,他发现了一个引人注目的姑娘,萨姆开始盯着她瞧,刚开始那姑娘视而不见,后来她明白了他的目光,瞥了一眼身边的座位,这短短的一瞥,使萨姆明白可以和她待在一起。如果你去参加一个联欢会,就可以从别人对你投来的目光判断,哪些人对你有兴趣。如果一个人自始至终没看你一眼,起码说明他忽视了你的存在。如果你和一个人聊天,而他的目光总是游移不定,从不接触你的目光,尽管他满面笑容,其实他已经感到很乏味,他在想别的事或是想离开你。而另一个想和你交谈的人则一直注视着你,他用目光暗示你,他想和你接触。这种生活现实,对人们的交际很有启示意义。

2. 笑容

笑容,不仅是人的情感流露,也是人的礼仪表现。它具有沟通感情、传递信息的作用。笑容能够消除人与人之间的陌生感,使人产生心理上的安全感、亲切感和愉悦感。笑容是人们相互交融、相互感染的媒介,能够创造出融洽、和谐、互尊、互爱的气氛,能够减轻人们身体上和心理上的压力。古人所说的"笑一笑,十年少""没有笑颜不开店"等语,就证明了此理。

达尔文在《人类和动物的表情》一书中,对人类的笑的表情进行了论述:"快乐在达到强烈程度的时候,就引起各种不同的无目的动作来:舞蹈、拍掌、踏步等;同时也引起大笑来。大概笑只是快乐和幸福最初的表情。"他认为笑是人受到客观事物某种特征的刺激所引起的主观反应。

(1)笑的种类

在日常生活中,笑的种类很多。

①含笑。含笑,是一种程度最浅的笑,不出声,不露齿,仅仅是面带笑意,意在表示接受对方。其适用范围比较广泛。

②微笑。它的主要特点是,面容有明显变化,唇部向上移动,略呈弧形,但牙齿不外露。在人际交往中,微笑的适用范围最广。

世界著名的人格训练家卡耐基在《人性的弱点》一书中说:"只要你时时超越自我情绪的困惑,让面孔涌起微笑,就会感染他人,形成你与他人之间人际关系的良性循环。"例如,一位顾客从食品店里买了一袋食品,打开一看,都发霉了,他怒气冲冲地找到营业员:"你们店里卖的是什么食品,都发霉了!你们这不是拿顾客的健康开玩笑吗?"几个顾客闻声围过来。

营业员面带微笑,连声说:"对不起,对不起,没有想到食品会坏,这是我的工作失误,非常感谢您给我指出来,您是退钱呢还是换一袋呢?"面对诚恳的微笑,顾客还能说什么呢?

微笑可以赢得高朋满座,产生最大的经济效益。世界上不少著名的企业家深晓此理,因此给予微笑很高的评价,甚至奉其为治店法宝、企业的成功之道。美国一家旅行社总裁曾衷心告诫航空公司的空姐们:"Smile, Smile, Smile 等于成功。"泰国曼谷的东方饭店,曾经无数次获取了"世界十佳饭店"的桂冠,其成功秘诀之一就在于把"笑容可掬"列入迎宾的规范。纽约一家大百货商店的人事部主任也曾说过,他宁愿雇用一个小学未毕业的女职员,如果她有可爱的微笑,而不雇用一位面孔冷冰冰的哲学博士。

那么,是不是人们开口一笑就能赢得欢迎呢?哪怕是一种不诚意的微笑?不是的,微笑也不能欺骗别人。如果人们知道那是一种机械的、假意的微笑,就会厌恶和反感。因此,微笑也必须是一种真实的、由内心而发的微笑。

③轻笑。在笑的程度上比微笑深。它的主要特点为嘴巴微微张开一些,上齿显露在外,但仍然不发出声响。通常上齿会露出 6~8 颗。它表示欣喜、愉快,多用于会见亲友、向人打招呼、服务于人、接待来宾等。

④浅笑。浅笑,是轻笑的一种特殊情况。与轻笑稍有不同的是,浅笑要抿嘴,下唇大多被含于牙齿之中。它多见于年轻女性表示害羞之时,通常被称为抿嘴而笑。

⑤大笑。其特点是:面容变化十分明显;嘴巴大张,呈现为弧形;上齿下齿都暴露在外,并且张开;口中发出"哈哈哈"的笑声,但肢体动作不多。它多见于尽情欢乐或是万分高兴的时候。

⑥狂笑。狂笑,是一种程度最深的笑。它的特点是:面容变化巨大,嘴巴张开,牙齿全部露出,上下齿分开,笑声连续不断,肢体动作很大,往往笑得前仰后合,手舞足蹈,泪水直流,上气不接下气。它出现在极度快乐的时候。

(2)笑的本质

在所有种类的笑容里,微笑最自然、最大方,并且最为真诚友善,被世界各民族所认同。总之,微笑至少发挥着以下几方面的作用。

①表现心境良好。只有心地平和、心情愉快、心理正常、善待人生、乐观面世的人,才会拥有真诚的微笑。

②表现充满自信。只有不卑不亢、充满信心的人,才会在人际交往中被他人真正接受。而面带微笑者,往往说明对个人能力和魅力确信无疑。

③表现真诚友善。以微笑示人,反映自己心地善良,坦荡,待人友善,而非虚情假意,敷衍了事。故而,它易被人接受。

④表现乐业敬业。在工作岗位上保持微笑,说明热爱本职工作,乐于恪尽职守,认真工作。

(3)笑的方法

不同的笑容,来自不同的方法。总的来说,笑的时候应注意三个方面。

①声情并茂。笑的时候,应当做到表里如一,使笑容和自己的举止、谈吐相辅相成。切

勿脸上挂笑,出言不逊,举止粗鲁;或是语言高雅,举止得体,却面无笑意。这两种情况都会使自己的态度受到怀疑。

②气质优雅。会笑的人,不仅要讲究笑得适时、尽兴,而且更要讲究笑的时候精神饱满,气质典雅。真正的笑,应当发自内心,所以它非常自然地反映着人们的文化修养和精神追求。

③表现和谐。笑,实际上是人们的眉、眼、鼻、口、齿以及面部肌肉和声音所进行的协调行动。因此,在笑的时候,要使各个部位协调,不至于笑得做作、失真、勉强。

(4)笑的禁忌

在正式场合笑的时候,应该力戒以下表现。

①假笑。假笑,即皮笑肉不笑,笑不由衷,虚情假意。它特别让人讨厌。

②冷笑。冷笑,是含有怒意、讽刺、不满、无可奈何、不屑于、不以为然等意味的笑。这种笑非常容易使人产生敌意。

③怪笑。怪笑,即笑得怪里怪气,令人心里发麻。它多含有恐吓、嘲讽之意。

④媚笑。媚笑,即有意讨好别人的笑。这种功利目的过分的笑,往往令人不齿。

⑤怯笑。怯笑,即害羞或怯场的笑。例如,笑的时候,以手掌遮掩口部,不敢与他人交流视线,甚至还会面红耳赤,语无伦次。此种笑通常也难登大雅之堂。

⑥窃笑。窃笑,即偷偷地笑。多表示洋洋自得、幸灾乐祸,也会引人不快。

⑦狞笑。狞笑,即笑时面容凶恶。多表示愤怒、惊恐、吓唬他人。这种笑也不能随意而用。

第三章

待亲礼仪

家庭是社会的基本单位。一个人生活在某个家庭中，必然要和该家庭中的其他成员发生联系，相互交往。这种交往，有的是与长辈交往，有的是与同辈交往，有的是与晚辈交往。这三种交往，一般都以源于血统关系的血亲和源于婚姻关系的姻亲为纽带，属于亲人之间的交往。

亲人间的交往，最基本的要求是"和"，因为"家和万事兴"。为了实现这个"和"，传统礼仪规范了孝敬长辈、团结同辈、爱护晚辈的诸多内容。这些内容，今天仍然具有借鉴意义。

现在，社会环境、生活习惯、家庭成员的相处条件以及各自的思想观念等，已经不能与往昔同日而语。但是，依据现实状态，发扬传统礼仪中的有益规范，对促进家庭和谐、维护社会安宁、提升各类人群的文明程度、实现全民族的物质层面与精神层面的双飞跃，其积极作用绝对不可低估。

第一节　孝敬长辈

在中华民族的传统文化中，"孝"的观念由来已久，阐论颇多。据考证，甲骨文当中就有孝字。它是个象形字，表示一个老人扶着孩子走路。孝的原始意义是奉养父母，后来又逐步引申出了尊重长辈。孝是处理人伦关系的根本法则，是一个人立身处世的基础性品德，是"仁"的基础。因此，孔子的学生有子说："孝弟也者，其为仁之本与！"（《论语·学而第一》）"弟"即"悌"，所以全句的意思是：孝敬父母，敬爱兄长，这是施行仁德的根本啊！在民间，也有"百善孝为先"的说法。

孝敬长辈，说来容易做来难，所以《红楼梦》中的"好了歌"叹曰："痴心父母古来多，孝顺子孙谁见了？"这一慨叹自然是偏激之语，但它也能佐证：孝敬长辈，对每一个人都是一种考验。只有心中有"礼"，只有自觉奉行，只有持久坚持，才能经得起这种考验。

现在，我们怎样来孝敬长辈呢？

一、诚心奉养

俗话说"父爱如山，母爱如海"，所以南怀瑾先生曾经很风趣地说：人在紧急危难时刻，总爱喊"天啦！"在难以忍受的时候，总爱喊"妈呀！"因此，古人曾赋诗说："谁言寸草心，报得三春晖。"（孟郊《游子吟》）今天，我们同样要对包括父母在内的所有长辈的养育之恩"涌泉相报"。这种报，要出自本心，诚心实意，自觉自愿，而不能把它当作一种交易。

晚辈对长辈的奉养，既包括物质上的扶持照顾，也包括精神上的体贴、安慰与关心。这两个方面，实际上在传统礼仪当中都有所体现。比如传统文化中所宣扬的《二十四孝》，"鹿乳奉亲""怀橘遗亲""为亲负米"等即体现着物质上的奉养，而"单衣顺母""戏彩娱亲""扇枕温衾"等，则体现着精神上的关心与安慰。

诚如专家学者所言，"二十四孝"中的有些内容显然是虚幻的、迂腐的，甚至是封建迷信的，深深打上了封建统治阶级愚弄民众的烙印，但其更多的内容，则表现了人民群众敬亲养老的道德传统，具有积极而永恒的意义。像东汉时年仅九岁的黄香，母早逝，事父尽孝，乡人称奇。夏天暑热时，为父亲扇凉床枕；冬天寒冷时，又用身体为父亲暖被。这实在令多少年长者们汗颜。与黄香相同时代的陆绩，孝老之举也足以惊世骇俗。陆绩六岁时，到九江（今江西九江市）去拜见袁术。袁术用橘子招待他，他就藏了两个橘子在怀中。回归时向袁术拜别，橘子掉在了地上。袁术问道："陆郎做客怎么还揣着两个橘子回去呢？"陆绩跪在地上回答说："我母亲爱吃橘子，我要给她带回去。"袁术听后，对陆绩大加赞赏。比黄香、陆绩更让人震惊的，还有早于他们的周代的闵损，闵损字子骞，早年丧母，他的父亲娶了继室，成了闵损的后母。后母生了两个儿子后，疼爱有加，待闵损则极为刻薄。冬天做棉衣，后母给她亲儿子垫的是棉絮，给闵损垫的则是芦花。父亲让闵损驾车时，闵损身体寒冷，连牛缰绳都拿不稳而掉在了地面上。他父亲知晓了事情的真相后，大为震怒，要休掉这个不贤之妇。闵损劝阻父亲说：这个母亲在，只不过我一个人受点寒冷；如果这个母亲离开了，三个孩子就都孤单可怜了。父亲听了他的劝告，就没有休妻。闵损后母听说了这个过程后，悔过自新，待闵损如己出。这几个孝敬长辈的故事所蕴含的精神，谁能说它今天已经过时了呢？

今天，社会环境、个人生活条件已经发生了巨变，我们自然不需要完全照搬古人的那些具体做法，但坚持物质与精神并重的奉养精神，却仍然十分必要。

我们要真心实意地奉养好长辈，最基础的工作是了解长辈们的实际需要，然后按照这种实际需要尽力去做。长辈们的衣、食、住、行、用，应有切实的保证；他们的健康，也要有正常维护的措施。这些措施大致包括：提供必要的经济来源，帮助解决实际问题，自立自强以减轻长辈的经济和心理负担，等等。

说到自立自强，我们就不能不为"啃老"现象担忧。尽管醉心于"啃老"的人并不是很多，但这种大失礼仪的做法，却实在有违人伦常理，有不可忽视的传染性。晚辈们无能力自立时，长辈们给予帮助支持是应该的，这是一种亲情的传递。但晚辈已经成人，有了自食其力的条件，如果再完全依赖长辈们过日子，总在长辈那里"揩油"，那就太不懂规矩了。因此，晚辈们一定要杜绝这种习惯,自觉变"啃老"为"养老"。

现在,由于国家政策的不断优化,大多数长辈的物质生活也不会有太大的问题。有的长辈可能还有颐养天年的资金,不但衣食无忧,尚有帮助晚辈的余力。面对这样的长辈,物质上的奉养除了特殊情况外,已不是主要问题,而精神层面的关心、交流,比如排解他们的失落感、孤独感、消极人生感等,则显得特别重要。

这种精神层面的关心、交流,很多时候也需要酌量的物质来作媒介,比如一盒茶叶、一篮水果等。凡遇重要节日,带点礼物给长辈,这对于长辈来说,无疑是很好的安慰;遇到长辈过生日,奉送一份礼物,长辈自然会特别高兴。如果总觉得长辈们"不缺啥",总是对他们的生活起居不闻不问,或者总用"空手道"和他们来往,时间长了,感情必然就会疏远。所以,学会用微量物质增进与长辈的浓浓亲情,也是一种不可忽视的现代礼仪。

二、和顺相处

和为平和、和气;顺为顺应,不逆不抗。"和顺"二字,看似简单,但要完完全全地做到、做好并不容易。故而,当弟子子夏问什么是"孝"时,孔子曰:"色难。有事,弟子服其劳;有酒食,先生馔。曾是以为孝乎?"(《论语·为政第二》)孔子的意思是:保持敬爱和悦的容态最难啊!遇到事情,年轻人为长辈效劳;有了酒食,先让给长辈享用,仅仅这样就算尽孝了吗?孔子还说:"今之孝者,是谓能养。至于犬马,皆能有养;不敬,何以别乎?"(《论语·为政第二》)孔子认为:如今的所谓孝,只是就能够养活父母而言。说到狗、马这些动物,都能被人饲养;如果对父母等长辈没有敬顺的心意,那用什么来区别孝顺与饲养呢?显然,和气、顺意、恭敬,这是孝敬长辈至关重要的礼仪,万万马虎不得。

做好和顺相处,最重要的是两个方面:一是态度,二是时间。

从态度方面说,《弟子规》当中所提的"父母呼,应勿缓;父母命,行勿懒。父母教,需敬听;父母责,须顺承"规矩,应认真施行。在施行的过程中,还要做到和颜悦色,表里如一。

现在,随着生活节奏的加快,年轻人往往比较忙碌,有时还可能事不顺心,情绪不佳。在这种时候,尤其要注意"和顺"之态,不要"迁怒"于包括父母在内的各位长辈,不要嫌他们烦,嫌他们不理解自己,嫌他们总以长辈自居。

从时间方面说,凡和长辈一块居住或居住地不太远的话,一定要坚持做到"晨则省,昏则定;出必告,反必面"(《弟子规》)。就是说,早晨应该问候、探视长辈;晚上应该安顿长辈的休息;如果出门办事,要给长辈说一声;办完事回家后,要见一下长辈的面,告诉长辈自己回来了,以免长辈们担心。钱文忠教授介绍,他的导师季羡林先生当年留学回来后,已是鼎鼎大名的博士、教授了,但他回济南探亲时,只要叔父晚上还未就寝,季先生就垂着手、半躬着腰站在叔父床前,一直等到叔父安睡了,才回自己的房间。季先生这种用"时间"孝敬长辈的做法,是现在年轻人的一面很好的镜子。

还有一点需要特别注意的是,要寻找更多的机会与长辈交流,切不要回家之后只顾低头看手机,瞪眼看电视,来个"徐庶进曹营——一言不发"。而是要尽可能地同长辈说说话,谈谈事情,使长辈们心情愉悦。

三、信息畅通

凡是和长辈相处较远时,晚辈们的居住地、从事什么工作、家中的基本情况等,都应该让长辈知晓。这是信息畅通的基础。

古人提倡"居有常,业无变",现在当然行不通了,但内在精神,却并没有过时。因此,凡居住地发生了变化,应让长辈知晓。如有条件,应尽可能让长辈实地看一看。所从事的工作,除了政策法规所要求的必须保密外,也应让长辈知晓,使其放心。如果工作发生了变动,也要及时告知长辈。工作中的新情况、新问题等,凡是长辈们应该知道的,也要随时告诉他们。

无论和长辈们住在一起或不住在一起,凡遇有外出游览观光、学习培训、出差公干时,也要告知长辈。古人云:"父母在,不远游,游必有方。"(《论语·里仁第四》)意思是说:父母尚在世的时候,尽量不要外出远游。如要远游,具体方位要明确,要告知父母。还有一种解释说:"游必有方"就是晚辈出游时,应对父母等长辈的生活起居有妥当的安置方法。实际上,这两种解释,都是孝敬长辈的一种礼仪规范,现在的人都应该自觉恪守。

有一首名为《常回家看看》的歌曲,所唱内容实际上也是孝敬长辈的一种礼仪。按照这种礼仪,不管与长辈相距远近,除了打电话、发短信等信息联络外,"抽点时间,抽点空闲,常回家看看",是保证信息畅通的最佳方案。实际上,儿孙辈回家看望长辈,长辈们打扫卫生,准备饭菜,忙里忙外,很是劳累,但心里却很高兴、快乐。可见,"面见"式的信息联络,长辈们是多么看重呀!既然如此,晚辈们就更应该重视"面见",重视与长辈们拉家常,说闲话,共进餐,同开心。

还有一种信息畅通,是遇事多与长辈们商量,听取他们的意见、建议。一则,长辈们涉世久,经历多,经验丰富,他们的见解,可能对晚辈们大有帮助。二则,遇事多与长辈们商量,是对长辈的尊重。有了这种尊重,亲情会越来越浓,相处会越来越融洽。此外,要主动了解长辈们的好恶。他们所喜欢的,只要条件许可,又不违背社会正义良俗,就要尽量满足他们;他们所厌恶的话语、事情、做法等,晚辈们都要尽力避免。只有这样,长辈们才会认为晚辈"懂事",从而心情愉快,乐享天年。

四、免除亲忧

《弟子规》中有这样几句话:"身有伤,贻亲忧;德有伤,贻亲羞。"意思是说:身体有了伤病,就会给长辈带来担忧;德行上有了毛病,就会给长辈带来羞耻。因此,只有求得了身体健康、品行端正,免除了长辈们的担忧和羞耻,才算得上孝敬长辈。

怎样求得身心健康,内容十分广泛,细说可成浩浩大卷。简而言之,欲求"身心俱健",主要应注意以下几方面。

其一,事情越多,压力越大,越要保持乐观情绪。俗话说"一忧生百病",还说"笑一笑,十年少;愁一愁,白了头"。因此,不急不躁,不恼不怒,不忧不伤,坚信"办法总比困难多",坚信人生路上"没有翻不过的火焰山",也"没有渡不过的通天河",就会笑对人生,高高兴兴地"过了一年又一年"。我们在新闻媒体上总见到那些长寿老人谈到长寿秘诀时,第一条总说到心态好,就是对世人一种很好的提醒。

其二,养成良好的生活习惯。这实际上也是一个大课题。但结合实际生活看,人们忙于创业,忙于致富,这无可非议,但如果因此而轻视了身体这个"本钱",那就可能出问题。现实生活中那种包括小学生在内的"过劳死"的个案,就很值得人们吸取教训。因此,注意劳逸结合,是最基础的、最重要的、最富有生存意义的好习惯。过分懒散不行,过分劳累也不行。只有根据年龄、工作性质、身体素质等因素,把握住合理的"度",你才能阴阳平衡,气血两旺,在生活之路上时时刻刻都平平安安。良好的生活习惯,还有一条也十分重要,那就是口腹习惯。人们都知道"病从口入"这句经典之言,但又往往管不住这个"口",结果是烟也猛抽,酒也狂饮,大鱼大肉飞禽走兽皆为餐桌上的珍品、舌尖上的美味。长此以往,这病那病就亲近你、跟你"交朋友"了。因此,生活条件越好,越要有良好的口腹习惯,避免自己的"口"变成自己的健康"杀手"。这一点,年轻朋友们更要注意。现在不少疾病患者日益年轻化,已经引起了医疗界的警惕,所以每天都要用餐、饮水的人们特别是年轻朋友们,更应该警钟长鸣,好好管一管自己的多事之"口"。

其三,自觉地规避危险。我们并不提倡规避一切危险。为了民族利益、国家利益,或是为了帮助他人,救他人于危险之中,有危险,也要上;哪怕牺牲自己,也毫不退让。这叫"当仁不让""舍生取义"。这是我们中华民族的传统礼仪,人人都应遵奉。所以我们所讲的规避,就是避免无价值、无意义的伤残或丢命。这种伤残或丢命,既是国家的人力损失,更是你家庭特别是长辈们心中难以治愈的创伤。因此,在日常生活中,晚辈们要戒除粗心,戒除冒险。媒介上报道的低头看手机而掉入水中溺亡或低头看手机过马路被汽车撞飞致残,皆因粗心所致,应引以为戒。还有那种站在铁轨上拍照、站在悬崖边摆造型之类,都是一种不计后果的冒险。此类冒险,让不少花季年华之人丢了性命,可哀可叹!因此,为了你们的平安健康,为了减少"白发人送黑发人"的人间悲剧,晚辈后生们,都应该好自为之,勿让长辈们多"忧"。

《弟子规》中的防范"德有伤"之说,源于远古先贤们的见解。孔子说:"见贤思齐焉,见不贤而内自省也。"(《论语·里仁第四》)意思是要防止"德有伤",见到贤德的人,就要想着向人家看齐;见到不贤德的人,就要反省自己是不是也有不贤德的问题,从而主动纠正。这种自觉性,是防止"德有伤"的基础。至于详细内容,孟子则讲得更为具体:"世俗所谓不孝者有五:惰其四支,不顾父母之养,一不孝也;博弈好饮酒,不顾父母之养,二不孝也;好货财,私妻子,不顾父母之养,三不孝也;从耳目之欲,以为父母戮,四不孝也;好勇斗很,以危父母,五不孝也。"(《孟子·离娄下》)文中的"从"同"纵""很"同"狠",故全句的意思是:孟子说世俗认为不孝的表现有五条:四肢不勤,不顾对父母的供养,是一不孝;赌博下棋喜欢喝酒,不顾对父母的供养,是二不孝;喜好钱财,偏爱妻子儿女,不顾对父母的供养,是三不孝;放纵耳目的欲望,因此使父母遭受耻辱,是四不孝;喜欢蛮勇,斗殴凶暴,因此危及父母,是五不孝。细细想来,这五条中的"德之伤",今天难道绝迹了吗?因此,不忘传统,自觉抵御世俗之干扰,现在仍然是防止"德有伤"的有效方法之一。

五、慎终追远

慎终追远就是恭敬而慎重地办理父母的丧事,庄重肃穆地追祭历代的先祖,永远怀念他们的恩德荫护。

长辈的衰老病亡是自然规律,谁也无法抗拒,但对其过程,晚辈却应该高度重视。孔子说:"父母之年,不可不知也。一则以喜,一则以惧。"(《论语·里仁第四》)他认为父母的年龄不可不牢记心里。一方面为他们的高寿而高兴,一方面又因为他们的年事渐高而忧惧,从而更多地、更周全地尽孝,以免留下"子欲养而亲不待"的遗憾。

长辈们年老以后易生病。生了病,后辈们就要精心侍奉,不厌其烦。汉文帝刘恒还未当皇帝时,其母患病,他亲自为母亲熬药,让母亲喝药时他要先尝一口。他日日夜夜守护在母亲的病床前,衣不解带,囫囵而眠。他贵为皇子,就这样坚持了三年,仁孝之名闻于天下。这种伺奉生病长辈的可贵精神,今天仍然值得我们学习效仿。

包括父母在内的长辈去世后,从通知亲友开始,一直到丧礼的运作、祭礼的坚持等,任何一环都不能马虎,不能出差错。否则会被邻里、亲友耻笑或责骂。丧礼、祭礼的具体规范,后面还有专门的章节介绍,在此即不赘言。

第二节　善待同辈

同辈即人们常说的平辈。因为从血亲、姻亲关系上说,这些人处在同一辈分上,不分高低上下。同辈,主要是兄弟姐妹,也包括表亲类的兄弟姐妹等。

同辈间的相处,尊重、厚道、团结、互助最为重要。因此,就现代礼仪而言,遵奉以下几条是实现"善待"的主要途径。

一、宽厚谦让

宽厚指眼界要宽,胸怀要大,格调要高,处世待人要仁厚善良。切不可鸡肠小肚,鼠目寸光,奸诈刁滑。谦让指态度谦和,不争强好胜,总是真心实意地包容他人,忍让他人。总争你强我弱、你赢我输、你得我失,最终会导致亲人间相处不洽,渐行渐远。示弱而不争,示厚而不察,其实是真正的赢家。因为他赢得了自己的人格魅力,赢得了同辈的真心尊重,也赢得了社会的赞许肯定。

所谓不争,主要是不争言,不争物,不争利,而是主动谦让,尽量容忍他人,方便他人,惠泽他人。我们至今仍然津津乐道"孔融让梨"的故事,就是说明不争、谦让精神永远有它的"劝世"意义。

不争言,不争物,不争利,看似简单行则不易。就拿言语来说,每个人说话的态度、语气、方式都不尽相同,因此要学会接纳,学会谅解。否则,"一言不合"就会心生芥蒂,甚至当面争执,两不愉快。俗语云"忍言忍语百忍堂中有太和","铁冷了打不得,话冷了说得",因此首先要有"忍"的态度,因为"让人说话,天不会塌下来"。另外,人在情绪不佳时所说的话,不必过多计较。要细细想一想,别人说的话对还是错,几分合理几分不合理。对的,合理的,欣然接纳;错的,不太合理的,找个合适的机会解释或劝慰,那就会化芥蒂为鲜花,使同辈间依然和睦相处。在这些方面,同辈中的年长者,要率先垂范,树立榜样。

关于不争物、不争利的问题,金正昆先生的见解极佳,故照录如下。"在财与物的问题上谦让于人,需要注意三点:其一,要避免与同辈的亲属你争我抢,甚至不惜为此而撕破脸面,大打出手。其二,要尽可能地多做退让,不要斤斤算计,而要提倡'吃亏是福'。其三,在与同辈亲属的交往中,该算的'经济账'就要算清楚。'亲是亲,经济分'。不要总是自己占便宜,而让对方永远吃亏。也不应当使之成为一笔糊涂账,到头来授人以把柄。"

人生在世,社会身份、财富多寡、子女优劣、健康状况等有所区别是正常现象。亲属之间,有优势者不可自视甚高,骄人凌人,处于弱势者不可总怀"羡慕嫉妒恨",或找茬发泄,中伤他人。唯其如此,亲属之间才会相安无事,其乐融融。

二、相帮相扶

相帮相扶的基础是关心与爱心。因此,只要关心、爱心长存,兄弟姐妹等亲属间的相帮相扶,就会成为自觉行动。

相帮相扶主要体现在人力、物力、精神三个方面。

俗话说"三穷三富不到老"。人的一生,总会遇到这样那样的灾难与不幸。比如家中长辈过世,遭受自然灾害,突患重大疾病,等等。亲属中不管谁遇到这样的困难,其他同辈都应给予力所能及的帮助、扶持。"有钱出钱,有力出力",使受困亲属缓解或摆脱困境。在帮扶过程中,帮人者要心甘情愿,不图回报;被帮者要知恩图报,互有回应;否则,指望被人帮,不愿帮他人,时间长了,就会相互疏远,甚至"老死不相往来",成了陌路之人。

很多时候,伴随着实实在在的困难,人的精神方面也会出现问题。有了这种情况,亲属之间就要有精神上的相帮相扶。精神上的帮扶,关键在于"对症下药"。下药不准,效果可能适得其反。因此,怎样进行精神上的帮扶,一定要三思而后行,既要方向对头,又要用语中肯,易于被所帮之人接受。一般来说,精神上的帮扶有三个方向:一是提出化解困难的方法措施,二是进行缓解压力的开导,三是婉言制止不当想法而避免事态扩大。不管哪种方向,"话有三说,巧说为妙",帮扶用语一定要合情合理合规,避免被帮者产生逆反心理。

符合现代礼仪的相帮相扶,无论物质上的或精神上的,都必须把握必要的度。这个"度"

的准绳,就是法律法规、社会良俗。比如,你不能偷窃、抢劫别人的财物来帮扶你的亲属;又如,某亲属的某种想法如果付诸行动可能产生社会恶果,你就不能火上浇油。实际上,现实生活中的不少悲剧,往往都与亲属间的"帮倒忙"有关。这些都应成为同辈亲属间的相帮相扶的鉴戒。

三、互勉互励

互勉互励的目的在于鼓劲鼓气,使每个亲属都立正志,走正道,不使家庭蒙受耻辱,遭受祸殃。

互勉互励的方向,主要有四个方面:

首先是做"好人"。好人的基础,是"心"好。关于"心"好,古人的说法很多。孟子提出的"四心",非常具体而实用。他说:"无恻隐之心,非人也;无羞恶之心,非人也;无辞让之心,非人也;无是非之心,非人也。恻隐之心,仁之端也;羞恶之心,义之端也;辞让之心,礼之端也;是非之心,智之端也。人之有是四端也,犹其有四体也。"(《孟子·公孙丑上》)可见,努力成为有孟子所概括的"四心"之人,是人生的基础性方向。

其次是立志向。人无志向,终生迷茫。但确立志向时,一要正确,二要切合实际。所谓正确,就是要符合社会大局的总体趋势,符合社会良俗的规范要求。所谓切合实际,特指合乎个人的具体情况,量优而立,量力而行,切不可好高骛远,不着边际,最后无果而终。就现实而言,明星、大款常被人羡慕,但未必人人可成明星、大款。俗语说:"七十二行,行行出状元",只要通盘考虑自身的全部条件,在某一行当确定恰当志向,你同样可以出类拔萃,在一定行业、一定范围内成为"明星",为家庭、为社会增光添彩。

再次是走正道。这里所说的道,是实现志向、达到目标的路径。正道就是正确的路径,光明正大,合乎规范,社会肯定,无愧良知。人生不易,外面的世界很精彩,外面的世界多诱惑,稍不留意,就会步入邪道,踏上歧途,甚至陷于"不归路"。现实生活中,有的人为了暴富,为了"天上的馅饼",偷鸡摸狗,坑蒙拐骗,短斤少两,弄虚造假,甚至杀人越货,走私贩毒,背叛祖国等,都是歪门邪道。防止步入诸如此类的邪道,自然是亲属们互勉互励的话题之一。

最后是不畏难。古人早有总结:人生不如意者常八九。为什么?因为生活中的沟沟坎坎,小难大难,总会时不时出现。在各种困难面前怎么办?正确的态度应该是:不怕它,压倒它,而不是长吁短叹、灰心丧气。法国现实主义著名作家巴尔扎克说过:"苦难是人生的老师。"英国著名哲学家培根告诫人们说:"灰心生失望,失望生动摇,动摇生失败。"因此,做到失意不失志,失意不失态,乃是一种考验。面临这种考验时,亲属之间互勉互励,就会使当事者增强信心,克服困难,最终赢来胜利的硕果与愉悦的笑脸。

互勉互励,找准契合点最为重要。因此,借助历史事实、电视相关栏目内容等找个话题,亲属们七嘴八舌,各抒己见,往往会使当事人从中受益;也可以利用近距离的乡邻之事打比方,寻经验,使当事人学习活生生的榜样,从而放下包袱,轻装上阵,奋力开辟越过难关之后的新天地。

四、常来常往

《礼记·曲礼上》中说："礼尚往来：往而不来，非礼也；来而不往，亦非礼也。"俗话也说："刀口越磨越利，亲戚越走越亲。"兄弟姐妹之间常来常往，自然会亲情越来越浓烈，相处越来越和谐。

常来常往，机会很多，方式也很多。如果都还在一个家庭生活，碰面时打个招呼、闲聊几句，即为一种交往。切不可出门不吭声，进门声不吭，那就见外了。如果不在一个家庭生活但相距又不太远，可以多找机会见见面，说说话，时不在长短，话不在多少，只要有这种礼仪，那就足够了。

兄弟姐妹和其他同辈亲属间，由于各种各样的原因，比如外出打工、外出上学、自己成家等，可能相距较远，那就要特别注意多联系。时常打个电话、发个短信或写封书信，都是一种联系；遇到重要节日（春节、端阳节、中秋节等）或重要事项（某人过生日、某人娶亲、某人乔迁等），都要尽可能地上门走动，或帮忙，或助兴，使常来常往之态持续不断。

还需特别强调的是，凡属重要节日、重要事项的相互走动，一定要持奉礼品或礼金，而且要大体符合当地习俗。否则就算失礼。一般性的日常走动，虽不必每次携礼，但也不能总玩"空手道"。尤其要避免别人来你家总提大包小包，你到别人家却一毛不拔。时间久了，这种来往就有可能中断，亲情就会逐步淡化甚至于荡然无存。

第三节　爱护晚辈

有人也许会问：与晚辈相处还要讲礼仪吗？回答是：当然要讲，而且马虎不得。

现实生活中，晚辈的年龄状况比较复杂。自己的嫡亲儿、孙辈，年龄肯定比自己小，但同姓宗族的晚辈，年龄有可能与自己相近，甚至会长于自己。因此，与晚辈相处，对同姓宗族中年龄与自己相近或稍长的晚辈，爱护他们之外，还要多一分尊重，多一分礼让。

对年龄较小的晚辈以及长大成人的晚辈，长辈的礼仪实施主要是两个方面：一是养育，二是教育。养育偏重身体成长，教育偏重人格、品德塑造。养育和教育，基本出发点是"爱"。

从养育方面说，主要是要有健康意识、安全意识。晚辈幼小的时候，长辈要特别注意这两点。现实生活中，幼小晚辈患上疾病、被人拐卖、意外身亡等，常常与长辈的马虎大意有关。因此，幼小晚辈的衣、食、住、行、乐，长辈要悉心关注，"全天候"监护，以避免出现未曾料想到的不良后果。

晚辈稍稍知事后，除了继续保证其健康、安全地成长外，教育也要随之跟进。现实生活中，时常见一些"熊孩子"做出格的事，说出格的话，就反证了教育的极端重要性。很多时候，长辈对晚辈"护"有余而"教"不足或"教"不正，就会贻害晚辈。

为了避免"教不足"和"教不正"，在教育晚辈方面，应努力做到以下几方面：

一、引导学习

现在一些长辈对于晚辈的学习，特别关心文化知识的长进而忽视品行道德的养成，这是极为不利的。实际上，古人对晚辈的学习，最看重的是品行、规矩的养成，其次才是知识、技能的学习。孔子说："弟子入则孝，出则悌，谨而信，泛爱众，而亲仁。行有余力，则以学文。"（《论语·学而第一》）他认为年轻人在家要孝顺父母，出门在外要尊敬兄长，行为谨慎，说话诚信，博爱众人，亲近仁者。这些都做到之后，如果还有多余的力量的话，再去学习文化吧。可见，他是多么看重年轻一辈的道德修养。而现在，人们对晚辈的学习，往往本末倒置，结果引出了许多问题。比如孝敬父母这一条，礼仪当中有"父母呼，应勿缓"的规范，但现实生活中常见的却是"糖果呼，应勿缓；住房呼，应勿缓；电脑呼，应勿缓"。说到底就是"物欲呼，应勿缓"。（引自《钱文忠解读〈弟子规〉》）这种大失礼仪规矩的现象，不能不引起人们的深思。

因此，长辈们对晚辈们的学习引导，可以从三方面予以努力。首先，根据晚辈们的不同年龄、不同的接受水平，有意识地引导他们学习传统文化中的启蒙读物，如《三字经》《弟子规》《名贤集》《增广贤文》等，帮助晚辈从小修炼德行。实事求是地说，凡流传下来的启蒙读物中，或多或少都有些不合时宜的内容，甚至是完全错误的见解。对这些，只要对晚辈们讲清楚，只让他们吸收至今仍有积极作用的观点，那么，晚辈们就会在这种学习中受到教育，从而终身受益。其次，利用晚辈们喜玩手机、电脑的特点，从中选取有典型意义的现实生活教材，如校园霸凌、恶子杀母、熊孩子惹祸等，对晚辈进行法治、道德、是非等方面的正确引导，使晚辈的品德修养有所提高。最后，利用一切场合的所见所闻，引导晚辈分辨是非美丑，学习好的行为，以利于他们掌握当个好孩子的言行举止。比如在公交车上发现有年轻人给老人、病人让座，看见有小孩把吃过零食的包装袋特意扔进垃圾箱等，都可以借机对晚辈进行引导教育。只要持之以恒地对晚辈进行诸如此类的教育，你的晚辈日后的为人必然会受到人们的肯定与褒扬。

二、言传身教

言传身教有正面、反面之分。我们所提倡的，毫无疑义的应该是正面的言传身教。

我们现在大力提倡家风教育，实质上即是提倡积极的、代代相传的言传身教，而避免错误的、有害的言传身教。面对现实生活中时不时出现的"熊孩子"的恶作剧，人们往往评论说：每一个"熊孩子"的背后，实际上总会有一个"熊家长"。这种说法可能偏激了些，但又不无道理。因此，言传身教，不可不注意它的引导方向。《苏氏家语》中评价说："孔子家儿不知骂，曾子家儿不知怒，所以然者，生而善教也。"孔子、曾子（即曾参）家的长辈们言传身教做得好，所以一代一代的后辈们不知道骂人，不知道发怒，真是了不起！这两家的言传身教，难道不值得今人们好好地学习吗？

说到曾子，他还有一个非常典型的故事，叫作"曾子杀猪"。据传，有一天曾子的夫人要到集市上去买东西。曾子的小孩哭着闹着不让妈妈走，想让妈妈陪他玩。曾子夫人实在没办法，就对小孩说，你只要不缠着跟妈妈去，妈妈回来就给你杀猪，让你吃一顿猪肉。小孩听后很高兴，就不闹着要跟妈妈去了。曾子夫人从集市上买了东西回家时，发现曾子在磨刀，很是吃惊，就问：你要干什么？曾子回答说：杀猪啊！你不是说过回来后给孩子杀猪，让他吃猪肉吗？曾子夫人说：我只是随口哄他一下罢了，你怎么当真呢？曾子就说：不能这样教育孩子。如果父母说了的话都不能兑现，他今后还怎么会相信别人、自己又怎么能守信用呢？这会影响孩子一辈子的为人处世呀！曾子夫人听后，就和曾子一起，杀了猪，给孩子做了肉吃。试想一想，今天又有多少家长能像曾子夫妇那样，对孩子说过的话就一定兑现呢？

因此，就正确的言传身教而言，长辈一定要说到做到，以身示范。这种示范，不仅是诚信方面的，还包括品行、人格、文化学习的方方面面。打个比方，假如长辈言语粗鲁，为人自私，你又怎么能企望你的后辈儿孙温文尔雅、为人大气呢？如果长辈们整天迷恋于打牌打麻将，你又怎么能企望你的后辈儿孙不迷玩乐而刻苦学习呢？人世间这类不幸的教训太多了，不可不戒！

三、科学管教

《三字经》当中有这样两句话："养不教，父之过；教不严，师之惰。"它提醒包括父亲在内的各位长辈，必须对晚辈进行管教。

现在有一句流行语：管理即教育。可见，管教就是管中有教，教中有管。那么，什么样的管教才算是科学管教呢？

首先，管教的观念要正确。中国传统的观念是"棍棒底下出孝子"，然后引申为"打打骂骂出人才"之类。显然，这种过严过虐的管教方法并不科学。这些年来，世间又流行什么"快乐学习法"之类的观点，也引起了学界的质疑。因为事实是：不吃苦中苦，谁都不能出类拔萃。总结古今中外的管教经验，笔者认为正确的管教观念应该是因人、因事、因环境之不同而区别对待，既不能一味地打打骂骂，也不能一味地放任自流，尽其快乐却误了儿孙正经事。

结合前文所提及，仍需再加赘言的是，对晚辈的管教，不应只注重于学业，而要同时注重于德行。思想上明确这一点，管教行动上坚持这一点，晚辈们才能真正地"全面发展"，长辈们也才能长远地安心放心。

其次，管教的尺度要合适。简单地说，不同的晚辈个体，其智力、性格、优势劣势各不相同，因此管教他们时，要求的标准就要有所不同，而不能一把尺子量高矮，一个模子铸众器。就拿"德行"来说，看起来要求一致并无问题，但行动起来就可能出乖弄丑。你让一个毫无游水技能的人去惊涛骇浪中救落水者，现实吗？所以说，要量能而管，量能而教。再拿现在长辈们普遍极为看重的晚辈们的学习成绩来说吧，你总希望你的儿、孙辈每次考试都得"满分"，心情蛮好，志向颇高，但你分析过没有，你的儿、孙真的是那块"料"吗？更何况，每次考了满分,将来真的就是"大才""高才"吗? 记得毛泽东主席曾经说过:中国历朝历代的科举状元,大多数并无真才实学。有关统计资料显示:世界上不少知名科学家,小学、中学时期的学业成绩也不是门门出色。因此,就文化学习的管教而言,长辈的眼光要长远,判断要科学,期望也要合理。这样,管教所把握的尺度才会合适,晚辈们也才能够接受。否则,管教的压力太大,就会酿成恶果。现实生活中,并非个别的中小学生因家长期望过高不堪重负而选择自杀身亡的悲剧,就是一声振聋发聩的警钟啊!

另外,管教的方法要得当。得当的方法,一言以蔽之:讲理为主,惩戒为辅。

所谓讲理为主,就是多讲道理,讲清道理。讲道理的前提是问明缘由,弄清真相,在充分理解晚辈的基础上帮他们分析是非曲直,寻求解决的办法。切不可以长辈之势压人,容不得晚辈解释说明,用"总是你的错"的心理来实行控制。否则,最易导致晚辈产生心理障碍。比如自己的晚辈与别家小孩发生了矛盾冲突,就要在完全了解了事情的起因、过程、结果后再作决断。如果属于对方之错,倘无严重后果,安慰一下自己的晚辈即可。倘有严重后果,可与对方家长妥善化解,而不是冲动过度,处置失当;倘若自己的晚辈有错,则可帮助其分析错在哪里,今后怎样避免重犯等。这样,晚辈就会汲取教训,有所长进。处理这类事情如果不问青红皂白就对晚辈呵斥责骂甚至肆意殴打,晚辈就有可能留下心理阴影,甚至会采取自伤自残的过激行为,让长辈们悔恨终生。

所谓惩戒为辅,就是说惩戒只是次要的管教办法,尽量不用或少用。而且,惩戒不能为惩戒而惩戒,必须以教育为目的。

关于管教是否需要惩戒,现在好像还是个未解之题。实际上,惩戒之法,古来有之,比如孔夫子就没有完全否定惩戒。《礼记》中也有"夏、楚二物,收其威也"的说法,提出用苦茶和荆条惩罚学生,让其克制言行举止。笔者听老辈们讲,他们坚信"教育不是万能的",所以对晚辈时不时地总使用些惩戒手段。可现在呢,一说到惩戒,好像就是"家暴",就是"侵犯人权",等等。如此一来,"惩戒"之法,好像就使不得了,弄得家长、学校都无所适从。

我还是赞成必要的"惩戒"的。但使用惩戒,必须注意三点:第一,必须向晚辈讲清惩戒的理由,让受惩戒的晚辈心服口服。第二,惩戒不是家暴,不能一味责骂殴打。迫使晚辈做一次家务,面壁思过,一定时间的跑步,等等,都是惩戒手段,可以灵活运用。第三,惩戒有度,防止意外。做家务,晚辈要力所能及;罚站、罚跑步,时间不可太长久;特别是身体殴打,打的部位、打的时间长短、打的力量大小,一定要慎之又慎。过去的先生用戒尺打学生的手掌心,也就两三下,微疼而已。有理智的家长责打小孩时,也都是用软软的布带或软树枝打几下屁股而已。这种做法堪称惩戒之样板。即使是这样的"样板"惩戒法,也不可多用,变成家常便饭。否则,管教的结果就可能适得其反。

第四节　夫妻相处礼仪

夫妻是由婚姻关系产生的特殊同辈。夫妻间的相处,既要遵守血统关系中同辈相待的礼仪规范,又要遵守夫妻关系存续期间特有的礼仪规范。正因为如此,将夫妻相处礼仪放在本章的最后一节来介绍,便于更为周全、更为细致。

传统礼仪中,从夫妻地位区分来看,对女性基本上都是放在服从、被随意左右的地位的。概括起来说,"三从四德"(未嫁从父,既嫁从夫,夫死从子;妇德,妇言,妇容,妇功)、"女子无才便是德"之类,宣扬的都是"男尊女卑"的观念,目的是用"神权、君权、族权、夫权"这四根绳索牢牢控制住女性。因此,在漫长的封建社会中,女性无论在社会生活中还是在家庭生活中,都谈不上什么地位和人格。尽管到了封建社会后期,出现的蒙学教材如《闺训千字文》《改良女儿经》等也提出了一些有关日常生活的有用见解,但总体来说,"男尊女卑"的礼仪观念并没有根本性改变。在这种大趋势面前,夫妻相处之礼仪,宏观上来说还是畸形的、缺乏平等的人本精神的。

尽管如此,人民大众和有良知的读书人并不完全被畸形的正统礼仪所左右,他们对夫妻相处都有自己的见解。这就使民俗礼仪和部分文人的呐喊之中,出现并沉淀积累了一定的可贵内容。在民间,人们希望新婚夫妇"琴瑟相合""百年好合""白头偕老""相敬如宾";文人雅士们则根据生活中的许多真实内容,抒写出了"在天愿作比翼鸟,在地愿为连理枝"的理想追求,并一而再、再而三地热情讴歌诸如梁山伯与祝英台、焦仲卿与刘兰芝之类的忠贞爱情。因此,我们现在来讲夫妻相处礼仪,一是要从几千年来积极的民俗礼仪里寻找渊源,二是从由古至今的优秀文学作品中汲取精华,三是依据我国现行的法律法规说"理"讲"礼"。这第三条,尤为重要。

婚姻以爱情为基础,而爱情也有它的基础,比如志向、兴趣、德行、能力、容貌等。总而言之,男、女之间要"对眼""看得上",才能产生爱情,才能步入婚姻殿堂,才能结为"夫妻",这就叫作"世界上没有无缘无故的爱,也没有无缘无故的恨"。因此,一旦结为夫妻,相互之间的"爱"就要保持、提升,这是夫妻相处礼仪的根本所在。如果失却了"爱",夫妻"礼仪"也就无从谈起,只能转入另外一种范畴的相处关系。

一、夫妻相处礼仪的基本内容

(一)相互尊重

列夫·托尔斯泰说:"夫妻必须互相尊重,而不是互相拴上链子。"相互尊重,关键是摆正位置。夫妻之间是平等的,故而既不能有大男子主义,也不能有大女子主义。

说到相互尊重,中国人提及最多的,大概就是"举案齐眉"的典故。"举案齐眉"源自《后汉书·梁鸿传》。传中记载,梁鸿很爱他的妻子孟光,孟光也很敬重自己的丈夫。梁鸿每次回家后,孟光做好了饭食,将饭食放在托盘中,举得和自己的眉毛一样高,送到丈夫面前,以示对丈夫的敬重。后来,人们就用"举案齐眉"来形容夫妻间的相互尊重、相敬如宾。

相互尊重,就要自觉做到这样几条:其一,尊重对方的正当地位,不忽视,不轻视,不无视。说话要和颜悦色,不要高言大语,粗俗刺耳。遇事要相互商量,多考虑一下对方的意见或建议，不要某一方一锤定音，一手掌乾坤；其二，尊重对方的个性特点和不影响大局的行为习惯。俗话说"江山易改，本性难移"。人的性格一旦成型，很难改变，所以夫妻双方要相互容纳，取长补短，缓缓"磨合"，最终求得大同存留小异，相安无事，和和美美；其三，尊重对方不违背法律法规和社会良俗的兴趣爱好。兴趣爱好有好的和不好的两种。好的爱好，无伤大雅，甚至有一定好处，比如跳跳健身舞，练练书法或绘画等；不好的爱好，往往影响家庭和谐，甚至违背社会公德。因此，夫妻之间，应尊重对方好的兴趣爱好，提醒对方自觉抑制不良的兴趣爱好，如酗酒、赌博之类。只有这样，才会兴起好的家风，增加社会的正能量；其四，尊重对方的亲属。对方的亲属，或为长辈，或为同辈，或为晚辈。不管属于哪一辈，都应以礼相待，尊重有加。这也是一种有意义的"爱屋及乌"。否则，夫妻间的相互尊重，就会留下缺憾。

（二）相互忠诚

既然结为夫妻，就应有"执子之手，与子偕老""爱你永不变"的心灵承诺。这就叫作忠诚，也叫忠贞。

忠诚于对方，无论对方是富有还是贫穷，是健康还是患疾，都不离不弃，这是一种源远流长的民俗礼仪，也历来被文人雅士们热情讴歌。比如汉代乐府民歌中的《上邪》一诗，就歌颂了一位誓不变心的女子。她大胆又执着地说："上邪！我欲与君相知，长命无绝衰。山无陵，江水为竭，冬雷震震，夏雨雪，天地合，乃敢与君绝！"这种"海枯石烂不变心"的可贵精神，应该成为当今之人继续珍视的文化瑰宝，并在实际行动中立其为榜样。

要做到相互忠诚，除了能够"有福同享，有难同当"外，还要克制自己，坚决抵制形形色色的诱惑。"纵情声色犬马"，历来被有良知的人们所唾弃。因为它轻则破坏家庭祥和，重则危害社会良俗。这类教训，现实生活中并不少见。抵制外部诱惑，夫妻双方都要努力。

（三）相互信赖

俗话说"疑心生暗鬼"，一旦有了"鬼"，家中就难以安宁。因此，夫妻之间，一定要坦诚相待，彼此信赖。

要做到相互信赖，首先是要交流沟通，不瞒不藏。"瞒人没好事，好事不瞒人"，除了工作上应当保密的事项外，夫妻之间遇事多商量，成绩也罢，纠结也好，抑或是挫折、失误、经济损失之类，相互聊一聊，散散心，排解排解，就能增进夫妇间的相互信赖。其次，不必刻意探寻对方隐私，探寻不到，就"怒从心头起，恶向胆边生"，致使双方都心神不宁。人的一生，无论男女，都有些不愿让人知晓、提及的往事，只能"烂在心里"，不能随意泄露。明白了这个道理，夫妻双方都不要去触及那些隐私性话题。特别是婚前交异性朋友的这类经历，如果对方不愿谈起，就不要反反复复，甚至带强迫性地去探寻。这样做，既保留了对方的尊严，又换来了家庭的宁静，我们又何乐而不为？另外，不要无端猜疑，无事找事。这里我不妨向读者朋友提及一下英国大戏剧家莎士比亚的著名悲剧《奥赛罗》。剧中主人公奥赛罗是威尼斯大将，战功赫赫，但因轻信谗言，上当受骗，无端猜疑自己天真率直的妻子苔丝德蒙娜，亲手将她扼杀。后来奥赛罗明白了真相羞愤自责，也自杀而亡。莎翁通过这一悲剧告诫世人，无端猜疑是家庭生活中的毒酒，千万不能端杯饮用。否则，轻则家中不宁，重则家破人亡。现实生活中的人们，应该永远铭记莎翁的告诫，不做愚蠢之事。

（四）相互包容

包容的目的，在于维护爱、提升爱，使双方都在生活的过程中有修正、有长进。这正如车尔尼雪夫斯基所言："爱情的意义在于帮助对方提高，同时也提高自己。"因此，为了各自的不断"提高"，夫妻之间的相互包容，除了包容前面已提及的个性特点、生活习惯外，还应包容对方言语、行动上的失误。即使是大的失误或错误，也应以说理劝阻、使其"不贰过"为主，而不能揪住不放，不留退路。现实中的一些夫妻之所以争吵不断甚至大打出手，多半都是缺乏包容而致。缺少了包容，一言不合，便要争个你赢我输，结果免不了矛盾升级，相互伤害。这类教训，深可鉴借。记不清哪位高人说过一句名言：家庭是讲感情的地方，不是争是非论高低的地方。如果天下夫妻都常常体味这句话，在"讲感情"方面多下些功夫，那么，妻看夫，皆为潘安，夫看妻，皆为西施，其他的弱点、缺点，恐怕都会化为乌有、不值一提了。

要做到相互包容，还应避免总站在自己的角度去思考问题，而不顾及对方的思考或难处。比如现在一些年轻夫妻，常常会为春节时到哪家（夫家、妻家）过年而闹矛盾，就是因为各自只站在了自己的角度想问题，而缺少了对另一方的理解。实际上，这种事情，采用转换制也好，先说动某一方长辈也好，都是可以顺利解决的，小夫妻没有必要为这种事大伤脑筋，相互斗气。再比如给两家长辈送礼品、礼金这类事，在大致对等的原则下，如果夫家较困难，礼金可适当多送点，这时候妻子要理解丈夫，给以包容；反之，如果妻家较困难，礼金就可多送点，这时候丈夫就要理解妻子。总之，在这类生活之事上，多为对方考虑一些，为双方都争了"面子"，保了尊严，是一种很有价值的做法，夫妻双方都应为此而努力。

二、夫妻相处的必要技巧

现实生活中，有些人认为结婚前特别是恋爱时必须维护形象，多说甜言蜜语，结婚后除特殊情况外，就不必搞这些俗套了。这是一种不恰当的认识，应自觉修正。

实际上，结为夫妻后，除了恪守前文已述之基本礼仪外，懂得并运用一些相处技巧，对于维护、提升爱情，浓化家庭的温馨度是大有益处的。为此，夫妻双方都应主动运用这些技巧。

相处技巧，有大有小，难可尽述。以下只介绍几个主要的方面。

（一）努力维护美好形象

爱美之心，人皆有之。结了婚，成了夫妻，各自的爱美之心依然存在，甚至更加强烈。因此，双方都要努力维护自己的美好形象。

提到维护美好形象，就会想到"张敞画眉"这个成语。据说，西汉时张敞的妻子小时候受过伤，眉角有缺点，所以张敞虽当了京兆尹（京城所在地的最高长官）的高官，仍然在每天上班前为妻子画好眉毛，不让妻子出丑。这种维护妻子美好形象的行为本来值得称赞，可偏有好事者认为张敞的这种做法有失官体，就把状告到了皇上那里。有一次，汉宣帝在朝堂上当着很多大臣的面问张敞这件事。张敞就说："臣闻闺房之内，夫妇之私，有过于画眉者。"他表达的意思是：皇上你应该问我所承担的国家政事做好了没有，我替内人画不画眉，你管它干什么？皇上听后，再不多问。

维护美好形象，要内外兼顾。外在的，如穿着、修饰等，除特殊情况如劳作、抢险、救人等，都应自觉做好。内在的，则要提高修养，保证言行举止文雅得体。如果以为夫妻相处就可以随随便便，外不修边幅、满口粗话，内萎靡不振、缺少情趣，甚至迷恋歪门邪道，那就大错特错了。所以夫妻之间，既要坚持"女为悦己者容"，也要坚持男为爱己者美。

（二）乐于肯定赞美对方

肯定与赞美，既可以慰藉心灵，又可以强化自信，激励热情。因此，夫妻之间都乐于肯定、赞美对方，这对营造家庭的幸福感极为有益。

给予肯定、赞美，机会很多。购买了一件合体美观的衣装，做出了一道色、香、味俱佳的菜品，帮人克服了一种困难，工作上取得了一些成绩，等等，都可以变成肯定、赞美对方的话题。实际上，只要不抱"都是自己人，夸不夸无所谓"的态度，你都能找到肯定、赞美对方的由头，让对方感受到温暖与爱意。

肯定与赞美，在夫妻二人相处时需要，在公共场合更需要。笨夫笨妻，在公共场合总挑剔对方、找对方的不足，结果是伤对方的"面子"，甚至伤了对方的心。聪明的夫妻，在公共场合则是主动言说对方的种种优点，大秀"恩爱"之意，结果是双方皆得鼓舞，日后会更加努力地创造家庭幸福。天下所有夫妻，都应该去做那聪明的夫妻。

（三）采用多种方式表达真爱

科学而浓烈的爱，既要深藏于心，又要示行于外。因此，用多种形式表达真爱，是十分必要的。这种表达，或语言，或行动，应该是"韩信将兵，多多益善"。一方生病时，另一方殷勤问候，送水送药，多加陪伴，是一种表达；一方心情不好时，另一方多加劝慰，同步游览，找乐子引导对方开怀一笑，也是一种表达。其他如一方过生日、受到组织奖励、升职提薪时，另一方送一件小礼品或特意安排一次聚餐等，也都是很好的表达方式。总而言之，用各种方式把内心的真爱表达出来，让对方真真切切地感受到，夫妻间的这种相处技巧不可或缺。只要相机而行，便会受益无穷。

第四章

校园礼仪

我们时常在媒介上看到这样一句探问："我们的教育怎么啦?"这个探问,实际上包含着深深的忧虑。这种忧虑,并不是杞人忧天,而是有一定的支撑实例。我们今天的教育,辉煌成绩不可抹煞,但存在的问题也不容忽视。从小学、中学直到大学,德行、礼仪的缺失或不完备,已经到了必须高度重视的时候了。

学校群体,主要由教师、学生组成。因此,校园礼仪,主要也由他们来体现。教育的成功与否,当然不能完全由"礼仪"来决定,但礼仪所发挥出的育人功能,或隐或显,也不能忽略不计。在现实情况下,身为校园中的每一个人,更应该了解并奉行必要的礼仪。否则,我们的各类校园中,总会时不时地出现一些让人震惊的"怪事"。

第一节　教师礼仪

要明确教师礼仪,必须先明确教师的身份和基本职责。唐代大文豪韩愈在《师说》中写道:"师者,所以传道、授业、解惑也。"近代教育界也提出"学高为师,身正为范"。孔子的学生将老夫子的教育总结为四个方面,即"文,行,忠,信"。文指历史文献,行指生活实践,忠指为人忠诚,信指讲究信用。当然,我们还可以举出许多类似的说法。把这些说法归而言之,我们不难明白,教师是一种提高人、更新人的职业。要能成为一名称职的教师,必须具有相应的德行、学识和教育技能。

围绕着德行、学识和教育技能,礼仪规范的内容是十分丰富的。结合现实教育的情况,这种礼仪规范主要体现在以下几方面。

一、德行高尚

社会生活中的各类人群,安身立命之本都是"德行"。教师是"人类灵魂的工程师",如果本身"灵魂"丑陋,那就会误人子弟、害人子弟。因此,德行修养对教师来说是极为重要的。学问再好,本事再大,若无好的德行,则不配为师。

(一)热爱本职

社会主义核心价值观中的"敬业"二字,就是热爱本职工作的最高提炼。有了热爱,就有了动力,就会把"职业"变成"事业",不畏困难,勇往直前,持之以恒,无怨无悔。现在,我们的教育面临着许多新情况、新问题。归纳起来就是专家们的如此说法:现在的教育状况,经常出现的是家长越位、学校让位、学生错位。这种情况在中学、小学、幼儿园更为突出。其具体表现就是"熊孩子""蛮家长"时不时出现,教育理念莫衷一是让人无所适从,轻视教育轻视教师的实用主义观念又有所抬头,等等。面对这种现状,强调"热爱",并不是"再嚼别人嚼过的馒头",而是一种应有的提醒。我们提醒的基点在于:古今中外,各行各业都既有自己的荣耀,也有自己的困难,正所谓"家家都有一本难念的经"。因此,如果一有困难就退缩,就失望,就热情不再,就兴趣全无,那入什么行都不行。既然入了教育这个行,就要爱这个行,通过"爱"的历练与积累,最终获得丰收之果。这就是"经历三冬严寒苦,方得梅花扑鼻香"的成就感、幸福感。从另一层面说,"熊孩子"也好,"蛮家长"也罢,毕竟只是少数。而且他们也还有醒悟、变优的可能性。至于观念上的东西,古今中外从来都没有整齐划一过。表面上的整齐划一,往往又不代表真实的内心想法,你又何必去斤斤计较呢?因此,作为教师,还应将这种爱延续到学生身上,即热爱学生,满腔热情地激励、帮助每一个学生成长、发展。对学生而言,这种"爱"就是他们所能感受到的最基础也最有意义的大"礼"。

(二)遵纪守法

俗话说"没有规矩,不成方圆"。人与人的相处,如果每一个体都率性而为,追求绝对自由,那就会破坏规矩,最终人人受害。传统文化中讲"礼"的本质为"敬人",也正是为了维护"规矩",实现人与人之间的和谐相处,达到人人受益。就现实生活而言,法规和纪律正是保证人人能受益的基本规矩,因此自觉遵纪守法,既是一种礼仪,也是一种德行。试问,一个连法规纪律都敢于破坏的人,你还能从他身上找寻什么德行的因子呢?

教师是一种以"育人"为业的群体,他们的言行举止,是一种"示范",是一种榜样。因此他们更应该遵纪守法,为维护正常的人间秩序做出有益的、功在千秋万代的贡献。

遵纪守法,首先是要遵守国家的根本性法律法规。有了这种遵守,就能成为一名合格的公民,就能很好地承担教师的职责。在现行的教师聘任中,如果在遵守国家的法规方面有明显问题,那是不能进入教师队伍的。这就很实际地证明了上述观点。

其次,正像各行各业的人要遵守各自的行业法规一样,作为教师,也必须自觉而认真地遵守与教育相关的法律法规,如《中华人民共和国教师法》《中华人民共和国未成年人保护法》等。这些法律法规,既有对教师的保护,也有对教师的约束,目的就在于维护学校的正常秩序,使广大教师在不断优化的校园环境中能不受干扰地实施教书育人。因此,教师们对这些法律法规的遵守程度,也正是对自身德行的一种检验。现实生活中,由于极少数的教师不守法规,虐待学生造成恶果,引起社会上一部分人对更多的教师"妖魔化",就很能说明遵纪守法与教师德行的相互关系。明白了这种关系,教师们遵纪守法的自觉性就会大大提高。

(三)弘扬正道

韩愈当年提出的传道,是传播儒道。今天,儒道中那些积极的、仍然具有现实意义的内容,我们要很好地传承。更为重要的是,我们要传承当今那些充满"正能量"的道。要能传好,自己就要身体力行,树立榜样。法国著名作家罗曼·罗兰说过:"要散布阳光到别人心里,先得自己心里有阳光。"现实生活中,我们常常会发现不少心中充满阳光的人。在教师队伍中,这种人也屡见不鲜。我们通过各种新闻媒介知道的那些为了保护学生而不惜受伤、丢命的教师就是典型代表。当然,现实生活中也时不时地会冒出一些丑陋的、肮脏的东西来遮蔽人们心中的阳光,值得我们特别警惕。教师是人不是神,更不是"永动机",不能把所有的教育责任都推给教师。从"大教育"观念来说,社会、家庭、学校要共同来完成教育这个"系统工程"。所以,社会的、家庭的那些不散布阳光而散布阴霾、不传播正能量而传播负能量的现象,教师们无力去扫除干净,但是,警惕、抵挡这些不良行为对自己的干扰、侵蚀,则是可行的。教师们只有在思想观念和实际行动上大胆而坚定地警惕、抵挡这些不良行为,才能保证自己在正道上阔步前行。

(四)完善人格

人格二字,包容博大,内涵极深。究其要点,则在于处在任何境遇下,都不更改人的良知,都不越过"善"的底线。这就是古人所总结的"富贵不能淫,贫贱不能移,威武不能屈"。(《孟子·滕文公下》)中国历史上,完善、坚守人格的"大丈夫"何其多也!远如屈原、文天祥,近如方志敏、赵一曼、江姐以及现在的时代楷模,哪一个不令我们肃然起敬!但现如今,也有一些人,富了贵了就横行霸道胡作非为、贫了贱了就伤天害理人性泯灭、面对权势豪强就奴颜婢膝为虎作伥,让人可憎、可厌、可讥、可笑!身为人师者,只有总结正面经验与反面教训,不受诱惑,守住底线,才能既不失礼仪又不失尊严,让人诚心赞誉。

武汉某高校一位担任过校长的章姓老先生说:"现在最大的损失,是礼义廉耻里的这个'耻'没有了。"他虽然讲的是高等学校中一种令人担忧的精神缺失,但实际上对于各类学校都是一种提醒。作为教师,如果没有羞耻之心,那"人格"就彻底完蛋了。现在学校中出现的一些光怪陆离的现象,当事者不以为耻,反以为荣,反以为有本事,反以为比他人高明,这实在令教育蒙羞。几千年前孟子就说过:"人不可以无耻。无之耻,无耻也。"(《孟子·尽心上》)他认为人不可以没有羞耻之心。把没有羞耻心看作羞耻,那就不会做各种羞耻的事情了。今天的教师们,为求"人格"完善,需要努力的方向自然很多,但首先要做的,就是强化或拾起古圣先贤及现时代优秀人群所具有的那颗"羞耻之心",不说无耻之言,不行无耻之事。这样,你的完善人格之路,才会越走越平坦宽阔,越走越锦绣无疆。

(五)尊重学生

这是极为重要的一种礼仪、一种德行。现实教育中,对学业优秀或品行端正的学生比较偏爱、尊重,而对学业欠佳或缺点较多的学生则不太尊重,甚至很不尊重,几乎成了司空见惯的现象。这种现象的背后,隐藏的恰恰是为教者(包括教师和教育管理部门)中不少人的浮躁与功利。这种现象不彻底扭转,我们的教育就谈不上完全成功。因此,为了教育大计,教师应该尊重每一位学生。有了这种尊重,学生可以提高其自信心,在原有的基础上有所长进,那就功莫大焉! 而且,今日之差生,也许会成为明日之良才大器。人类历史上,此类先例也并不少见。隋代创立开科取士以来,科举未及高第而最终却又千古留名者,也并不少见。吴敬梓只考中过秀才,一生与举人、进士无缘,但他写出的《儒林外史》,却竖起了中国古典小说史上的一座丰碑;吴承恩"屡困场屋",即屡次考场失利,直到三十多岁才依例补了个贡生。但他写出的《西游记》,却是中国古代长篇小说中的四大名著之一。正因为如此,古人早就断言:"士别三日,当刮目相看。"今天,我们的教师更应该超越古人,少一点短视,多一点远见,把"尊重"的温暖播撒到每一位学生的心田里去,促进他们自强不息。如此,学生就会心悦诚服地认可你,一辈子铭记你这位优秀的"师"和"友"。

二、学识精博

"授业"是教师的基本职责。古人提倡"学成文武艺,货与帝王家"。现在叫作"学好本领,报效祖国"。学生的本领从何而来,一部分从学校的老师那儿来,一部分从自己的生活实践中来。教师要能教学生知识、本领,自己先得有知识、本领,否则就难担"授业"之责。

教育界有一句行话:要给学生一滴水,教师须有一桶水。这"一桶水"指的就是学识既要精,又要博。精是专门化,如中小学的语文、数学之类,博指广泛性,如语文联系着哲学、历史等,数学联系着物理、化学等。很显然,要保证这"一桶水"是高质量的、含有多种有用元素的水,教师要付出艰辛努力。不努力,会失责,失礼。

(一)永不自满,学而不厌

这一话题,古训不少:如"学无止境";如"满招损,谦受益";如"学而不已,盖棺乃止";等等。同样的道理,民间的表述则更为直白,那就是"活到老,学到老,还有三分没学到"。因此,不断学习、不断提高对教师的学识追求,实乃基本礼仪之一,不可不自觉奉行。远古之孔子,"入太庙,每事问",为后人树立了学而不厌的样板。而今天的诸多名师、大师,也都是虚怀若谷、秉烛夜读,唯恐教之有误,贻笑后辈。这些先贤和现时代的楷模,永远值得为教者自觉学习。

(二)戒浮戒假,实事求是

从礼仪角度讲,它的本质就是一个"诚"字。积学者无诚,最多也只能凑合些花拳绣腿,成不了什么真功夫。

"知之为知之,不知为不知",在学界是人人耳熟能详的一句话,可生活实际中,却总有少部分为师者没有恪守、践行此训,从而让人诟病。他们有的饱食终日无所用心,只能滥竽充数;有的浮躁不实,总想一夜成名天下知;有的弄虚作假,太重的"功利心"已经让他们在积学之路上迷失了方向。这些不正常的现象如不戒除,必然会产生许多不良后果。《礼记·乐记》中有语:"着诚去伪,礼之经也。"告诫人们说彰显诚心,去除伪饰,是礼的准则。因此,凡真心"教书育人"的为师者,都应抱着实事求是的态度估量自己的学识,不掩己之短,努力强自身。这是最正确、最有益的做法。在这一点上,宋代大文豪苏东坡勇于反省自身而求得长进的精神,就很值得人们发扬光大。据说,某日苏东坡去丞相王安石府上拜访,王忙于接待其他客人,暂时无暇,苏就到王的书房中等待。他看到王的书桌上放着一首未写完的诗,其中有两句是"昨夜西风过园林,吹落黄花满地金",意思是西风吹过园林,把金黄的菊花吹落满地。苏想,秋天菊花正盛开,怎么会被吹落呢? 这王丞相显然搞错了。于是提起笔来,添了如下两句:"秋花不比春花落,说与诗人仔细吟。"后来,苏轼被贬到黄州(今湖北黄冈)任团练副使。有一年秋天,他发现自己花园中的菊花被大风吹落无数,满地金黄。苏大惊,才明白当年自己知识不够,错讽了王安石,从此学习更加勤奋,在黄州创作了不少诗词名篇,如有名的《念奴娇·赤壁怀古》。事实证明,承认并修正自己的"短板",非但不损害自己的形象,反而会让人们更喜欢你。因此,讲究这种实事求是的礼仪,永远值得为师者们自觉奉行。

(三)同行相重,取长补短

能成同行,既是一种缘分,也是一种机会——学习他人的机会。因此,要自觉抛弃"同行是冤家"的陈腐观念,诚心实意地认可、称颂他人的优势,并以人之长,补己之短。要明白,你乐意向别人学习,别人也就乐意向你学习。从实际情况看,每一位同行,也许并不十全十美,这也正如自己一样,有优点必有缺点,这就叫"人无完人"。仅就学识而言,因为"术业有专攻"的缘故,谁都不可能"天上知一半,地上全知道"。因此,虚心向同行学习,既是一种礼仪,也是一种需要。孔夫子讲:"君子不以言举人,不以人废言。"(《论语·卫灵公第十五》)就是说有见识的君子不单凭言辞就抬举他人,也不因为某个人有这样那样的缺点就废弃他的有价值的言论。这是极富哲理的训导,值得为师者好好奉行。因为在现实生活中,人最易犯的错就是攻其一点,不及其余,结果成了"一丑遮百俊"。对为师者来说,如果只看某同行的某一缺陷,而漠视该同行的诸多长处,往往就失去了一种很好的学习机会。因此,胸怀放宽,"恕"他人之缺陷,学习他人哪怕是一丁点儿的学识之长,你都会终身受益。

(四)甘受寂寞,肯下苦功

古往今来,凡在学识上能成大器者,无不经历过寂寞的煎熬,苦累的重压。他们甘于寂寞,不惧苦累,经年累月,晨昏相续,最终迎来了学识的长进,人生的辉煌。司马迁强忍宫刑之辱,终于写成了被称为"史家之绝唱,无韵之离骚"的《史记》;明代李时珍阅读大量古书,遍搜民间医方,钻进深山采药,经历二十七年,终于完成了医药学名著《本草纲目》,成为我国最珍贵的文化遗产之一。现今的那些在普通教育教学岗位上取得突出成绩者,哪一个没有经历过不被人理解的寂寞和苦累? 因此,为师者千万不要靠投机取巧去求得学识,增长才干,而只能去苦苦追求,"板凳甘坐十年冷"。只要你忍得住苦累,那么知识彼岸的鲜花,终将会被你兴高采烈地捧入手中。

三、执教有方

执教之方,传统礼仪中讲得非常明白,那就是"有教无类""因材施教"和"教学相长"。

"有教无类"是孔子最早提出的。他根据自己"十有五而志于学,三十而立,四十而不惑,五十而知天命,六十而耳顺,七十而从心所欲,不逾矩。"(《论语·为政第二》)的成长经历,奉行"自行束脩以上,吾未尝无诲焉!"通常的解释是:只要带十条干肉来拜见孔子,孔子就没有不加以教诲的。但也有另解。南怀瑾的解释是:只要能自行约束,孔子就乐于教育他。傅佩荣教授的解释是:凡年龄满了十五岁,可以自己束扎头发了,孔子就收他为门徒。

不管哪一种解释,都证明孔子愿意接纳任何类型的可以接受教育的人为徒,而没有"类"的筛选与排除。现在我们有的学校、有的教师,专门去拔别的学校的"尖子"进行教育,几年后升学率提高了,或者不少学生考上名牌大学了,就大肆宣传,以此又来拔别校的"尖子"。这类做法,可以理解,但不合礼仪。所以,好的教师,从心理上、行动上都要乐于接受各种类型的学生——或智力上乘,或智力较弱;或出生贵家,或出于寒门;或乖巧懂事,或生性顽劣;等等。这样做,就算守住了"教"的最根本的礼仪。

"因材施教"是他人对孔子教育技能的总结。通览《论语》不难发现,孔子的确是"因材施教"的大师。不同类型的学生提出同一问题,孔子的回答常常不一样。为什么?他正是通过这种不同的回答,来帮助学生避免学识或性格的缺陷。这种做法,因为科学合理,故而数千年来一直被人们推崇备至。我们现在大力倡导的个性化教育,实际上就是"因材施教"的现代版。这种追求,对为师者既是一种技能的要求,也是一种礼仪的要求,其根本目的是不要"误人子弟"。因此,为师者,首先要明确你的学生是什么样的"材",有什么样的"个性"?没有这种准确判断,你就不可能对他有正确的施教内容和施教方法。判断得准确与否,正考验着为师者的"本事",因此,这种判断之能,为师者不可不备。其次,施教的内容、方法要恰当,不能"十人一锅饭,百人一面鼓"。智力优者,要求高些,防他自满;智力差者,要求适中,立其信心;乖巧懂事者,多给点实践机会,让其发扬光大;生性顽劣者,采用"曲则全"的战术,让他自我吸取教训,逐步长进,如此种种,不妨一试。另外,必须具有"材"有大小、各有所用的理念,从而把每一个学生都鼓动起来,都学而不厌。如果为了"统考"业绩之类的功利目的,不切实际地要求个个拔尖,人人出彩,达不到目的就"迁怒"于学生,对他们实施"硬暴力"(过度体罚等)或者"软暴力"(语言辱骂等),那既是无能的表现,也是失礼的行为。

"教学相长"也是古训,源自《礼记》。它的要点有三:第一,明白自己的"困",同时明白学生的不足。先解决自己的"困",然后再去解决学生的不足。这样,双方都长进,皆大欢喜。这就是《尚书·说命》当中所说的"学学半"(教育和学习各占学问的一半)。反之,师者失礼,学者受害。《礼记·学记》当中批评的那种没有真才实学却故意找难题考学生的"多其讯"(装作非常有知识,总是向人提出问题)者,应当成为反面样板,时常为当今为师者警醒、防范。第二，善于发现、欣赏、光大学生之长。每个学生均有其长，为师者能否发现，既要有"心"，又要有"慧眼"。这就需要为师者以尊重学生为基础，去审视，去分析，去总结。这里最忌讳的是"一叶障目，不识泰山"，或者是"门缝里瞧人，总把人看扁了"。一旦发现了学生的长处，就要充分肯定、赏识，鼓励他巩固其长，发扬光大。在整个过程中，不仅学生增强了自信心，而且教师实际上也锻炼了自己，有了"识人"的长进。很明显，这也是一种"教学相长"。第三，甘为人梯，让学生站在自己的肩膀上攀登。对于教师，人们常把他们比作"蜡烛"，燃烧了自己，照亮了别人。岂不知，世上还有另外一种比喻，就是"人梯"，让学生踏着人梯，向上攀登。两种比喻，各有奇妙。不过从数千年来的教育实际看，"人梯"之比，更显得意义深远。因为，没有教师的这种"人梯"精神，教育就不会发展，社会人才的质量也就只能逐步地等而下之。因此，当今为师者，要用博大的礼仪精神，甘心情愿做"人梯"，让自己的学生站在自己的肩膀上奋勇攀登，最终在社会舞台上充当各自的富有意义的角色。《北周书·卢诞传》中有言："经师易求，人师难得。"实际上，只要为师者自觉坚持与学生相互砥砺，同步前行，那么，你就守住了与学生相处的"大礼"，你就会成为优秀的、符合时代要求的"人师"。

第二节　学生个体礼仪

学校中，学生是主体。这不仅因为人数占优，而且他们的成功与否正体现着教育的成功与否。这种成功，按照中国传统文化的标准，德行是首要的，其次才是学识和技能。西方的认识，大致也和我们一样，所以意大利诗人但丁才会说："道德常常能填补智慧的缺陷，而智慧却永远填补不了道德的缺陷。"

说到道德，自然就离不开礼仪。因此，为了学生的发展、成功，让他们尽早知晓、奉行在校园生活中的相关礼仪，是非常必要的。从现实情况看，学生缺乏基本礼仪的问题比较突出，有必要高度重视。否则，"熊孩子"不会绝迹，虐杀"同窗"的高学历学生（我不把虐杀他人的人称为"人才"）也还会时不时地让世人震惊但又无可奈何。

学生的个体礼仪，包括仪容仪表、行为举止、思维习惯等几大方面。仪容仪表的相关礼仪，其他章节已叙，在此不赘述。行为举止、思维层次或者说思维水准的礼仪规范，主要应恪守以下几个方面。

一、尊敬师长

尊敬师长是中华民族的传统礼仪。《礼记·学记》中有言："凡学之道，严师为难。师严然后道尊，道尊然后民知敬学。"这里的"严"通"俨"，意为尊敬。所以全句的意思是：凡是学习的道理，最难的就是尊敬老师。老师受到尊敬之后学问才能受到尊重，学问受到尊重之后,人们才知道尊重学习。可见,在古人眼中,学生尊敬师长是最基础也是最重要的礼仪。

尊敬师长,先有理念上的看重,然后才有言行上的自觉。因此,我们各级各类学校的学生们,头脑中必须牢牢树立尊敬师长的观念。少了这种观念,言行中就难免失敬。现实生活中,这类教训并不少见。比如辱骂师长甚至杀害师长的案例,就常常见诸媒介。更有甚者,有时候竟然是家长为学生"报仇",冲入学校去寻衅滋事,暴打教师。历史长河中,忘本欺师的个案恐怕也曾有过,所以昔时各大家堂屋中所供奉的祖宗牌位正中一行,都赫然写有"天地君亲师之位"的字样。这虽不免封建之气,但把"师"与天、地、君、亲同列,凸现一个"敬"字,倒也值得当今之人特别是在校学生们良久思考,不要寻找各种理由为自己开脱,从而丧失了尊师重教的传统。

尊敬师长,传统礼仪中那些过于烦琐、过于形式化的做法如今已不可用。我们所提倡的现时代的对师长之敬,主要在于以下几方面:

(一)尊重师长的劳动

师长的主要劳动是教学、管理、服务。在高等院校,还有必不可少的科学研究。对师长的科研成果,学生可以持有不同见解,平心静气、有理有据地与师长交流探讨,但不能口出狂言,恶意贬损,更不能进行人格上的诋毁。教学活动,小学、中学、大学都有,都是学生得以长进的主要渠道。因此,学生一定要认真听讲,与师长合理互动,保证教学活动的顺利进行。如有意见、建议,可在课余时间与师长沟通,而不可在课堂上张扬失措,影响师长之教与同学之学。还有一部分师长,专门从事管理与服务工作。没有管理和服务,就没有平安、和谐、省心的求学环境。因此,对这些师长的劳动,同样要十分尊重。

(二)恭听师长的教诲

恭听师长的教诲就是说,师长教诲学生时,学生态度要恭敬,并要认真聆听,听完了再表明态度。师长说得正确,就要接受、服从;师长因不太了解情况而进行的批评教育等,学生可耐心而恭敬地向师长说明情况,而不能当面顶撞,不给师长留"面子",更不能怀恨在心,事后做些"无礼"之举。对师长的不正确的见解或行动,学生可以在私下里对师长说明自己的看法,促其反思。这就是古人所提倡的"规过于私室"的做法。这不是对师长的失礼,而是以另外一种方式所体现出的礼仪。古希腊哲学家、科学家亚里士多德说:"我爱我的老师,我更爱真理。"孔子也说:"当仁,不让于师。"(《论语·卫灵公第十五》)老夫子的意思是:遇到可以实践仁道的机会,对老师也不必谦让。另一种解释是,当仁义所在时,可以否定老师的错误。不管作何解释,它所表明的"规过"精神都是可取的。因为,师长也是人,不是神,出错在所难免。学生见错不言,遇过不"规",这无助于师长的长进,就是一种"愚敬"。只要"规"的场合、方式对头,"规"时不失敬,"规"后不张扬,那么,真正的堪为"人师"者都会对学生心存感激,赞赏有加。古今中外,这种"规"师之过而反被其师褒扬举荐的实例并不少见。后学之辈,从这些实例中可以领悟到极有意义的敬师之道。

（三）关心师长的苦乐

人生在世，总免不了三灾八难。师长也会遇到这样那样的困难，有的困难单靠师长个人之力很难克服。这种时候学生表示关心，给予力所能及的帮助，这就是实实在在的尊敬。比如师长生病住院了，学生去看望，帮他做一点取药、倒水之类的事情，事虽不大，但可显现师生情谊之绵长。在关心师长方面，毛泽东主席为我们树立了光辉榜样。毛泽东年轻时以考试第一名的成绩入湖南省立第一师范读书，很受校长张干的器重。张干也非平庸之辈，但迫于地方当局的压力，在第一师范的有些做法就过了头。以毛泽东为首的一帮学生发起"驱张"运动，终使三十几岁的张干怒火中烧，要开除毛泽东。由于包括杨开慧之父杨昌济在内的一些老师的坚决反对，张干未能开除毛泽东，自己却灰溜溜地离开了第一师范。中华人民共和国成立后，毛泽东主席得知张干一直在湖南从事教育工作，家中人口较多，生活困难，就给张寄钱帮助。后来，毛主席还邀请张干去北京参观国庆典礼，当面向张干表示歉意，说自己当年太年轻，有些意气用事。张干回湖南后，当地政府根据毛主席的建议，对张干的工作进行了适当调整，使其全家生活有所改善。毛主席的这种关心昔日曾为难过自己的老师的做法，岂不令现实生活中的许多人汗颜。

有些时候，倒不是师长有什么困难，而是有特殊意义的事情，学生也要关心，表示敬意。比如退休后的师长过生日、师长重要的结婚纪念日（银婚、金婚以上者）等，前去祝贺或发微信祝贺，都是一种尊敬。当然，这种尊敬，不能搞成"送物竞赛"，否则，非但不是敬，反而是一种"俗气"了。要知道，在师长心中，过度的物质关心，反而令其不安。因此，关心、帮助师长，一定要合礼合规，分寸适度，不给师长增加心理负担。

（四）永记师长的恩德

"师恩难忘"四个字，在一辈一辈的学子心中，重若千斤。但现实生活中，也有一些很不正常的现象。有的人在校当学生时，对师长还算尊敬，但一旦走出校门，特别是自以为社会地位提高了以后，原来的师长在他眼中就形同路人。更有甚者，老师给他代课时，他认识你这个老师，一旦新的学期你不给代课了，他就认不得你这个老师了，连个招呼都懒得打。至于对学校的其他工作人员，有的学生从进校到毕业，正眼都不瞧一下，更别说打声招呼了。凡此种种，说明尊师的礼仪，仍值得我们大讲特讲。

俗话说"一日为师，终身为父"。但按照《礼记》中的说法，和父亲年龄差不多的可称为长辈，其他的可视为兄长。不管属于哪种层次，师长们或为你"传道、授业、解惑"，或为你热忱服务，保证你正常求学，都是付出了心血的。这种培育之恩，学生应该终生不忘。因此，学生对于幼儿园、小学、中学、大学的所有师长，都要永远记着他们，感念他们。特别是师长们老迈之后，只要有条件，学生都应更多地联系他们，关心他们，帮助他们，永尽"弟子之礼"，永展世间大"仁"。

二、发愤学习

学习包括德行修养、人格塑造、知识技能三方面的学习。任何一方面的学习,都要有"把胳膊上的肉咬一口"的决心。这就是"愤"。"愤"的基础,是既不自满,也不自暴自弃。否则,永远也"愤"不起来,别人就拿你没办法。所以孔子说:"不愤不启,不悱不发。"(《论语·述而第七》)意思是:学生心中没有求知的渴望,就不去开导他;不到学生想说而又不能恰当表达的时候,就不要去启发他。

从礼仪的角度讲,不发愤学习,一是对师长失礼,因为你白耗了师长的心血;二是对亲人失礼,因为你辜负了亲人特别是父母的期望;三是对国家失礼,因为你没有突出本领为国家服务。此外,还不利于学生自身的生存与发展。既然如此,学生就应该遵从礼仪,持续不断地发愤学习。

(一)抵御各种"快乐"的诱惑

现在有一种提法,叫"快乐学习"。在一定阶段,如幼儿园、小学阶段提快乐学习有一定道理。到了中学以后,学业加重,学习之苦、之累在所难免,这时候就要以苦为乐,而不是"以乐为乐",放纵自己。两千多年前,孔夫子很赞赏他的高足弟子颜回,说颜回"一箪饭,一瓢饮,在陋巷。人不堪其忧,回也不改其乐"。(《论语·雍也第六》)就正是这个原因。现实生活中,诱惑学生取乐子的项目太多了,比如游戏机、网吧之类,稍有不慎,就会沉溺其中,影响学业。因此,学生必须秉持自我约束、自我修炼的精神,从道德、人格、学识几方面塑造、提升自己。少了这种自我约束、自我修炼,人性中的弱点就会被激活,就可能迷失方向,酿出恶果。这就是"生于忧患,死于安乐"的道理。

生活中还有一些快乐的诱惑,本身并无坏处,甚至还有一些益处,但学生参与太多,精力分散,影响主业,也就走向了反面。有少量的省级高考"状元"(准确地说,省级第一名不叫"状元",只能叫"解元"。因为只有进京举子在皇上主持的殿试中取得一甲第一名,才能称为"状元"),进入大学后热衷于参加各项比赛,结果考试挂科,让人大跌眼镜。所以,既然是学生,学习才是你的主攻科目。如果迷失了主攻方向,热衷于五花八门的其他活动,就会得不偿失,遗恨终生。

(二)主动修正自身的"短板"

学习的短板,古人早有总结。《礼记·学记》归纳说:"学者有四失,教者必知之。人之学也,或失则多,或失则寡,或失则易,或失则止。此四者,心之莫同也。知其心,然后能救其失也。"意思是:学习的人有四种过失,教育者必须要知道它。人们在学习的过程中,有的错在贪多求全,有的错在只偏爱某科而使自己所学太少,有的错在把学习看得太容易而不肯深入思考,有的错在遇到困难就止步不前。这四种过失,是因为学习的人心理素质不同而致。教育者只有先了解了学习者的心思,然后才能对其采取补救措施,促其改正。这些话,本来是对教育者说的,但对学生而言,自然也大有教益。学生只有主动克服上述四种过失,师长才会教得顺心效显,使生之"愤发"不断开出鲜丽之花,孕成丰硕之果。

现在学生之学习,大多数刻苦努力,少数则有些浮躁,不求夯实基本功,以"60分万岁"自诩。长此以往,你不掉队,谁掉队?还有一种更不好的现象,是少部分学生无诚实之心,有投机之意,以"混文凭"为乐事,根本无心在学业上精益求精。上述现象,离"愤发"之要求,相差了不止十万八千里,实在让人痛心!

就教育实践而言,学生不可能人人都出类拔萃。孔夫子有弟子三千,贤人也不过七十有余。但是,只要学而不厌,学而不止,在自己原有的基础上逐步提高,则是完全可能的。打个比方,哪怕智力低下,但只要是个正常人(无痴呆性疾病),上个小学、初中,仅就识文断字而言,他总比那些一天学也未曾上过的人强多了吧。因此,学生只要愿意修正自己的"短板",哪些方面弱一点就在哪些方面多下点功夫,天长日久,你肯定会得到回报的。也许,这种回报还会出乎你自己和世人的意料。这种实例,古今中外都不少见。"草根"皇帝朱元璋小时家贫,读书不多。他知道自己的"短板",成年后便酷爱读书,学识广增。他在撰写对联方面,在文人雅士面前都毫不逊色。据说他当了皇帝定都金陵(今南京)后,颁旨要公卿士庶之家在除夕夜必须贴上对联。当他乔装出宫到大街小巷查看时,发现一户人家未贴对联,在问清了这是一家屠户后,便让主家备齐笔墨红纸,欣然写下了如下对联:

双手劈开生死路

一刀割断是非根

众人看罢,莫不交口称赞。后来,人们得知这是皇帝写的对联时,文人雅士也都齐声叫好,广为传扬。这个传说,对今天的求学之人,难道没有一点启发吗?

(三)采用科学的学习方法

"愤发"不是一味苦干、蛮干,还得讲究方法。这个道理,孔夫子早就告诉人们了。他说过:"学而不思则罔,思而不学则殆。"(《论语·为政第二》)他还说过:"举一隅不以三隅反,则不复也。"(《论语·述而第七》)

"学而不思则罔,思而不学则殆",强调的是学思结合。孔夫子认为,只学习不思考,就会罔然无知,只思考不学习,就会迷惑不解。因此,最佳的学习方法,就是把学习与思考紧密联系起来,在学的基础上去思考,有了一定的思考结果后再去进一步学习。如此反复进行,学习的效果就会出来。俗语当中所讲的"师父引进门,修行在个人",说的也是这个道理。

"举一反三",讲的是由此及彼、由单体及复合的道理。学习过程中,懂得了这种方法,才能学得灵活,学以致用。有的学生记的知识也不少,但一到综合运用,就相形失色,大多就因为不会"反",即不会推及。因此,在学习中,要培养自己的推及、联想能力。长期坚持,必得善果。比如一个成语、一种观点,在什么情况下可拿来使用;一个数学公式、科学定理,在什么样的已知条件下可套入使用等,只要放开脑子去"推及",慢慢就会熟稔起来,进而得心应手。

除此之外,循序渐进也是很有用的方法。这一点,《礼记·学记》当中讲得非常透彻。书中说:"幼者听而弗问,学不躐等也。""躐"读为 liè,指越级、越过。全句的意思是:年幼的学生,只听讲而不乱发问。因为学习要循序渐进,不能越过规律;书中还说:"学,不学操缦,不能安弦;不学博依,不能安诗;不学杂服,不能安礼;不兴其艺,不能乐学。故君子之于学也,藏焉,修焉,息焉,游焉。"其大意是说:人的学习方法是,如果不学习弹奏琴弦,指法不熟,就无法精通音律;不学习各种比喻,就不能作好诗;不学会应对琐碎的事情,就不能学会各种礼节;不重视各种技艺,就不能乐于学习。所以君子对于学习,要藏之于心,表现于外,甚至休息游乐时都念念不忘。只要遵循这些古训,再结合现实情况和自身条件,不急不躁,一步一个脚印地前行,那么,求得长进提高,就会变为现实。

三、奋力抗压

现在的学生,相当一部分抗压能力较弱。他们在压力或挫折面前,容易垂头丧气,甚至自暴自弃,甘于沉沦。这种表现,说轻些是失礼,说重些就叫失格,掉价。因此,学会直面挫折、奋力抗压,是他们的人生必修课之一。

(一)正确认识生活

古往今来,生活中的每一个人,在求学之路上都免不了压力和挫折,区别只在于轻重与大小。挫折与压力的来源,大致有三种:社会的、自然的、自身的。社会制度和社会事件(如战争),人们无法规避,会形成压力,给人们带来挫折感。如唐代制度规定,经商者的后人不能进科场,所以商人之后的李白,就无法考取功名;自然灾害,可能破了人的家产、伤了人的亲人,人肯定会有压力、会有挫折感;人天生肢体残缺或一场大病后留下后遗症,挫折感会伴其终生。凡此种种,不一而足。所以俗话说:"人生不如意者常八九。"尽管如此,多少"不如意"的人也在发展,我们中华民族也在不断发展(只不过发展中有些曲折罢了)。明白了这个道理,压力也好,挫折也罢,你就会"骤然临之而不惊"(苏轼语),并想办法缓解压力,越过挫折,在求学之路上奋然前行。

(二)相信前途光明

"道路是曲折的,前途是光明的。"当年毛泽东主席说过的这句话,适用于社会大局,适用于勇于奋斗的各种好人,当然也适用于现今的莘莘学子。实践证明,在勇者面前,压力和挫折提供了锻炼,他们越压越强,越挫越勇,反而豪气大增;在智者面前,压力和挫折提供了机会,他们愈压愈灵动,愈挫愈开窍,反而更快地成就了自己。这说明,人只要自己不被挫掉锐气,不被压弯脊梁,不改初衷,咬牙坚持,就能有所收获。这正如爱因斯坦所说:"耐心和恒心总会得到报酬的。"

唐代中期的著名诗人李贺,因其父名李晋肃,晋与"进"同音,一班忌妒他的人抓住"避讳"不放,致使他无法考取进士。李贺郁郁不得志,只活了二十七岁。这种挫折,倒也成就了李贺的诗名。毛主席生前所喜爱的"三李"之诗,就有李贺诗篇(其余二李为李白、李商隐)。

事实证明,上帝为你关闭一扇窗户的同时,又会为你打开另一扇窗户。

现代著名作家冯德英,正规学历只是初中。他 1954 年开始写长篇小说《苦菜花》时,压力之大可想而知。不仅如此,有人竟在单位开大会时讥讽他,令他十分失落。但他不气馁,不服输,终于在 1958 年使《苦菜花》正式出版。其后,他又先后出版了长篇小说《迎春花》和《山菊花》,成为名噪一时的"三花"作家。

古之李贺、今之冯德英的经历,为当今学子树立了可贵榜样。只要大家努力,你的前景同样会一片光明。

(三)学会排解压力

压力不排解,你不畅快,你的亲人不畅快,你的师长不放心,就算你失礼了。因为你"心有伤",同样也在"遗亲忧"。因此,一定要主动排解压力,把挫折感化为乌有。

排解压力的方法很多,除了前面已提到的洞悉生活、憧憬光明外,还有诉求法、转移法、对比法等。但最主要的,是意志坚定、心胸博大、遇事冷静、从长计议。否则,压力感、挫折感于你而言,总会是"才下眉头,又上心头"。

实事求是地说,现在的学生,在"苦境"中的磨炼太少了,因而一有压力,一遇挫折,就无所适从、不知所措了。从正面说,优越的社会环境、生活条件,保证了学生的健康成长,这是天大的好事;从反面说,优越的条件,也容易滋生怕苦累、好享受、意志软、眼光短的弱点。因此,凡易生挫折感的学生,可以多读点历史,了解大至民族、国家小至名人个体的历程,你就会真正明白:从感悟生活、窥探人性、激发动力、总结经验诸方面看,压力、挫折甚至不幸、苦难,往往也会变成好事。这也是一种"置之死地而后生"吧。所以法国著名作家巴尔扎克说:"苦难是人生的老师。"俄国文学批评家别林斯基说:"不幸是一所最好的大学。"有了这种明白,学生的胸怀、眼界、处事态度会有明显变化,不再那么"弱不禁风"。

另外,还可以多读"无字书",即多去了解实际生活。现在,不仅大学,甚至一些中小学都对学生进行一定时间的军训,这就是一种很好的锻炼。其他如就近了解在压力、挫折面前奋发图强的典型事例,参加一种体力劳动等,都是很好的心理冶炼。这种冶炼多了,自己再遇到挫折,有了压力,就知道该怎么处理了。数十年前,知识青年上山下乡锻炼,确实吃了不少苦,但同时也磨炼了意志,增长了才干。今天,当昔日知青们回首上山下乡往事时,大都十分感念那段生活。实践告诉人们,不增加社会阅历,完全从书斋到书斋,学问虽可嘉,但从德性、品格养成来说,终究还是缺了点什么。因此,多多接触实际生活很有必要。

四、珍爱生命

这实际上是上一个问题的延续,只不过程度不同罢了。

现在对学生讲珍爱生命,并不是赘言废语。因为,这些年来从小学、中学直到大学,总有学生漠视生命,常常因某种偶然之事(考试不及格、受到师长或家长责骂、拿不到毕业证或学位证、情感纠葛之类)而自杀身亡。因此,我们很有必要提醒各级各类学校的学生们:生命于我们只有一次,千万珍重。俗话说:"平安是福",国家、师长、亲人都希望学生平安。如果学生不珍爱生命,实质上就是一种辜负,一种严重的失礼。

要能做到珍爱生命,除了前文已提及的勇对挫折、善解压力之外,还应注意以下几点。

(一)正确估价自身,不必好高骛远

人人都想成"尖子",当"状元",心志可嘉,但是能否达到,那是另外一回事。科学的态度只能是"只管耕耘,莫问收获"。成功了当然更好,万一等而下之,也要坦然面对。要明白"条条大道通罗马""天生我材必有用"的道理,坚信大千世界,总有你的用武之地。所以,无论如何,都不要因为一块"短板"而全面否定了自己。

从教育实践来看,有不少在学校里学得并不怎么样的学生,走出校门后,发挥特长,也都能闯出一片天地,做出突出成绩。有的人的社会贡献,甚至远远超过了不少求学时成绩突出的学生。这种现象充分说明,求学是一回事,以后的生存、发展是另一回事,二者之间不能完全画等号。因此,不要把分数、证书等看得比"命"还重。有了"命",什么都有可能改变;没有了"命",你所期望的一切,都真正地归于"零"了。这个道理,每个学生都应该十分清楚。

(二)学会理解,懂得沟通

数十年来,"理解万岁"四个字一直风行于世。但如果大胆问一句"你学会理解了吗?"恐怕相当多的学生不敢自信作答。因此,要求学生们在"理解"这个题目下多做功课,很有必要。

很多时候,学生们希望社会、师长、家长等理解自己,这是合理的、应该的。但反过来说,学生也应该理解社会、师长、家长等。实事求是地说,现在国家和大多数家庭提供给学生们的学习条件已经很优越了。社会、师长、家长对学生的关爱、支持也有目共睹。当然,各种原因导致的少量师长、家长对学生的管束不尽合理甚至粗暴武断,也毋庸讳言。但就因为这些缺憾,学生就可以自暴自弃甚至断然"自裁"吗?当然不可以!实际上,师长、家长中那些对学生不恰当甚至粗暴的管束,或因知识欠缺不知所措造成,或因"恨铁不成钢"的急迫情绪造成,或因不了解真情而骤然决断造成,或因一时大意举措失度造成。所有这些,基础却是一种过高的、可能超越了学生实际能力、实际认知水平的"良好期望"。如果明白了这一点,学生就可能不那么"忍无可忍"了。明白了这一点,学生如果再能选择恰当的时机和方式与师长、家长进行沟通,那么情况就会大不一样。

有很多悲剧性个案,正是因为学生不懂、不与师长或家长沟通,思前想后跳不出所谓的"魔咒"般的怪圈,结果走上了不归路,实在让人痛心。所以,在"珍爱生命"这个问题上,社会、师长、家长固然要各负其责,但学生自己,也要有宽广的胸怀,长远的眼光,主动的倾诉,为自己的生命切实地负起责任来。从传统礼仪来说,这也是孝亲的基本内容之一,任何情况下都不能抛于脑后。

（三）依靠法律，勇敢自救

如果遇到了不讲"礼"也不讲"理"的师长、家长，时常遭受"校暴"或"家暴"等恶性伤害，难以沟通，走投无路，那又怎么办呢？办法只有一个：诉诸法律，勇敢自救。陕西省商洛某小学的一个学生，因学习一般，长期遭受一位教师的恶语辱骂。这位学生动心思之后，将这位教师的辱骂性语言用手机录了音，让家长持此证据到当地教育主管部门"告状"，使这位恶师受到了惩处，这位学生的学习环境得以优化。这类例子，全国的各类学校都有。这类例子给所有的学生提了个醒：面对某种恶性伤害，如果示软示弱，以牺牲自己来作代价，那就太不值得了。我们国家现在大力提倡法治，在这种社会环境下，学生只要勇敢地拿起法律武器来保护自己，你就会得到"正义"的支持。如此，你的生命之花不但不会凋谢，反而会愈开愈灿烂。

第三节　同学相处礼仪

自古以来，中国人都特别重视"同窗之谊"。现在的教育，无论从办学规模上说，还是从就学人员的类别上说，已大大超越了往昔。这就需要现在的每一位学生都更加讲究与其他同学的相处礼仪，从而保证教学活动的顺利开展，保证每位求学者都有所进步、有所提高。

同学相处，最基本的礼仪是"平等、友爱、容纳、互励"八个字。孔夫子提倡"有教无类"，同学之间，自然也就是"相学无类"了。《礼记·学记》中讲："独学而无友，则孤陋而寡闻。"意思是：独自学习，不跟其他同学一块儿切磋研究，就会变得知识浅薄，见闻不广。这些古训提醒现在的学生们，同学之间依礼相处，人人都会获益，故不可马虎从事。

一、平等相待，一视同仁

同学来自五湖四海，每个人的智力水平、家庭状况、个性特点、兴趣爱好、长处短处等不尽相同。所以大家相处时，一定要用平等的态度对待他人，而不能以己之好恶来分而待之。特别是对那些家庭状况不太好的、智力水平不太高的、缺点比较多的同学，更要既容纳又善待，以提高他们学习的自信心。对那些家庭条件优越、智力水平出众、兴趣爱好广泛以及其他优势明显的同学，可以走得近一些，以便向他们学习，但万不可趋于巴结，甚至"爱而不知其短"，陷入了盲目而不守为人底线的泥淖。尤其要注意的是，不要因为自己有某种优势就旁若无人，傲视天下，有意无意地"显摆显摆"，伤害其他同学的自尊心。如果优势明显的同学能自觉而长久地"夹起尾巴做人"，对任何同学都以礼相待，能敬能近，那你就算得上现时代的人中"君子"了。

二、守善守爱，团结互助

善心爱心，为人之本。与同学相处，更要友善，关爱，相帮相扶，增进团结。生活上的困难、学习上的障碍、思想上的纠结不快等，都是需要关心的具体内容，要主动一点、热心一点，帮其化解。但要特别注意的是，如果某某同学不愿过多泄露他的难处，你在帮他之后，一定要为他保密，维护他的尊严和"面子"。同学之间，特别是中学、大学时，和某些人走得近一点，可能成为超越其他同学的"朋友"，这很正常。但同学中交朋友，一定要交"益友"。孔子总结道："益者三友，损者三友：友直，友谅，友多闻，益矣；友便辟，友善柔，友便佞，损矣。"（《论语·季氏第十六》）意思是说，有益的朋友有三种，有害的朋友也有三种。跟正直的人交朋友，跟诚信的人交朋友，跟博学多闻的人交朋友，就有益处。跟逢迎谄媚的人交朋友，跟阿谀奉承的人交朋友，跟花言巧语的人交朋友，就有害处。傅佩荣先生分析说，"益友""损友"之论，实质上就是要求朋友之间要用"善"来互相促进。这实在是中肯高论。因此，同学中交了朋友，一定要多行正事、善事，给其他同学树立好榜样。千万不能因为有了几个朋友便形成"小山头""笑傲江湖"，无事生非，破坏团结。更不能以"臭味相投"而勾结起来，在校园内或社会上胡作非为，欺凌弱小。现实生活中，各种媒介时不时披露出的那些"校霸"恶行，足以警醒广大学生。因此，守善而防恶，守爱而防恨，永远需要各级各类学校的学子们好自为之。

三、胸怀大度，见贤思齐

同学之间，各有优势，这就免不了竞争。怎样正确地看待、处理竞争呢？对此，孔夫子早就给出了答案，那就是："见贤思齐焉，见不贤而内自省也。"（《论语·里仁第四》）即见到贤人就想着向他看齐，见到不贤的人就反省自己是不是也有类似的问题。孔子这里所讲的"贤""不贤"，主要指"仁德"标准。今天把它推而广之，品德、性格、学识等，都有"贤"与"不贤"之分。对于"不贤"者，前文已有论及，就是容纳善待，并相机帮其改进。对于"贤"者，就要真心实意地向人家学习。要能真心实意地学，前提是胸怀要大，能够发现、赞许、接纳他人之长。没有这种胸襟，就会心里不平衡，行动出差错，轻则谤而毁之，重则卑劣构害。西汉王充说过："玉变为石，珠变为砾，毁谤使然也。"可见为了压低别人而肆意毁谤，危害极大，同学之间万不可为。同窗之间的构害，古来有之。春秋战国时，庞涓与孙膑曾是同学（据说师从鬼谷子），庞的水平低于孙。后来，庞涓做了魏国大将，就将孙膑哄骗到魏国去加害，挖去了孙膑的膝盖骨。孙膑被迫装疯卖傻，后在齐国使者的帮助下，逃到齐国，做了军师。后逢齐、魏交战，孙膑以天天减灶之法使庞涓轻敌中计，误入马陵道，被围不得脱而自杀，魏国十万大军也一同覆灭。秦国大臣李斯与韩国人韩非，都是荀子（荀况）的学生。李的文采与韩非不相上下，但其人品却不怎么样。他的价值观是"老鼠哲学"（认为同为鼠类，在粮仓中则食用无忧，膘肥肉满，优哉游哉，见人不惧；处于茅厕之中，则东奔西窜，寻觅腐臭之物充饥，见有人来,惊恐而逃),故而他处世一生,总以利己为出发点,从不讲道德仁义。韩非精通以"法、术、势"(另说"权、术、势")为核心的帝王之术,到了秦国后,李斯害怕韩非受到秦王重用而威胁到自己的既得地位,就花言巧语说动秦王害死了韩非。公元前210年,秦始皇病死沙丘(今河北省平乡县东北),身为丞相的李斯与中车府令赵高、秦始皇幼子胡亥狼狈为奸,害死秦始皇长子扶苏与大将蒙恬,保胡亥登上皇位。最终,李斯被赵高陷害,与其子同死咸阳,至今仍被人讥讽嘲笑。现如今,因心胸狭窄、私欲过盛而忌恨同窗,终致作奸犯科者,也时有所闻。上海那位毒杀同学的研究生,就是一个典型。纵览古今,证实"害人如害己"的民间之言蕴含至理,堪以警世。因此,现在的各类学子们,都要铭记在心,切莫鸡肠小肚,做那些失礼失德的蠢事。

四、维护集体,携手共进

学生之集体,小组、班级、年级、学校都在其中。对任何一种集体,学生都应爱它,护它,不使它的名誉受损。为此,第一要人人努力,为集体争得荣誉。单个人谁都不可能是"完人",但他总有自己的优势和长处。在特定条件下,充分发挥自己的长处和优势,取得了成绩,就算为这个集体增了光、添了彩。因此,该表现的时候就要正确地、大胆地表现,而不要事事不关心,处处当"隐士"。否则,你就是失礼。退一步说,很多事情你参与了,即使成绩不理想,也算你维护了集体。这叫作"参与即光荣",也要奋力而为。第二,依靠"团队",支持他人。俗话说:"一个人浑身是铁,也打不了几颗钉。""一花独放不是春,万紫千红春满园。"因此,在任何情况下,都要尽力支持其他同学为集体争得荣誉。比如所在班级某同学参加学校运动会的某项比赛时,要给他加油助力,也可以做些力所能及的服务工作。这样,不管该同学最终取得的成绩如何,但你所做的工作,对维护集体荣誉来说都是值得肯定的。这对其他同学来说,也是一种示范、一种带动。如果大家都能这样做,好的风气就会逐步形成。在这种集体中学习,每个人都会逐步前进。第三,不做损害集体荣誉的事。无论校内校外,都要慎言慎行,讲究礼仪,传播"正能量",树立良好形象。不可做"两面人",即在校内表现很好,出了校门则"面目全非"。这就会损害学校的形象,造成长时间也不能消散的不良影响。同时,不能对其他同学维护集体荣誉的言行视而不见,冷嘲热讽。第四,要敢于抵制损害集体荣誉的言行。这种抵制,因事、因程度不同可灵活选取不同的方式:有的可以良言提醒,有的可以鲜明表态,有的则要"该出手时就出手"以防止正气受损、情势恶化,有的则要求助于师长以取得满意结果。总之,不能对不良的言行放任自流,这才有助于每个同学的成长进步。比如对于"校霸"欺凌其他同学这种事,如果有很多的同学能够团结起来加以抵制,所谓的"霸"也就会心惊胆寒,不敢肆意而为。进一步说,抵制了这种"霸",既是对这种人的教育,防止他渐行渐远,也是对其他同学的保护,有利于他们安心求学。既然如此,我们又何乐而不为!

需要注意的是,抵制损害集体的言行,既要有理,也要有节。大量的不良言行,可能都是某种触动后的情绪性发作,因此不能抓住不放,唠唠叨叨没完没了。只要犯错之人"不贰过"，就要表示欢迎，给以鼓励。另外，也不可因某句不合适的话、某件不合适的事而否定犯过失者的全部，从而永远将其打入"另册"。这就失了"节"，也失了"礼"，把有理变成了无理。要明白"过犹不及"的道理，避免好人去办糊涂事。

最后顺便提及一点，与异性同学交往时，不要过多评论对方的容貌、衣着；对其身体缺陷（如肢残、目残、明显疤痕等），不要指指点点，伤其自尊；渐进成年后，与异性同学交往不能再像少不更事那样打打闹闹，嬉戏无度，更不能过分亲近，使对方难堪。总而言之，与异性同学交往要文质彬彬，礼仪有加，中规中矩，双方自在。

第五章

交往礼仪

人与人的交往,是十分正常的社会现象。没有交往,单体之人既不可能长时间生存,也就更谈不上提高与发展。最早的人类之所以要群居生活,就充分证明了这一点。

人类的交往,依据实践,形成了一定的规矩为大家所遵奉,这就是交往礼仪。人类越进步,交往越频繁,越需要用相关的礼仪来调节这种交往,使交往的效果更趋于理想化。现在,生活节奏加快,人与人的交往不仅范围扩大,而且层次多样,这就更需要到了一定年龄的自然人懂得交往礼仪。否则,他的生活质量、发展前景,就会大受影响。因此,学习交往礼仪,熟悉交往礼仪,应该成为人们的一门必修课。

实际上,不完全了解交往礼仪的人,各个年龄段的都有。还有一些人,对交往的基本礼仪是"心知肚明"的,但其言行举止,却让人"大跌眼镜",让人生厌甚至生恨。因此,提倡现代人学习交往礼仪、践行交往礼仪,不仅意义重大,而且任务艰巨。

交往的内容十分广泛,各项内容的规范又有所不同,但它们有一个共同的基本原则,通称为"三 A 原则",即接受对方、重视对方、赞同对方。坚持这个原则,人与人在方方面面的具体交往中,就不会失"礼"于人,从而得到他人的肯定、支持与赞赏,优化自己的生存与发展空间。

第一节　会面礼仪

会面礼仪是交往礼仪中最基本的礼仪,因为没有会面,就没有直接交往的开端。正是这个原因,从古至今,人们对于会面一事,都非常重视,也非常讲究。

会面的主要事项有三:一是称呼,二是介绍,三是行礼。古人的行礼比较复杂,如跪拜之礼等,今已少用,多用握手、敬礼代之。故而下面我们只分别对称呼、介绍、握手的基本礼仪加以介绍。

一、称呼之相关礼仪

称呼是人们在交往中所采用的称谓。称呼是一种信息传递，直接反映交往双方的关系远近、友谊深浅、身份区别等。因此，称呼大有学问。

我国传统礼仪中，对称呼是十分看重、十分谨慎的，绝不能乱来。如果称呼不当，轻则让人耻笑，重则可能获罪致灾。比如"陛下""寡人""朕"这类被他人敬称或自称的称呼，如果用错了，那就是大逆不道，必有祸殃。再比如"孔子""孟子""韩非子"之中的"子"的称呼，也不是随便什么人都可以用的。至于"避讳"的称呼，那就更多。可见，称呼之礼，可谓源远流长，蕴含颇丰。

今天，称呼中的礼仪，自然不能完全套用昔时。因为历史长河中的浪涛，已经淘汰了许多过时的、过分严苛的称呼法则。但传统称呼礼仪中那些有用的内容，仍然值得我们学习并发扬光大。

遵循传统礼仪中称呼所体现出的尊重、求实、文雅精神，现实称呼中，应区别类型，恰当相称，不违禁忌。

称呼可分为三大类，一是日常生活中的称呼，多用于亲属、朋友、熟人之间；二是工作交往中的称呼，常与工作相关，故而显得庄重、正式、规范；三是外交礼宾中的称呼，一般需要既遵循惯例，又要根据国别、宗教等具体情况区别对待。前两种之中，有时又有交叉，应根据具体场合灵活处理。比如某人既是你的大伯，又是某高校的领导，那么在私人场合，可以用"大伯"称呼他，在公众场合，则要以"姓氏加职务"的模式称呼他，如张校长、刘副校长之类。

日常生活中的称呼和外交礼宾中的称呼比较庞杂，尺幅之文难以详加介绍。因此本节只对工作交往中的称呼稍加详说。

工作交往中的称呼，有五种方式：第一，职务性称呼。因显得尊重，故而被常用，一般有三种处理方法，即：单称职务；在职务前加姓氏；在职务前加上姓名（适用于正式而庄重的场合）。第二，职称性称呼。具体处理方法与"职务性称呼"类似。第三，行业性称呼。即称呼对方的职业，如老师、医生（大夫）、律师、会计等。处理方法是职业前加姓氏或加姓名。行业性称呼，要遵从惯例，不要别出心裁而随意为之，也就是说，有的行业，大家都不以职业相称，你就不要违背常规。第四，性别性称呼。一般男性称"先生"，女性称"女士"或"小姐"（已婚女性称"女士"，未婚女性称"小姐"）。对于有相当高的社会地位的女性，也可用"先生"相称。第五，姓名性称呼。一般常在同事、熟人中使用。根据不同的年龄，可称为"老李""大刘""小赵"之类；年龄相仿而又关系密切（同部门、同科室之类）者，可直呼姓名或呼名不呼姓，上级呼下级，年长者呼年轻者，也可以直呼姓名或呼名不呼姓。

要使称呼"合礼"合情，对相关事项必须铭记在心。首先，不要把称呼搞错。误呼、误会（如把年龄、辈分、婚否弄错之类）要尽力避免；其次，不太通行的称呼要避免使用。如在公众场合使用方言性的称呼，就不合时宜；再次，市井气太重的称呼，如"哥们儿""姐们儿""发小"之类，在正规场合要禁止使用；另外，不要随便借用另类称呼，如把科研导师称为"老板",把单位的领导称为"头头"之类,就有失风雅;最后,不管关系亲疏,在公众场合,不要用带有贬损色彩的外号去称呼他人。即使是褒义色彩的外号如"活雷锋""小铁人"之类,公众场合也不能频繁使用。偶尔使用时,也须庄重,不含戏谑之口吻。

二、介绍之相关礼仪

介绍有自我介绍和他人介绍两种方式。

自我介绍,要把握住介绍的时机、客观的需求、要达到的效果等要素,决定介绍的具体内容。自我介绍,要注意以下几点:第一,态度自然,内容真实。所谓态度自然,就是要随和友善,不卑不亢,落落大方;所谓内容真实,就是实事求是,既不自我贬损,也不刻意炫耀。第二,抓住重点,言简语明。要根据客观需求,介绍主要事项。表达时,用语要简洁,音调要适中,保证所听者听得清楚明白。第三,形式恰当,多寡适度。要根据对方要求,决定介绍的层次和介绍的内容。如应酬性的自我介绍,说清姓名足矣。公务性的自我介绍,说清单位、姓名、职务也就够了,不必画蛇添足,弄巧成拙。

他人介绍即由第三者对互相不认识的双方进行介绍。他人介绍的"合礼"做法是"尊者居后",即先介绍下级、晚辈、年幼者、男士、未婚者,然后对应介绍上级、长辈、年长者、女士、已婚者。另外,介绍同事、朋友与家人认识时,应先介绍家人,后介绍同事、朋友;介绍来宾与主人认识时,应先介绍主人,后介绍来宾;介绍与会人员,应先介绍后来者,后介绍先到者。

他人介绍还有另一种形式叫介绍集体。这种介绍又有两种具体做法,第一种叫单向式介绍。当被介绍双方一方为一个人、另一方则是多人组成的集体时,只把个人介绍给集体,而不必再把集体介绍给个人。当然,有时也可以把集体的大致范围介绍给个人。单向式介绍,常在演讲、报告、大型会议等场合使用;第二种叫双向式介绍。被介绍双方皆由多人组成的集体时,可采用此种方式。具体的做法是,或由介绍人介绍双方,或由双方自我介绍。不论何种方式,大的规矩是先主后宾,小的规矩是各方均以职位高低为序,自高而低地介绍。

他人介绍,同样有许多注意事项:第一,介绍双方认识时,须事先征求双方的意见。若一方认为没有必要(比如很早就认识),那就不必再介绍;第二,介绍时要真诚、热情、大方,用语要简明扼要;第三,被介绍人要有所回应,或起立微笑,或点头示敬,或上前握手等,要根据现场情况灵活运用,万不可冷若冰霜、纹丝不动;第四,不要厚此薄彼。一方对另一方人员,无论其职位高低、年长年轻,都要一视同仁、以礼相见,不可有亲有疏、或谄或傲。

三、握手之相关礼仪

握手礼是世界通行的交往礼节。它看似普通,表达的意思却较为丰富。概而言之,主要有祝贺、理解、高兴、和解、慰问、欢迎、告别、感谢、期待等意。因此,握手礼的使用场合极为普遍。

握手礼如今已通称为握手。它的礼仪规范,主要体现在伸手的次序、相握的方式、禁忌事项三方面。下面,我们分而述之。

(一)伸手的次序

基本原则是"尊者决定",也称为"尊者居前"。一般处理方法如下:长辈与晚辈握手,应由长辈首先伸手;年长者与年幼者握手,应由年长者首先伸手;师长与学生握手,应由师长首先伸手;上级与下级握手,应由上级首先伸手;职位高者与职位低者握手,应由职位高者首先伸手;女士与男士握手,应由女士首先伸手;已婚者与未婚者握手,应由已婚者首先伸手;等等。

还有一些特殊情况,处理方法就要变通。如宾客之间握手,主人要首先伸手,对所有客人表示欢迎;告别时,客人要首先伸手与主人相握,以表达谢意;另外,一人需要与多人握手时,可以由"尊"而"卑"依次进行,也可以由近到远逐步进行;如若关系交叉,比如一方虽是长辈,但年龄稍轻,那就谁先伸手都行。再比如某人现在是上级,但过去是另一方的学生,那也就谁先伸手都行。

需要注意的是,握手的先后次序不必苛求他人。假如自己是长者、上级,当年轻者、下级首先伸出手来时,应迅速回应,与之握手。千万不能摆资格、端架子,迟迟不伸手或者根本不理不睬,那也是失礼之举。

(二)握手的方式

1. 神态

与人握手时,要神情专注,面带微笑,表现出真诚、友好。不要一边握手一边东张西望,甚至同其他人打招呼。

2. 姿势

握手时,除长辈或女士,一般都应起身站立,在距对方 1 米左右时伸出右手与对方右手相握,并上下晃动两三下,以显诚意。

3. 手位

单手相握时,手掌应垂直于地面。双手相握时,先以右手握住对方的右手,然后以左手握住对方的右手手背。有时也有在右手相握的同时,用左手握住对方右手手腕或手臂,还有握住对方右肩的方式。双手相握,用于表示双方交谊深厚,故不能用于初次相识者和异性。

4. 力度

握手时一般都应稍稍用力,以示郑重其事、热情友好。用力太轻,有敷衍应付之嫌;用力过猛,又有示威挑衅之嫌。常规而言,与亲友至交握手时,力量可稍稍大一些,与初次相识者和异性握手时,则不可用力太大。

5. 时间

握手的全部时间,应控制在三秒以内。时间太短,就像是在走过场,很不情愿似的;时间过长,特别是对异性或初次见面者,就显得有些夸张,甚至被怀疑别有用心——有求于人或"想占便宜"。

(三)握手的禁忌

握手的禁忌主要有以下诸项:

①除特殊情况如右手残疾、受伤之外,不要用左手与人握手;也不要戴着手套与人握手。女性在社交场合戴着薄纱手套与人握手则不为失礼。

②除患有眼疾或眼部有缺陷者,握手时不要戴墨镜;也不要一边握手一边左顾右盼,似心有旁骛。

③握手时不要将另一只手插在衣袋里。除特殊情况外,不要在握手时不肯放下另一只手所拿的东西,也不要一边握手一边口中咀嚼食物。

④不要在握手时一言不发,也不要口若悬河、滔滔不绝、滥用热情、客套过分。

⑤除与女士握手外,不要只握他人的手尖,显得轻看对方或持有戒心。也不要只递给对方手指尖让人握,因为这是大失礼仪的做法。

⑥在任何情况下,如无特殊原因(如手掌有伤等),不能拒绝与他人握手。不能相握时,要将特殊原因告知对方,以免误会。

⑦不要在与人握手后立即擦、洗自己的手掌,也不要用力拍打自己的手掌。

⑧不要在握手时把对方拉来推去,上下摇晃,让人觉得江湖气太重,极不文雅。

第二节　交谈礼仪

人的交往离不开交谈,得体合"礼"的交谈是促进交往的有效手段。因为,没有交谈,人与人之间的沟通、了解、学习、合作等几乎都不可能实现。

交谈或长或短,都是一种语言艺术的展示。这种展示,集中体现着交谈者的阅历、学识、才具、教养、个性、应变能力等素养。因此,通过交谈实践广泛学习,磨炼自身,促进工作,对每个正常的社会自然人都有着十分重要的意义。

凡有交谈,必当守"礼"。交谈之礼,基础是平等、互敬、真诚、包容。没有这个基础,具体规范便无法落实,交谈就会磕磕绊绊,阻滞不畅,甚至引发矛盾,不欢而散。因此,学习、了解、奉行交谈礼仪,很有必要。

一、交谈礼仪的基本规范

(一)认真倾听

不听则无以续谈,因此倾听为交谈之前提。认真倾听既是一种礼仪,也是对他人的一种尊重。

认真倾听,主要应做到如下几点:首先是真诚。真诚才能赢得人心,取得好感,从而创造双方或各方都很满意的交谈环境,保证交谈的顺利进行。因此,除了应当忌讳的内容外,各方都应坦诚相见,直抒己见,无所保留地表达自己的见解。不可吞吞吐吐,察言观色,常待风向,"逢人只说三分话,不见全抛一片心"。其次是专注。不要总为这事那事分心,魂不守舍,左顾右盼,甚至"身在曹营心在汉"。再次是互动。对他人的言语要有兴趣,要进行积极的思考,并适时予以回应。这种回应可以是表情(如赞许、支持的目光),可以是动作(如点头、伸出大拇指表赞扬等),也可以是只言片语或稍多言辞的应接,表示出你对他人所言的认可、理解和支持。这样,交谈的气氛就会越来越好,从而激发出更多人的谈兴。另外,要有耐心。每个人的语言风格、见识水平、兴趣爱好等都不相同,所以有的交谈你可能会很感兴趣,有的交谈你可能不甚入怀。这是正常现象,可以理解。但不管是什么情况,都要耐心地听他人把话说完,万万不可随意打断。如果你有不同的看法,一定要等到别人说完后你再陈述己见,而且言辞要委婉,态度要平和,并留有充分余地——比如说"我只是与你商量,我的见解不一定完全正确""你的见解很有价值,我不过是做点补充而已"等。这样,就不会伤他人的面子,能保证交谈继续在融洽的氛围中进行。

(二)合理表达

合理表达的基本特点是明确、简练、中听。具体而言,这种"合理"要体现在如下几方面:首先,态度要谦和,语气要平和。老子在《道德经》中说:"圣人方而不割,廉而不刿,直而不肆,光而不耀。"是说有德行的人方正但不生硬,有棱角但不伤人,直率但不放肆,光亮但不刺眼。宋代理学家朱熹也说过:"心平气和则能言。"这就提醒人们,在表达时要持有谦虚、平和、不急不躁的心态,谈话时不要口大气粗、口无遮拦、目中无人、盛气凌人。特别是不同意他人的观点、意见时,更要出言谨慎,考虑他人的感受。万不可以一种居高临下的姿态批驳他人、教训他人、讽刺挖苦他人。其次,内容要集中,表述要简明。一般而言,交谈在某一时段总有一定的主题,即使是"漫谈",也会有一个大致的方向或范围,而不是"天马行空""无疆无界"。因此,交谈中的每一位发言者,都要围绕既定的主题或大致的方向、范围表述己见,力争所讲的内容集中而不零散,避免离题万里。除了切合交谈的主题或方向,语言表述还要简洁精练,不要枝枝蔓蔓,拖泥带水;还要明白通畅,不要故弄玄虚,让人费神猜度。朱熹云:"辞达则止,不贵多言。"只要按照朱先生的告诫来实践,那么简练与通畅就能一起实现了。再次,发音要准确,语速要适中。所谓发音准确,最重要的一点是避免说错字、读错音。很多时候,人们由于学力不够,或者习惯成了自然,就容易把字说错,把音读错。这只能通过学习来加以改变,别无其他良策。在有了正确的读音的基础上,只要吐字清晰,音量适宜,那就不会有大的问题了。讲究语速适中,一方面是为了控制节奏,保证他人能够听得明白,正确理解,一方面也是为了说话人有思考的余地,不至于急中出错,词不达意。因此,交谈时务必保持恰当的言语速度,不紧不慢,从容推进。在特定环境、特定事项的交谈中,宁愿出言时按"君子欲讷于言"的原则行事,也不要急如星火,"后浪赶前浪"。另外,论断要有分寸,言争要知进退。这既是一种礼仪，也是一种表达技巧。和他人一起交谈，如果对事情的论断太绝对、太满，等于给了别人一道拦门杠子，别人就不好再发表见解，这就不利于交谈的持续进行。因此，把握分寸不可忽视。比如评价一个人，优点是什么，缺点是什么，缺点是学力性缺点、性格性缺点还是品质性缺点，都应恰当判断。说好、说不好都太绝对化，就会失了分寸。《礼记·曲礼上》中有言："爱而知其恶，憎而知其善。"是说对喜欢的人要知道他不好的方面，对厌恶的人也要知道人家好的方面。这就为我们树立了一种有分寸地评断他人的样板。即使你出言很有分寸，但有时仍然免不了与他人的见解不合，引起不伤情感而只限于观点范围的争执，那又该怎么办呢？办法只有一个：有进有退。就是说，你一时说服不了别人，也不必过于着急，暂时退一退，给他人留下思考的余地，也是一种不进之进。更何况，生活中的很多事情在不同人的心中本来就有着不同的认知，你又何必非要去求得一律呢？记得南怀瑾先生讲过一个观点：古往今来的一些人、一些事，当时是一种认识，可过了二十年、三十年，甚至二百年、三百年之后，就可能完全不是那回事了。这个见解很能给人启迪。即便是学术之论，很多见解也是发展的，不会一成不变。因此，该退的时候退一退，事后你也思考，别人也思考，说不定哪一天或者你进，或者他人进，交谈起来观点趋于一致或者是大同小异，岂不美哉！

（三）不伤感情

交谈是结缘、结谊而不是结怨、结恨的活动，因此言虽要由衷，谈虽要直率，但不能制造矛盾，引发事端，伤害各方感情。要达到这一礼仪规范，应切实注意以下几点：第一，不要贬损、羞辱他人。老是当面否定他人的见解，话又说得十分难听，让他人太失颜面，这就容易伤感情。因此，对他人的谈话，不要老是挑刺，老是当面否定。即使他人讲得的确不对，也不必针尖对麦芒，非要弄个是非曲直来。这种时候，保持沉默，摇头笑笑，对他人就是一种提醒，促使他再去思考，进行自我修正。这种时候，千万不要心浮气躁，出言不逊，只图一时之快，结果引起他人记恨。此后再要弥补友谊之缝，就很费气力了。第二，不要说"怪话""气话"。怪话、气话，大都有感而发，而针对的目标，不一定在交谈场内，但却容易引得场中人的误解，正所谓"说者无意，听者有心"。如果你的怪话、气话过于刻薄，有如刀剑，那就有可能伤到场中某人的心——因为你的怪话、气话所指，也许恰恰触及了他的软肋。这样，有人就会心中不快，与你面和心不和，甚至面也不和心更不和，从此渐行渐远。需要说明的是，"怪话"有阴阳怪气、玩世不恭之嫌，而"风趣"却是一种表达艺术。前者易伤人，后者易活跃气氛而让交谈锦上添花。因此，"风趣"之语可相机而用，而"怪话"则万万不要用。第三，不要"揭老底"、暴隐私。从生活实际来看，"老底"也罢，"隐私"也好，有的是正面的或者是无伤大雅的，有的是负面的甚至是根本不愿再让人提及的。因此我们这里所说的不要"揭老底"、暴隐私，指的就是不要谈及他人的那些负面的、伤疤永在永疼的"老底"或隐私。谈这类话题，一方面显出你层次不高，总以传播、议论他人的痛苦为乐事，一方面给当事人"伤口上撒盐"，让人家不堪承受，这样别人就会看不起你，恨意萌生，再也找不到从前的那种友谊与信赖。

二、交谈话题的选择

话题是交谈的中心,直接关系着交谈能否顺利进行。一般来说,在某一时段内,话题宜少不宜多。话题过于分散,交谈者不知怎么接话茬,担心顾此失彼,就很是为难。

交谈的第一个话题至关重要,也不易选择。这就叫"万事开头难"。常用的办法是就地取材,见机行事。比如赞美所处的环境、某一物件,或礼貌询问某位客人是借用什么交通工具前来的,都不失为较为理想的"第一话题"选择。总而言之,只要有人主动点,找到了交谈的"由头",后面的事情就好办多了。

话题选择的基本要求是调动各方、健康有益、不惹事端、增进交谊。因此,可适宜选择以下话题。

(一)既定的话题

既定的话题即交谈双方或多方已经商定,或其中某一方事先准备好的话题。例如请求帮助、征求意见、传递信息、讨论问题、研究工作之类的交谈,即属此类。这类话题,多用于正式交谈,因此交谈的时间、地点、主要内容等,事先都要商定。

(二)高雅的话题

这类话题内容高雅,专业性突出,有"阳春白雪"之格调。文学、艺术、哲学、历史等社会科学以及自然科学中的诸多方面,都可以成为高雅的话题。这类话题在同行内较为流行,外行者则鲜有发言权。

(三)轻松的话题

这类话题让人身心放松,饶有兴味且雅俗共赏,人皆可言,故在各种非正式交谈中最为适用。如电影电视、体育赛事、旅游观光、风土人情、民间新闻等,都可以成为交谈话题。

(四)即时性话题

即时性话题也可称为"新闻性"话题,就是将新近出现的引人注目的事件作为交谈话题,引人畅所欲言,各抒胸臆。这类话题在正式交谈和非正式交谈中都可运用,但交谈应理性、合规、传播正能量。

(五)了解或擅长的话题

这是指交谈双方或各方都有所了解、研究或擅长的话题,这样大家才有共同语言,不至于话不投机或者强人所难。这类话题的选择,应以交谈对象为中心。例如交谈对象是农业专家,那就可以"三农"为话题;交谈对象是教育专家,那就可以教育事项为话题。这类话题要选好选精,必须认真了解交谈对象之"长"。否则,超越了他之所能,交谈的效果就有可能打折扣。

在交谈中,有些话题是不能提的。这类话题叫作"忌谈的话题"。归纳起来说,主要是以下几类:

第一,倾向错误的话题。主要是政治错误、违法乱纪的话题,其他如违背社会公德、引人步入歧途的话题也应忌谈。

第二,非议他人的话题。因为成见、误会等原因,对不在交谈现场的人说是道非,肆意中伤,这是交谈的大忌。特别是你所非议之人与在场某人属亲朋故旧时,更要三缄其口,而不要信口开河,引发矛盾冲突。

第三,令人不安、不快的话题。这类话题常见的有凶案、灾祸、重疾、死亡、挫折、失败等。如现场某人患某种疾病,你在现场却大谈特谈这种疾病的凶险性、不可治愈性,这就会令某人心中不安;某人评高级学术职称刚刚失利,你却在现场畅论某某的成功,兴高采烈,手舞足蹈,就会令现场的某人十分难堪,心中不快。出了这种状况,一旦自己察觉或有人提醒,就要立即"刹车",并向当事者表示歉意。

三、交谈中的礼貌用语

礼貌用语大致有如下几类,可视交谈场合、交谈对象、交谈内容随机选用。

(一)通行礼貌语

问候语:您好,您早,早晨好,晚上好,晚安等。

致谢语:谢谢您,多谢,非常感谢,十分感谢等。

拜托语:请多关照,承蒙关照,拜托了等。

婉言推脱语:很遗憾,我无能为力,我心有余而力不足等。

道歉语:对不起,请原谅,不好意思,打扰您了等。

迎送语:欢迎,欢迎光临,再会,再见等。

接受感谢语:不必客气,小事一桩不足挂齿,这是我应该做的等。

帮助人之语:需要帮忙吗? 我能帮您做点什么呢等。

征求意见语:请提宝贵意见,请不吝赐教,请指教,请斧正等。

提醒让路语:借光借光,麻烦您让一下好吗? 小心碰着您了等。

(二)敬语

对长者、尊者表示尊敬的用语,一般用于正式的社交场合,对初次见面和不太熟悉的人也宜用敬语。

敬语的具体表达多种多样,大多源于传统礼仪,现在只能根据具体情况酌情选用。如初次结识某人,可说"久仰""久闻大名"之类;见到师长,要用"尊师""恩师"之类表示敬重;如遇年长者,可在其姓氏后加一"老"字,恭敬之意自在其中。凡此种种,只要处处留心,多加学习,天长日久就会胸有成竹,使用自如。

（三）雅语

就是把话说得文雅一些，让人听起来舒服。它是和土话、俗话相比而言的说法。比如把俗语中的"吃饭"说成"用饭"、把俗语中的"我走了"说成"我失陪了"、把俗语中的"别送了"说成"留步"，等等。使用雅语可使人显得极有教养，极有礼貌，会给人留下很好的印象。

当然，什么场合用雅语，什么场合用俗语，也要具体分析，灵活处理。比如同没有多少文化的父老乡亲们会面漫谈，最好多用当地俗语，否则就会有隔离感；而在正规的社交场合，交谈对象又多是有一定职位的文化人，那就要尽量用雅语，否则就会显得粗俗，失礼于人。

第三节　书信礼仪

书信是传统的联系方式。在古代，因为少有更便捷的联系方式，书信这种联系方式就特别被人们看重。尤其是在相距遥远、社会局势动荡的状态下，书信联系之功能便发挥到了极致。杜甫"烽火连三月，家书抵万金"的诗句，就是对这种功能的生动写照。

自电话问世以来，人们的联系方式大大改进，而且便捷程度也大大超过了书信联系。在这种情况下，人们对书信联系的重视程度，便持续弱化。这种弱化的结果，是不少年轻人已经不太会写书信了，对书信礼仪更是知之甚少。这种现状非常需要加以扭转。

现在诸种联系方式的便捷程度大大超过书信联系方式已是不争的事实，但书信的优越性，别的联系方式也很难替代。它的主要优越性是：其一，如有必要，可以长时间地保存，具有佐证或纪念的意义。有的书信，还蕴含着重要的史料价值；其二，书信一般均由本人手写（特殊情况下也有别人代写的，但具名处应由本人亲笔签名），这能给收信人以亲切感，可谓"见信如见人"；其三，在某种特殊情况下，书信更利于陈述己见，表达情感，沟通分歧，便于缓解误会、避免冲突，留有继续沟通、磋商、交谊的余地；其四，有的年长者限于自身条件，可能不便运用现代联系方式，依然喜欢阅览来信（不识字者可找人代读）。有了书信联系，就满足了这部分人的需求。因此，现代人对于书信交往的礼仪，也应该认真了解，自觉奉行。毕竟，相当多的人特别是年轻人，疏远此礼已经太久了。

书信礼仪，主要体现在书信本身的两大内容即信封书写、信文书写之中。下面分而述之。

一、信封书写

信封书写的主要内容包括收信人地址、收信人的姓名和称谓、发信人的地址和单位等。

现在我国通用信封为横式书写式。因此，它的基本书写规范为：

最左上角的六个方框内，书写收信人所处之地的邮政编码。如果写信者对此不明确，寄信时可在邮政局（支局）查询。此项内容，万不可漏掉或写错。

邮政编码下方，书写收信人的详细地址，包括行政区划（如陕西省汉中市汉台区益州路）和单位名称（如陕西理工大学文学院）。没有单位的，乡村至少写明到村、组，城镇至少写明到某街道，如写明门牌号则更好。

收信人的姓名和称谓写在信封的正中央部位，称谓之后可写"收""启""亲收""亲启"字样。这里的姓名和称谓，绝对不能写错。称谓如"父亲""母亲""先生""老师""同学""女士""部长""处长"之类，也要视收信者与写信者的关系准确相称，否则就有失礼仪，闹出笑话。

写信人的地址、单位、邮政编码等内容，写在信封右下方。如单位属保密单位，应按法定方式写明信箱序号，而不能写出详细的地址和单位名称。解放军指战员向外写信，应按部队规定书写地址。

托人带信，如双方比较熟悉，只写明带交给何处何单位何人即可，信封上可署写信者姓名，也可不写，或写"内详"二字即可。如不太熟悉，则信封右下方应写明托带人的单位、姓名，以便收信人选择恰当的方式回复。

信封书写虽不是书信交往的主体，但其作用，也不能忽视。因此，"准确无误"四个字，是信封书写的基本要求，写信者应该高度重视，避免失误。

二、信文书写

信文书写是书信交往的主体内容，其礼仪规范更为全面。因此，人们对信文的书写应特别上心，特别谨慎。

信文书写，要点有三：一是写给什么人（即对象），二是为何事而写（即主体内容），三是写信的目的。明白了这三点，其他的规矩就比较容易把握了。

为了说明上述三要点和其后还要介绍的礼仪规范，下面先举毛泽东主席的几封信文作为典型之例，供读者领悟其妙。

例一：

致臧克家

克家同志：

几次惠书，均已收到，甚为感谢。所谈之事，很想谈谈。无耐①有些忙，抽不出时间来；而且我对于诗的问题，需要加以研究，才有发言权。因此请你等候一些时间吧。专此奉复，敬颂

撰安！

毛泽东

一九六一年十二月二十六日

（抄自《毛泽东书信选集》，下同）

---

① 这里的"无耐"应为"无奈"。

例二：

致邓颖超

邓大姐：

自从你压迫我写诗以后，没有办法，只得从命，花了两夜未睡，写了两首词。改了几次，还未改好，现在送上请教。如有不妥，请予痛改为盼！

毛泽东

九月二十五日

例三：

致周世钊

惇元兄：

嘱写的字给你写了，不知可用否？

临行一信，长沙一信，都收到，很感谢！所说各事都同意，可以做（有些是要逐步地做）。师范教育会议，待与马先生一谈，大略是可以的罢。

晏睡的毛病正在改，实行了半个月，按照太阳办事，不按月亮办事了。但近日又翻过来，新年后当再改正。多休息和注意吃东西，也正在做。总之如你所论，将这看作大事，不看作小事，就有希望改正了。

祝您及您的同事们工作顺利，新年快乐。

毛泽东

十二月二十九日

例四：

致陈玉英

陈玉英同志：

十二月十八日给我的信收到了，很高兴。已有人告诉我，你过去在反革命面前表示很坚决，没有屈服。这是很好的。为了节省，你不要来京。你在长沙做工很好。你如果有困难，可告诉我，设法给你一些帮助。

祝你身体健康！

毛泽东

一九五一年十二月二十三日

例五：

致傅作义

作义主席先生勋鉴：

涿州之战，久耳英名，况处比邻，实深驰系。迩者李守信卓什海向绥进迫，德王不啻溥仪，蒙古傀儡国之出演，咄咄逼人。日本帝国主义卧榻之侧，岂容他人鼾睡！先生北方领袖，爱国宁肯后人？保卫绥远，保卫西北，保卫华北，先生之责，亦红军及全国人民之责也。今之大计，退则亡，抗则存；自相煎艾则亡，举国奋战则存。弟等频年呼吁，要求全国各界一致联合，共同抗日，组织国防政府、抗日联军。幸人心未死，应者日多，抗日图存，光明渐启。近日红军渐次集中，力量加厚，先生如能毅然抗战，弟等决为后援。亟望互派代表，速定大计，为救亡图存而努力，知先生必有同心也。

专此。敬颂

勋祺

毛泽东　拜启

八月十四日

以上五例，因收信人的情况各不相同，因而信文中的称谓、行文风格、敬祝语，甚至署名都有所不同。它向人们示明，信文中的开头、中间、结尾三部分，都蕴含着相当丰富的礼仪规范。有些规范，甚至达到了十分严苛的程度，绝对不能马虎大意。

信文的开头，由两部分组成：第一部分是对收信人的称呼，第二部分是对收信人的问候语。问候语是否写，要看具体情况。如果一段时间内联系较多，就不必多写问候语；如果偶然写信，那就省不了问候语。当然，如觉信文结尾部分尚有敬祝语，前面不写问候语，也无伤大雅。

对收信人的称呼，讲究颇多。一般而言，怎样称呼收信人，由收信人的身份、职业、年龄、文化层次、性别以及与写信人的关系来决定。拿前述五例来看，对国家公职人员和劳动人民，毛主席就称他们为"同志"，往往也直呼其名。所以对臧克家这位诗刊主编的称呼为"克家同志"；陈玉英女士一九二六年冬至一九三一年春曾在毛主席家里当保姆，此后一直也是普通劳动者，所以毛主席称她为"陈玉英同志"；邓颖超既是国家公职人员，又是共产党员，年龄比毛泽东还小（邓颖超生于 1904 年，毛主席生于 1893 年），按常理说可称为同志，但邓颖超是资深革命家，党内党外都尊称她为"邓大姐"，所以毛主席也依例而称；周世钊生于 1897 年，比毛主席小四岁，但他是毛主席年轻时在湖南省立第一师范学校读书时的同学，也是新民学会会员，所以毛主席不呼其名，只呼他的字"惇元"，并敬称他为"兄"，这很有点古时礼仪；傅作义时任国民党绥远省政府主席，国民党军第三十五军军长，毛主席代表红军将士给他写信，按职务性称呼法相称，且尊呼为"先生"，后加"勋鉴"二字，就极为得体。在《毛泽东书信选集》中，可见多处以"先生"相称者，如对己方之党外人士黄炎培、冯友兰、柳亚子等，对他方之宋子文、阎锡山、李宗仁、白崇禧乃至蒋介石等。可见，信文开头的称呼，的确不可随意为之，而应该郑重其事，以合礼规。

信文的中间部分是正文。这是书信的核心内容，是展示写信人目的的关键所在，因此一定要严谨而不疏漏，因人而显风格。行政公文写作中有一句行话叫"一字入公文，九牛拔不出"，提醒写公文时务必字斟句酌，避免失误，避免不良后果。其实，信文的正文书写，又何尝不是如此？

正文书写，首先是目的明确，态度明确，用语明确。有了这三个明确，再加上因收信人的情况（身份、学识、与写信人的关系等）不同而体现出不同的文风，正文就能中规中矩，少有瑕疵了。为证明此理，我们还是以前举五例展而一论吧。

在所举的毛泽东的五例书信中，有四例是回复他人的信，另一例是直接主动写信给他人的，收信人的情况各有差别。因此，毛主席在行文处理时，主旨不变，即态度诚恳而直接，绝不模棱两可,但行文风格上,却很是讲究,读起来令人叹服。

臧克家是著名诗人,学养深厚,但与毛主席的工作交谊并不频繁,故而毛主席给他的回信,通过"惠书""感谢""很想谈谈""无耐""加以研究,才有发言权""请你等候"等字眼,表现出了平等待人、文雅恳切的文风,收信人读时定然会心情愉悦,充满期待。邓颖超是毛主席革命战友周恩来总理的夫人,其本身也是革命前辈,与主席很是熟悉,她来信希望看到主席新的诗作,是个人所望,故而主席给她复信时,用了"压迫我""没有办法""只得从命""送上请教""请予痛改"等字眼,既幽默风趣,又充满了对这位革命"大姐"的尊重。给周世钊的信,前部分谈公务,后部分说私事,故前部分十分认真,有的又留有余地。后部分徐徐而言,似拉家常,但有了"按照太阳办事不按月亮办事"一句,又平添幽默之气,足见老友之间的无拘无束,无话不谈,交谊深厚。陈玉英是普通劳动者,文化程度不高,故而毛主席给她写的回信,明白如话,通俗易懂,是极为大众化的风格,但关切之心又跃然纸上。最为独特的,是写给傅作义的信。该信谈的是抗日大计,傅作义当时又是一方"诸侯",而主席代表的又是以中国共产党为领导的抗日红军,因而主席在信中之言,对傅有肯定,有提醒,有希望,用语铿锵,义正辞雅,分析到位,蕴含极深,其慷慨昂扬之气,必能使收信人怦然心动,良久沉思。此信写于一九三六年,十余年后,傅先生能作和平解放北平(即今之北京)之应,也许与毛主席的这封信有些关系吧。通过如上分析我们就会明白,给不同对象写书信的正文,一定要考虑到对方的接受心理,表现出恰当的文风。简单地说,刚、柔、雅、俗、繁、简之类,就是文风。该刚不刚,该柔不柔,就叫文风不当,会让读信人心中不爽。比如你给一位德高望重的年长学者写信,用语太俗,缺少"文质彬彬"之范,就会贻笑于人。反之,你给不识字的阿爹写信,不写家常话而写大雅之言,中间还夹点文言古语或外文,那也就是"不正之风"了。

信文的结尾部分,主要由结束语、敬祝语、署名、日期组成。有时,还会有附加内容如附问语、补充语等。这里最体现礼仪规范的,是敬祝语和署名的书写。

敬祝语是对收信人表示敬意或祝愿的语句,通常分两行来写,前一行如"敬颂""恭祝"之类,空两格来写;后一行的话语,顶格而写。当然也有两行合为一行的写法,那就空两格直接写出即可。如毛主席写给陈玉英的信中,敬祝语"祝你身体健康!"就是一行式的写法。需要特别注意的是,敬祝语写什么词句,需仔细推敲,因人而异。毛主席给陈玉英的祝语,是大众化的;对臧克家的"敬颂撰安!"与诗刊主编的日常工作非常贴切;对周世钊的祝语中有"新年快乐"四字,又非常符合快到新年的时序;对傅作义的祝语为"专此。敬颂勋祺",这又大有讲究。"专此"实际是信中主体内容的收束语,表明此信专意而写,不同寻常。"敬颂"二字,双重加码,可见期望之深。"勋祺"二字,古色古香,高雅庄重,又与政、军两界均为高官,可以建功立业的傅作义相称,自然也就甚为妥帖了。由此,我们就可以窥见到敬祝语怎样写好的一些奥妙了。

信末的署名,也有很多礼仪规矩。一般情况下,直署其名就行了。但特殊情况下,姓名之前或之后,须有一定的"缀语"。缀语在前,意在谦表身份。如给父母写信,信末署名时,在姓名前缀上"儿""不孝男"等,就属此类;缀语在后,意在示明某种态度。前例中毛主席给傅作义的信中，署名之后加上"拜启"二字，就展示了尊重、诚恳的态度，让对方不能轻看信中内容。《毛泽东书信选集》中，毛泽东的信末署名还有"弟毛泽东拜启"（《致宋哲元》，一九三六年八月十四日）、"弟泽东"（《致蔡和森》，一九二一年一月二十一日）、"毛泽东手启"（《致冯玉祥》，一九三六年十二月五日）、"毛泽东敬上"（《致阎锡山》，一九三六年十二月二十二日）、"毛泽东上"（《致何香凝》，一九三七年六月二十五日）等。这些因收信人而异的署名方式就很值得我们玩味，效仿。

第四节 名片的制作与使用

在当今的生活实际中，名片的使用极为普遍。因此，了解、遵奉有关名片的礼仪，十分必要。

一、名片的用途

名片的基本用途是"自我介绍"。具体而言，它的主要作用是：其一，向他人推介自己，以利联系；其二，业务介绍，便于为他人服务，也可以广交朋友；其三，提供新信息，保持与新老朋友的持续沟通。比如单位变动、工作内容变动、通信方式变动等，通过一张新名片，就全部告知了有关人士，不至于联系中断；其四，在特殊情况下，即使本人不能亲临现场，但通过代递名片特别是名片上的留言等，也可以达到传递信息、表达情感的作用；其五，白纸黑字在存，善于保管，避免相关信息的遗失。

二、名片的制作

名片的制作，要根据它的用途类型来定。按通行划分，名片有商业性名片、公用性名片、个人性名片三大类。不同性质的名片，在制作上各有一些讲究。商业性名片主要介绍单位名称、业务内容；公用性名片主要介绍单位名称、个人职务或职称等；个人性名片设计富有个性化，主要介绍个人信息，如单位、职务、家庭住址等。各类名片，一般都应有联系方式。

名片制作时，无论单面印刷或双面印刷，一般都应遵循大方、通用、醒目、不炫耀的基本原则。具体而言，应该做到：

第一，材质适中。以耐磨耐折的纸质材料为宜，不宜使用布料、皮料、木料等高档材质，以避免炫耀之嫌。

第二，色泽淡雅。不要使用颜色刺眼的纸张来印制名片，而应使用白色、米色、淡黄色、淡灰色、淡蓝色等雅而不炫的纸张来印刷名片，给人以庄重严肃的视觉印象。

第三，图案精确。借用纸张本身纹路，选用最能代表单位特色的一幅图案置于名片恰当的位置最好,切忌杂七杂八,没有中心;也不能在名片上印制漫画、花卉、人像、宠物图等没有实际意义的图案。

第四,文字醒目。一是字体规范,以简化字为准。除特殊情况外,不使用古体字、繁体字;二是用标准的印刷体文字印刷,勿使用行书、草书、篆书或自创性字体;三是如需使用两种文字印刷,应将一种置于名片一面,另一种置于名片另一面,便于他人明确识别。

第五,款式随流。国内名片,以铅印为主,横式为主。所以制作名片时遵奉此俗为好,不可别出心裁,故弄玄虚。考虑到交往范围,有必要时可印制一点竖式名片,但使用时要区别对象,不要随意而发,引人不快。

三、名片的使用

名片的使用,应有明确的目的性。一般而言,不想认识对方并与之深交;对方对自己没有兴趣;双方地位、身份、兴趣等差别太大,没有继续交往的可能性,就没有必要使用自己的名片。

遇到下述情况,可考虑使用自己的名片,或与对方交换名片:重视对方并希望与对方交往;被某方介绍给对方,而对方也希望与你交往;对方向自己索要名片或提议交换名片;初次拜访某方并希望获得某方的重视和支持;需要将自己的变更情况告知对方,以保持联系。

(一)名片的递送与交换

递名片给他人时,要在对方便于接受的时候进行。递送时,应走上前去,站立端正,面带微笑,口中言说"希望保持联系"之类的谦语,同时用双手或右手握住名片之正面交给对方。递送名片忌用左手,也不能用手指夹着名片送人,持送的高度不宜超过自己的胸部。

与人交换名片,基本原则是"尊者为后"。即地位低的或者有求于人的先递出名片。但是,如果对方已递出名片,那就要恭敬地收好以后,再恭敬地递送自己的名片。

(二)接受他人的名片

当他人递送名片时,应起身站立,面带微笑,目视对方,用双手或右手捧接,口中宜言说"谢谢"之类的谦语。

接过名片后,不要随意收起或胡乱塞放,而要认真地看一遍。如有疑问,要当场请教,以示对对方的重视。看过名片后,要郑重其事地放入上衣口袋或名片夹中,给他人留下良好印象。

(三)名片的索取

索取他人名片,宜"婉索"不宜"直索"。当然,如果是故旧知交,过去又没有接受过他的名片,则可以直言相告。

"婉索"的方法有以下几种:其一,先向对方递上自己的名片,然后提出交换名片。这种

"交易法"使对方不好拒绝；其二，使用"探询法"。即向对方提出"今后怎样向您请教"或"今后怎样跟你联系"的话题，使对方明白你的意思，从而给你送上名片；其三，运用"铺垫法"。即先表示向对方学习、请教的迫切愿望，让对方感受到你很看重他，然后挑明希望得到他的名片。你的这种热忱，使得对方不好拒绝。

（四）名片的存放与利用

1. 名片的存放

参加交往应酬之前，应认真准备名片，并进行必要的检查。确认无误后，放入名片夹、上衣口袋等合适的地方，这样既取用方便，又显得庄重认真不失礼仪；接受了他人的名片后，须得认真看过，然后谨慎装入名片夹或上衣口袋中，防止遗失。万不可胡塞乱装，漫不经心，留下轻视对方的嫌疑；参加完相关交往活动回到住所以后，应对收到的名片按个人习惯予以整理，然后存放到合适的地方，便于以后查阅或取用。不可随意乱放，导致需查阅、取用时漫无头绪，空耗时间，甚至贻误交往。

2. 名片的利用

要发挥名片应有的作用，需对名片的相关资料予以记载。记载的方法有两种：一是随片记载（即记在名片的空白处），二是专册记载。记载的事项，大致有如下几类：一是名片的来历，主要包括收到名片的时间、地点、是否与对方亲自交换等；二是名片递送或交换者的个人资料，主要包括年龄、籍贯、学历、特长、主要交际圈等；三是名片递送或交换者的相关变化，主要包括工作单位或部门、职务或职称、联系方式等的变化情况。有了这些资料，在日后交往中"各取所需"，及时准确，就能最大化地保证交往的持续性，并实现交往的预期目的。

第六章

秘书礼仪

现代秘书工作以领导工作为主要服务对象,同时也发挥着参谋、助手的作用,对提高工作效率,塑造单位形象具有不可或缺的积极作用。秘书的礼仪,在对内服务、对外交往中往往会被看成单位的一面镜子。因此,随着内部事务的增多和对外交往的扩展,人们越来越看重秘书的礼仪。这就需要从事秘书工作的人员全面了解秘书礼仪,并在实际工作中认真践行相关礼仪,从而既展示个人的良好素养,又为所在单位增光添彩。

第一节　与领导相处的礼仪

与领导相处,最基本的礼仪是八个字:信赖、尊重、支持、服从。具体而言,是自觉奉行如下礼仪规范。

一、真诚维护领导的权威

一般而言,领导都是由一些德才兼备、经验丰富的人来担任的,因而大都具有较高的威信,受到了大多数群众的拥护和支持。作为秘书,一定要信赖领导,真诚地而不是虚情假意、甚至阳奉阴违地维护领导的权威。这种维护,还包括领导的形象、领导的自尊。

维护领导的权威,首先是工作中的事项要多请示,多汇报。这不仅是秘书开展工作的基本技巧,更是秘书具有高度组织纪律性的具体表现,也是维护领导权威至关重要的环节。试想,如果秘书什么也不请示,什么也不汇报,就自行发号施令了,那领导还能发挥什么作用,还依凭什么来树立权威? 因此,请示、汇报是秘书应放在第一位的工作,绝不可以马虎大意。当然,多请示、多汇报并不是说不分主次、不分巨细,什么事儿都要"面呈"给领导,而是要认真准备,把重要的、紧急而又关涉大局的事项报告给领导,求得领导思考或拍板定夺。为了节省领导的时间,汇报时要言简意赅、直截了当。必要时,也可简要说明自己的看法,以帮助领导正确决策。其次，在一切庄重严肃的内外场合，一定要确保领导的合适位置，防止出错出误。如让领导走在前面，向来宾介绍领导时要恭敬、庄重，领导与人谈话时不要随意插嘴，等等。这些看起来都是"小事"，但对于维护领导权威来说，可都是"大事"，身为秘书者，万不可掉以轻心。另外，不管有意无意，都不可非议、贬损领导。一方面，秘书不要妄自评议领导的思维方式、工作方式，以及其生活嗜好等；另一方面，其他人在办公室等场合私下议论领导的负面信息时，要用委婉的方式予以劝阻，防止以讹传讹，损害领导的形象。在这一点上，一定要有勇气，有定力。定力用来坚守主见，勇气用来抵制世俗。

二、全力做好本职工作

从本质上说，秘书全力做好本职工作，就是对领导的拥护和支持。要做好本职工作，秘书要有准确的定位，既不能越位，也不能掉队。所谓越位，就是反客为主，不经请示汇报就擅作主张，发号施令，轻则引起失误，给领导抹黑，重则导致恶果，使工作单位受损，让领导颜面尽失。因此，"越位"是秘书工作的大忌，必须慎之又慎。掉队当然也不行。掉了队，必然影响全局。所以在自己的工作环节上，宁可超前，不可滞后。

要做好本职工作，除了准确定位，还要自觉服从领导的安排。凡属领导安排工作，就要认真倾听，明了领导的意图，从而便于实施，达到预期结果。无论领导的安排轻也罢，重也罢，易也罢，难也罢，都不要乱发议论，或喜忧形于色。更不能对繁重的工作、困难多的工作找借口推脱。遇到重的、难的工作，多从磨炼自己的角度去考虑，就会心平气和、乐于接纳。

一旦领受了任务，就要想方设法，克服困难，尽可能地按期按质地完成。当然，如果在完成的过程中确实出现了新情况，比如国家政策的调整、相关单位或部门有了突发事项等，就要及时向领导汇报，听取他的意见或新的安排。在现实生活中，那种不敢负责、怯于担当、事无巨细都要领导耳提面命的做法，那种不顾变化了的客观实际而盲目前行、不与领导沟通的做法，都是不可取的。因为，工作效率不高或工作出了偏差，都对领导不利。

三、主动帮助领导排忧解难

领导者个人由于文化层次、生活经历、个性特点等因素，在工作或日常生活中，总会遇到这样那样的难处。这是很正常的现象，因为任何人都不可能是"百事通""万能巨无霸"。因此，在特殊情况下，秘书帮助领导排忧解难，既是一种需要，也是一种礼仪。

从工作方面说，有些话，领导不好出面去说；有些人，领导不好出面去接待；有些事，领导不好直接上手，等等。这种时候，秘书就要见机行事，帮助领导排除烦忧，渡过难关。现实生活中，"专业上访人""滚刀肉"式的人甚至"垃圾人"，时常会蹿出来干扰领导的正常工作。这种时候，秘书就要机智应对，帮助领导解围、越"险"。否则，领导整天陷在这种事情中，就无力考虑全局之事了。处理这种特殊事项，就是对秘书的一种锻炼。

俗话说"家家都有一本难念的经"。作为领导，也会遇到"难念之经"。这种时候，秘书也应当帮助领导排忧解难。有人可能会说,古人有训:上交不谄。秘书帮领导排解生活之忧,总有些谄媚气味。这实际上是曲解了古人的话。我们应该明白,礼仪的实质就是敬人。敬人,当然包括敬领导。既然要敬,帮他们排忧解难,也就顺理成章。领导是人,不是神,遇到生活中特殊的实际问题如小孩生病、亲人过世之类,他也不可能"仙指"一指,诸事化解。这种时候,秘书出手帮忙,不但不是"谄媚",反而是一种礼仪,一种仁厚,值得充分肯定。当然,前述生活中的特殊困难,领导遇到了要去帮,普通同事遇到了也要去帮。否则,那就真有了"谄"味,让人对某某秘书腹诽存留,甚至公开贬损了。

四、恰当地当好领导的参谋

所谓参谋,一是要"参",即参加,参与;二是要"谋",即谋划。凭什么参? 凭什么谋? 凭真知灼见。真知灼见从何而来? 只能通过学习而来。因此秘书要能真正发挥好参谋作用,首先要加强学习,不断完善、提高自己,使自己逐步成为所在单位、所处行业里的"行家里手"。这种学习,主要在于两个方面。一方面,学习大政方针、法律法规、所在单位所涉及的工作内容的诸多知识等。只有这样,才能逐步由"门外汉"变成可以"登堂入室"的参与者和谋划者;另一方面,向包括领导在内的所有参与、谋划、指挥者学习。孔夫子"入太庙,每事问",秘书在一个单位、一个部门,也要多看、多听、多求教,不断充实自己,增强自己的"软实力"——不锋芒毕露的真才实能,从而有底气、有自信地去充当"参谋"。其二,对期望"参谋"的事项,要深思熟虑,能拿出切合实际的意见、建议。这样,实际参谋时,才能有的放矢,被领导所赏识。在这一点上,切忌只凭一腔热情而没有可用价值的"空炮""斜炮"。要始终坚守"谋不在多,而在管用"的信条,从而在参谋工作中慎之又慎。另外,做参谋工作必须因人而异,相机而动。领导者有不同的类型,不同的行事风格。有的领导水平高、能力强,喜欢独自决断,不喜欢别人掺言掺语;有的领导虚怀若谷,好听他人的有益之言;有的领导喜欢快刀斩乱麻;有的领导喜欢三思而后行。凡此种种,不一而足。因此,秘书的参谋作用,就要根据不同的领导而选择不同的方式。一般而言,无论面对什么样的领导,只有当他确实"需要"参谋时,秘书再考虑参谋,此为最佳方式。实际生活中,有的领导事先就要告诉你,想听听你的见解;有的领导突然面临紧急情况,现场要先听你的意见;有的领导愁眉苦脸,犹豫不决,但在你面前又一言不发。这种种现实,就需要秘书们科学应对。孔子曰:"言未及之而言谓之躁,言及之而不言谓之隐,未见颜色而言谓之瞽。"(《论语·季氏第十六》)(瞽,指瞎眼)他认为人说话往往犯三种毛病:话没到该说的时候就抢着说,这叫作急躁;话到了该说的时候又不说,这叫作隐瞒;没有察言观色就贸然开口,这叫作盲目。老夫子的告诫,对现代秘书们来说,真是太有用了。因此,秘书们参谋时,一定要把握好说话的时机(什么场合,领导有无空闲,领导情绪如何,等等),万不可不分青红皂白,总是按捺不住地去发表高见;或者总当"闭嘴葫芦",一语不出,一言不发。那都叫作不恰当。因为,不该言时而言,有可能会被当成"显摆""作秀""出风头"之类;该言时不言,有可能会被认为无能,甚至被误解为"心机太深,捉摸不透",从而使人对你产生戒备心理。

以上四条,讲的是正常情况下的礼仪规范。在实际工作中,秘书往往还会碰到异常情况。面对一些异常情况,秘书又该如何把持住自己,做到处理有方、不失礼仪呢?

(一)巧妙地化解领导的冲动性言行

每当在工作上或生活上遇到困难、挫折、麻烦时,领导可能情绪不佳。这种时候,"情绪迁移"往往会成为领导排解不快的下意识手段。这种排解,往往又会导致领导的语言、行动比较冲动,容易伤害身边工作人员的情绪和颜面。在这种时候,秘书们如果过分自尊,直接和领导唱"对台戏",那后果就比较糟糕。正确的做法应该是,充分理解领导心中的烦闷或痛苦,充分包容领导的不恰当言行,不讥讽,不对抗,只好言劝慰。等领导平静下来以后,还可帮他出主意,想办法,尽可能地甩掉困难和麻烦。我国古代贤人提倡包容他人的缺点,多用将心比心的"恕"道。法国作家巴尔扎克也说过一句意味深长的话:"忍耐是支持工作的一种资本。"因此,要学会包容,能够忍耐,事情过后,领导会更加器重你、看好你、培养你。

(二)区别对待领导的不同错误

这里我们只说犯错,排除犯罪。否则就不好以"礼"来提醒秘书们了。

对领导的错误,首先要分清是认识性错误还是品质性错误,其次要分清是一般性错误还是较严重的错误,再次要搞明白领导犯错误的内外条件、前因后果等。对这些情况都了然于胸后,就会全面认识领导的素质,理解他的难处,洞悉他的痛苦,用合适的方式来缓解他们的心理波动,使他们不至于过分失落。

领导的一般性错误,秘书们善意提醒即可,但话不能太多,点到为止;较严重的错误会使领导压力骤增,心灵敏感,特别注意周围人的反应。这时候秘书们要一如既往地尊重他,关心他,劝解他,鼓励他,避免领导意志消沉,从此一蹶不振;人品问题,轻易不能触及。如果跟领导关系特"铁",可采用"指桑骂槐"的办法温婉警示,话不能多,态度不能凝重,无伤大雅的玩笑话最好。苏东坡到一寺庙游览,主事和尚见有客来,只淡淡地说:"坐,茶";其后得知来者为地方官员,就稍稍恭敬,便说:"请坐,看茶";最后得知来者是天下文豪,大为震惊,马上毕恭毕敬地说:"请上坐,看好茶。"苏东坡为了提醒该和尚丢弃前倨后恭的人性劣行,在和尚索要墨宝时写下了"坐请坐请上坐,茶看茶看好茶"的对联,使该僧幡然醒悟。此种办法,秘书们可试着一用。

(三)努力充当领导群体中的"黏合剂"

领导群体团结一致,同心同德,秘书们的日子就好过,工作就好做;反之,领导群体明争暗斗,矛盾激化,秘书们弄不好就会成为"受气包"。因此,努力成为领导群体中的"黏合剂",使他们紧密团结,共创辉煌,应是秘书们自觉奉行的礼仪内容之一。在这个至关重要的"课题"中,要始终做好三方面的工作:第一,在领导之间多说他们相互欣赏、相互肯定、相互赞扬、相互支持的好话,促进他们化解成见,求大同而存小异,相安无事,最好能变成"同事加朋友"。第二,不要介入领导之间的直接冲突,避免领导间因顾及"面子"而互不相让。事后绝不宣扬这种冲突,只在他们各自平静后分头做劝慰工作。如有恰当时机,还可促使冲突双方各自多做自我批评,化干戈为玉帛。第三,领导群体的成员各有优势,各有个性,各有喜好。不管领导成员对你态度如何,都要一视同仁地尊重他们,尽心尽力地为其服务。万万不可亲近某人而又疏远、回避某人。总之,心里想着团结,办事利于团结,秘书工作中的"好果果"就会挂满枝头,让秘书们心甜颜开。

第二节　同事相处礼仪

前文已经讲过,现代礼仪由传统礼仪扬弃而来。传统礼仪认为:"行修言道,礼之质也。"(《礼记·曲礼上》)就是说:行为显出修养,言语合乎道理,这就是礼的实质。用这种言、行要求规范现代秘书们与同事的相处,实在大有益处。

如果每个秘书都十分注意自己的言行,那么工作环境就充满了团结、和谐、温馨的气息,就能保证各项工作顺利开展,达到高质量地为领导服务。因此,规范言行,相处融洽,每个秘书都应为此而多多努力。具体来说,每个秘书与同事相处要达到现代礼仪之规范,主要应做到以下几个方面。

一、相互尊重

尊重即尊敬、看重他人,而不是傲视天下,目中无人。《礼记》当中有"敖不可长"的提醒("敖"即"傲"),警示世人傲慢的情绪不可以滋长。俗语当中也有"你敬人一尺,人敬你一丈"的正面引导。可见,尊敬他人是多么重要。秘书和同事们相处共事,若互不尊重,那又是多么难堪的局面。所以,"尊重"二字,必须入心入行。尊重之行,先得从打招呼、明称谓做起。上班有招呼,下班有告别,是一种尊重;年长的称老某,年小的称小某,或称某秘书、某干事等,也是一种尊重。办公场合,千万不可喊外号,如"大胖子""高粱秆""暖水瓶",戏谑他人的肥胖、瘦高、矮胖等,这都是对他人的不尊重。虽是小事,但切莫疏忽。天长日久,小事就可能导致大隔阂。其次,要真诚地关心他人。别人有了困难,要出手相帮。别人有了不愉快,要主动劝慰。在利益面前,要重义轻利,相互谦让,切莫逢利便向怀中揽,遇事总向他人推。再次,不要谈论他人的隐私,更不能四处宣扬他人的隐私。人人都有"好奇心",这是人性的本能之一。但必须学会控制探听别人隐私的好奇心。有了这种自觉的、持之以恒的控制,你就会耳不听,口不传,让他人隐私在你这里找不到市场。与此相关的是,他人明摆在那里的生理缺陷,如眼睛高度近视、某手有指头残缺之类,都要刻意回避这类话题,以免当事人心中不快。另外,未经许可,不要随意动用他人物品;借人之物,也要用后即还。尤其不要总是向某人借用同一种生活物品。事情虽小,但可能引起别人对你的不良看法。俗话说"好兄弟,明算账",借他人现金,大数不易忘,小数常会忘,因此小额借款,三元两元,十元八元,最好尽快归还。否则,时间一长,你忘了,别人又不好提及,就会给别人留下不好的印象。

二、团结协作

俗话说:"一个篱笆三个桩,一个好汉三人帮。"秘书的工作各有分工,加在一起,才能实现总体的工作目标,因此更需要团结协作。要实现团结协作,需从以下几方面不懈努力。首先,不要一味"单打独斗",而要依靠"团队"之力出色完成任务。因为,一个人能力再强,本事再大,但时间、精力总是有限的。更何况,所谓本事,能力,也仅限于某种优势而言,所以一切都是相对的,正所谓"尺有所短,寸有所长"。这就需要秘书们有自知之明,能够独立做好的事,可竭尽全力,负责任地去做。需要他人帮助抑或辅助的(如查阅文档资料之类),就要真诚求助于人,而不要"癞蛤蟆支桌子——硬撑",最终贻误了工作。当然,如果求了人,必要时要予以说明,而不是把一切功劳、成绩都归于自己。否则,同事们对你就会心生不满,下次再求人时,恐怕就没那么顺当了。其次,必要时要乐于助人。别人需要,可去助人;别人能完成的,就不必强行去助,否则就有"显摆自己"、小看他人之嫌。别人主动求助于你时,一定要笑脸相迎,尽快上手,非有特殊原因,绝对不能推三阻四,也不能一边助一边讥讽、抱怨受助同事,否则就算"失礼",出了力却并未讨好。助人之后,也不必逢人便说,四处宣传,那会有失身份,别人以后再也不敢、不愿请你帮忙了。再次,工作中要多补台,不拆台。也就是说,同事有了在工作中过不去的"坎",要主动帮他迈过去,使其顺利完成任务。万不可利用这种时机看他人笑话,甚至冷言冷语,贬损他人。荀子说:"与人善言暖若锦帛,与人恶言深于矛戟。"人在工作中不顺畅、心情不好的时候,最计较他人的言善或言恶,因此,秘书与同事相处,要特别注意他人的心境,绝对不要恶语伤人,损伤团结和谐。另外,团结协作,应该是整体性的、全局性的,而不能有选择,有排除,有意无意地搞亲疏远近,最终导致了分裂,贻害无穷。孔子说:"君子矜而不争,群而不党。"(《论语·卫灵公第十五》)意思是正人君子庄重谨慎却不与人争,合群团结却不结党营私。老夫子的殷殷之教,今天仍然值得世人自觉践行。

三、宽容大度

现在有一句流行语是"胸怀有多大,事业就有多大"。如果从哲学的高度来看,它自然有些偏颇——因为人的事业,除了主观的胸怀气度、真才实学外,还有赖于客观环境的促进。但从个人修养来说,它无疑是至理名言。

与人相处,没有宽容大度的胸怀,除了自寻烦恼外,就是讨人厌恶。因此,秘书与同事相处,自然和其他行业的人员一样,需要"大肚能容天下难容之事"。只有这样,才能与同事和睦相处。这就是孔子说的"宽则得众"。

宽容大度四个字,涉及面较多。从秘书工作的实际环境来说,主要应做三方面的努力。第一,能够包容他人的弱点、缺点。"金无足赤,人无完人",你在审视别人,别人同样也在审视你,所以秘书们只能严格要求自己,而宽容他人的不足。古人所说的"君子不责人所不及,不强人所不能"(《文中子·魏相》)就是这个意思。从结果上来说,"躬自厚而薄责于人,则远怨矣!"(《论语·卫灵公第十五》)对自己严格要求而宽厚待人,就会远离怨恨啊!既然如此,秘书们为什么不去养成自己的宽容大度呢?第二,能够包容他人的失误。只要工作,或大或小的失误总免不了。有了失误,秘书可以帮助当事人总结教训,谨防再出同类问题。自己也可以多多担责,减轻当事人的心理压力。千万不要抓住失误不放,刀刀见血,甚至落井下石,恶意中伤。从历史经验看,宽容别人的失误甚至错误,很多时候倒是帮了自己。曹操宽容下属中与袁绍暗通书信的人,终致人才济济且全力出谋划策,保证了曹公实力不减,能与蜀、吴长久抗衡;楚庄王巧妙宽容了对他的妃子有所不敬的将军,这个将军既惭愧又感激,后来在战场上拼死出力,解救了国家危难。这些历史人物的大胸怀、大智慧,秘书们都应好好学习。因为现实生活中,要小聪明的人太多了。而这种小聪明,实际上于人于己不但无益反而有害,所以古人早有定论:"小慧害道。"(《说苑·说丛》)。第三,以德报怨,以直报怨,多将好事让别人。以德报怨没错,但孔夫子认为不全面,还需要"以直报怨",即以自己的正直本性回报怨恨,让他人觉得自己并无坏心。以德报怨、以直报怨合起来看,就是该用恩德回报他人怨恨时就用恩德,该用正直无邪感化有怨之人时就用正直,而不是伪装做作。明白了此理,秘书们就应该多为他人着想,凡有好事时,如选先进、升职务、提薪酬之类,多多谦让为好。这既是一种恩德,也是一种正性。坚持这样做,表面看起来你经常在"失",长远看你却无处不"得";得到了和同事的团结,得到了"怨"者的转化,也得到了自己人格的提升。

四、勿妒勿恨

现在有一句流行语"羡慕嫉妒恨",讥讽不少人的心态总在于"笑人无,恨人有"。作为秘书,断不能受此世俗之干扰、浸染。对自己的同事,既不能嫉妒满怀,也不能心存恨意。因为,法国著名作家司汤达早就提醒过人们:"嫉妒是诸恶德里面最大的恶德。"怎样做到不妒不恨呢?主要有三条:第一条,正确看待自己和他人。人有差别,这是不争的事实。差别在哪里?差别有多大?每位秘书都应有个基本估计。估计恰当,受益无穷。这就是古人说的"知人者智,自知者明"。知道了自己的优势和弱势后,要不断提高、发展自己的优势,同时自觉学习每个同事的长处,弥补自己的弱势。天长日久,自己就会优势日增而弱势日减,未来的发展就天高海阔。第二条,不妒人之长,不揭人之短。妒人之长、揭人之短,根子多在心中充塞着"恨"意。"恨"意之因,林林总总,不一而足。因此,秘书们要学会化解由各种原因聚合于心中的"恨"意,以善的胸怀对事待人,从而乐于扬人之长,护人之短。俗话说"好事不出门,坏事传千里",就是因为世人中喜欢"说长道短"者随处可见。秘书们只要自觉抵制这种世俗,就不至于重蹈覆辙。《弟子规》当中所讲的"人有短,切莫揭;人有私,切莫说。道人善,即是善;人知之,愈思勉。扬人恶,即是恶;疾之甚,祸且作。"虽尚有不当之意,但就总体精神而言,堪可为现代秘书们的座右铭之一。第三条,公平竞争,共创天地。"竞争"是把双刃剑,用得好,双方得益;用得不好,两败俱伤。这种经验与教训,古今皆多见。现代秘书们要自觉向好的"竞争"典型学习,而坚决抵制那种为他人"设套""挖坑"等下黑手、使阴招的所谓"竞争";对于那种无中生有地诽谤他人而抬高自己的小人伎俩,同样要坚决抵制,勿让其附身作祟。总而言之,身为秘书,一定要做君子,而勿做小人。孟子说:"君子以仁存心,以礼存心。仁者爱人,有礼者敬人。爱人者,人恒爱之;敬人者,人恒敬之。"(《离娄下》)明白此至理,纵览古今事,我想秘书诸君们都能和同事成为良友、益友,团结奋进,使各自的工作不断锦上添花。

第三节　通信礼仪

在现实生活中,电话、手机是人们不可或缺的通信工具。但是,在使用电话、手机的过程中,人们是否都能了解、奉行相关的礼仪规范,恐怕还得打个大大的问号。从事秘书工作的人,是否都能明确通信礼仪,通过电话、手机的交际功能来既塑个人形象,又塑单位形象,恐怕也难完全肯定。因此,帮助从事秘书工作的人员熟悉、遵从相关的礼仪要求,有着十分重要的现实意义。

一、使用电话的礼仪

使用电话,包括拨打电话和接听电话两种形式。这两种形式中的礼仪规范,既有相同处也有相异处。

(一)拨打电话

拨打电话,看似简单,实则讲究不少。若不留心,就可能既伤人又损己,甚至给单位带来麻烦或损失。这种教训,在实际生活中并不少见。因此,恪守相关礼仪,切不可马虎大意。拨打电话的礼仪,主要有以下几点。

1. 时间、空间要恰当

所谓时间恰当,就是要方便对方接听电话,不干扰对方的正常休息、用餐等。一般来说,早晨上班之前、晚上10点之后,若无紧急事项,就不要给人打电话。万一有紧急事项打电话,就要先向对方表示歉意。待对方同意后,再继续通话;若对方态度迟疑,就不必强行续话。如向国外打长途电话,还得考虑时差;否则,也会对听话人形成干扰。

所谓空间恰当,主要是公私分明。传统礼仪中有"公事不私议"(《礼记·曲礼下》)的规矩。由此引申,秘书们要讲究在办公场合,只打与工作有关的电话,而不去絮叨个人生活私务。另外,若受话人正在办理其他重要公务等,也不要随意打电话。如某领导正在参加重要会议,或者正在同来宾洽谈等,空间条件不允许干扰,这时打电话过去,就属于失礼之举。

2. 通话内容要简洁

通话时间的"三分钟原则",要尽量遵守。因此,拨打电话前,要认真准备。这种准备,有的是大脑中的思维准备,有的是书面材料(文件、资料、数据,等等)的准备。有了这种准备,通话时才不至于主次不分,中心不明,杂七杂八,语无伦次。通话时,要简明扼要,用语清晰,干脆利落,勿用方言土语中的奇怪说法,避免"这个""那个"之类的语病,以保证时间的优化使用。

有些时候,由于通话内容较为复杂,三分钟内可能无法沟通明白,就要事先向受话人说明,万万不可打"马虎眼"忽悠人。如只向对方表示讲五六分钟即可,结果你却唠叨了十五六分钟甚至更长,那就大煞风景、大失礼仪了,会给人留下很不好的印象。如果向对方言明大概的用时,对方表示正忙,不能占时太多,那就要另约时间以便完整沟通。

如果拨打电话后发现要找的人不在,可采用以下几种办法灵活处理,以免耗时。一是礼貌挂机,结束通话;二是请教对方的其他联系方式。不管结果如何,都要对提供信息者表达谢意;三是请求留言。留言时,一定要讲清楚自己的单位、姓名、电话号码、回电时间范围、需转告的内容等。同时,对代为转告者也要表示谢意。

3. 所持态度要敬人

礼的实质在敬人,所以符合礼仪的拨打电话,也须自觉敬人。敬人之要,在于如下细节。首先,拨打电话后要"自报家门"。特别熟悉的人,只报自己姓名即可。其他的人,则要说清楚自己的单位、自己的姓名,必要时还要说明自己的身份。这样,就便于受话人与你沟通的尺度把握;其次,通话时语音要柔和,不宜太高或太低。语速也要适中,做到字字清楚,表达无误;再次,态度要认真,不要一边打电话一边吸烟、吃零食或同他人言笑。无论坐姿或站姿,都要端庄文雅;最后,要礼貌挂机,不忘告别。切忌用力摔机,发出的声音尖利刺耳,令对方不快。告别语则要规范随俗,如"再见""欢迎有机会时来我们这儿做客"等。切不可乱开玩笑,甚至口出粗话、脏话,让对方难以接受。

(二)接听电话

接听电话虽处于被动地位,但相关礼仪同样不可忽视。接听电话有本人接听与代接电话两种情况,故对其礼仪规范分而述之。

本人接听的礼仪规范主要是:首先,尽快接听,及时确认。所谓尽快接听,是指如无特殊情况,应在电话铃声响三声之内接听。如果确因情况特殊未能及时接听,接通后应主动向发话人致歉。所谓及时确认,就是自报单位名称及本人姓名,看对方是不是在找自己。如果对方打错了,切勿突然压机,也不要出言不逊,有讥讽、抱怨之气;其次,认真倾听,准确回应。这就要求听话者的注意力集中,听清楚并领会对方的意思,以便回应。回应时,既要用语客气、正确,又要简单明了,便于对方节约时间;最后,绝不可有所谄又有所渎。传统礼仪中有"上交不谄,下交不渎"(《周易·系辞下》)之说,告诫人们与身份地位高于自己的人交往时不要谄媚奉迎,与身份地位低于自己的人交往时不要轻慢无礼。现代秘书们接听电话时,要摒弃世俗,坚守人格底线,既不谄上也不渎下。具体而言,不要因为对方是什么高档次人物就刻意巴结,低三下四,也不要因为对方是不起眼的小人物而出言不逊、盛气凌人。

代接电话的礼仪规范主要是:首先,热情代接,不烦不躁。不要因为是代接而厌烦,从而出言不慎,损害自身形象;其次,准确记录,及时转达。俗话说"好记性不如烂笔头",所以需要转达的内容,特别是来电话者的单位、姓名、通话要点、是否回电话及电话号码等,一定要记录清楚,并尽快转告相关之人。切忌拖延无期或者完全遗忘;最后,把紧口风,尊重隐私。代接他人电话时,不要寻根问底地打听发话者不愿细谈的内容。转告电话内容时,只让当事人知道即可,而不要张张扬扬,闹得满城风雨。对别人的私密性话题,更不可疑神疑鬼,任意传播。做到了以上三点,你就算得上代接电话者中的有"礼"之人,有"德"之人,有"品"之人。

二、使用手机的礼仪

现在,手机的使用率极高,与之相关的礼仪也越来越受到人们的关注。现代秘书们对手机使用的礼仪,更应特别重视。这是因为,一方面秘书们使用手机的频次很多,稍不留心,就会失礼;另一方面,手机的功能越多,也就越容易引发意想不到的问题,导致无意识犯错。这就决定了秘书们使用手机时,要格外留心,"非礼勿动","非礼勿言"。

使用手机的礼仪,既包括国家关于移动通信的相关规定,又包括使用者个人的自身修养。因此,它的具体规范是多方面的,而且十分具体而琐碎。但概而言之,主要是以下几点。

(一)合理放置

合理放置的目的在于使用方便。因此,在常规情况下,应将手机放在随身携带的公文包中,或将其放在上衣的口袋中;参加会议时,为了不干扰他人,可交人代管;与人交谈时,可放在身边,或放在上衣口袋中。

需要特别注意的是,在任何情况下,都不要总把手机拿在手中把玩,这会给人留下不庄重、江湖气太浓的不良形象;也不要有意无意地透露高端手机的品牌,宣传它的特有功能等,这种不经意间的炫耀,是极为失礼的行为。

(二)确保安全

现在,国外一些非法组织和个人常常利用高端窃听工具,企望窃取手机中的政治、经济、军事等重要信息,达到其别有用心的目的。因此,为了安全,秘书们的手机内最好不储存相关的重要信息,以免对国家"失礼"。另外,凡有关法律法规明确规定不能使用手机的地方,就要非常自觉地去执行,而不能心存侥幸,酿生祸端。在我国,不要一边驾驶汽车一边使用手机,以免发生行车事故,给自己或他人造成不必要的损失;乘坐飞机时,一旦飞机起飞,就不要使用手机,否则会干扰飞机的操作系统,有时甚至会导致非常严重的后果;在油库、加油站、医院病房和手术室旁,都不要使用手机,以免引发火灾、爆炸或医疗事故。另外,在有关方面临时通知某种特定情况下不要使用手机时,也要自觉遵守,而不要胡搅蛮缠,我行我素。

为了自身安全,在路过斑马线、不熟悉的道路或光线不好的地段、有潜在危险的环境时,不要总当"低头族"。现实生活中,"低头族"们上演的悲剧实在太多了,一定要吸取教训,不再去重蹈覆辙。

(三)恪守文明

文明使用手机,为的是既不给自己抹黑,也不给社会和他人添乱。为此,现代秘书应像其他各种讲究"礼仪"的人一样,自觉而持之以恒地做到:

①不要在有可能影响他人通行的公共场合,如人行道、红绿灯路口、电梯、楼梯及其他有可能人员拥挤的地方使用手机,以免给他人通行带来不便。

②不要在需要保持安静的公共场所,如电影院、剧院、音乐厅、餐厅等人员聚集的地方高声大气地使用手机,影响他人观赏等。而且,除就餐场所外,最好事先关机,或使手机处于静音状态。如果是陪同领导和外部客人特别是外国嘉宾出入这些场所,更要保证手机不"意外发声"。

③不要在上班时间特别是在办公室中因私事使用手机,尤其不要在开会、接访客人时突然离场去拨打手机。在这种情况下,最好将手机调为静音状态,以免干扰。

另外,未经允许,不要拍摄他人形象及所处环境、所用物品等,以免他人反感。经他人同意后而拍摄的内容,未经许可,切忌向外转发或公开展示。

(四)保证畅通

除了不允许使用手机的情况外,应保持手机畅通,这是秘书工作的特殊性决定了的,绝不可马虎大意。忽视了这一点,就有可能误人误事,使"服务"质量下降。因此,首先要及时排除手机故障,不影响正常使用;其次要按时交纳资费,按需充电;再次,手机号码变更后,要及时通知有关方、有关人,以免联系中断;还有,在特定情况如登机、开会、观赏影视歌舞时将需较长时间关闭手机时,应事先向有关方的长期联系人和本单位主要领导、分管领导说明,便于他们开通其他联系通道,不至于贻误工作。

第四节　会务礼仪

秘书人员参与办会是日常的重要工作之一。会议有大有小,但基本规矩是一样的,这就是民主决策,形成结论,贯彻执行。因此,参与办会,是秘书人员学习、锻炼、提高的有利时机,应当特别珍视。

除极为特殊的情况外,会议一般都由准备阶段、召开阶段、会后阶段三部分组成。每一阶段,有不同的中心,随之也就带来了不同的礼仪规范。秘书人员了解不同阶段的不同礼仪规范,按规办事,就能促成会议顺利召开、实现预期,从而真正发挥出"参谋""助手"的积极作用。

一、会务礼仪的基本要求

(一)周全考虑

所谓周全考虑,是指在准备会议时,对会议的各个环节、各个细节都要充分考虑到,以免出错。小会如此,大会更是如此。人常说"细节决定成败",因此要特别关注细节,预判突发情况,有解决突发情况的方案。

一般来说,无论是大型会议还是小型会议,大的程序领导者会有宏观把握,秘书人员的职责是保证程序的正常推进。在这种推进过程中,关注细节同样特别重要。比如某个小型会议确定了三个议题,那就要考虑每个议题的大致时间,时间快到了可提醒一下主持会议的领导,让其有所考虑;再比如票决事项,什么人可参加投票,什么人不参加投票,都要按规矩核对清楚,正确发票,准确计票,以免票决事项无果而终。

(二)合理安排

合理安排有两个重点:一是会议时间的合适度,二是会议进行中的张弛度。大的安排,秘书人员事先可提出自己的意见、建议,供领导决策时参考。小型会议,除了前文已提到的提醒领导掌控每个议题的决策时间外,还应提醒领导安排一定的休息时间,以供与会人员办理私务或思考相关议题。大型会议,首先要根据会议内容确定会期,防止会期过短完不成预定任务,过长则显得松弛,且会影响与会人员本职工作中紧要事项的处理。另外,会议如在单位内召开,倘有条件,可安排一定的休闲娱乐活动,如放一场电影、组织一点文艺节目演出等。这些活动须因地制宜,不能铺张奢华;限于自身条件,会议如在某一公共场所(如借用其他单位的礼堂、剧场之类)举行,则安排相应的休息时间即可,不必大费周章,影响兄弟单位的正常工作和生活。

(三)悉心服务

服务工作始于会议酝酿筹备,终于会后之议案落实,可谓面面俱到,缺一不可。因此,秘书人员必须尽心尽力地服务,让全体与会人员放心、满意。会议服务无小事,因为某种小事,比如说茶水突然供不上、某位与会人员材料袋中的材料不足数之类,都会影响会议质量,这就需要秘书人员在服务过程中既要明确重点,又要兼顾全局,把服务工作做全面、做细致、做到位,不留任何失误或缺憾。

服务工作重在实效。这种实效通过两方面来体现:一是与会人员,二是会议结果。因此,对与会人员的服务,要做好迎来送走、材料配发、座位安置、生活起居如饮水用餐之类事项的服务,使他们从容安心、精神饱满地参加会议;会议结果始自会议酝酿,中间环节自在其中,故而从会议准备到会议结束的大、小环节,方方面面的服务诸如人员分工、职责划定、检查落实、应急处置等,都要不拖拉、不掉链,使会议有序推进、圆满结束。总之,只有与会人员心情舒畅，会议结果各方满意，秘书人员的服务工作才算得上完全到位、无可挑剔。

二、会务礼仪的主要内容

会议一般都由准备阶段、召开阶段和会后阶段三部分组成，因此会务礼仪在不同阶段自然会有不同的内容。

（一）准备阶段

本阶段主要有四项内容：确定时间、邀请人员、进行通知；如果是非例行会议的大型会议，还有一项非常重要的内容——材料准备。什么时间召开、哪些人员参加、准备什么材料，什么时间发出开会通知等大政，由领导层决定。秘书人员的工作内容，则是按照既定的大政去认真落实。

例行工作会议的时间，有的是固定（如每周一上午之类）的，有的是临时的，由主管领导人提出。不管哪种情况，秘书人员都应通知相关人员按时到会。正规的大型会议，一经确定，就要准备材料，发出通知，告知相关人员，并在一定范围内让所有人员知晓。

正规的大型会议通知，应包含以下主要内容：会议的名称（有的还应标明届次）；会议的主要议题；会期、会址、应到会人员；应到会人员需要准备的材料；其他事项（食宿安排、费用数额、日用品携带等）；发出通知的单位（部门）和日期。会议如邀请有上级部门或是兄弟单位人员和新闻媒介单位的人员，会议通知或直接送达（近距离者）或专函奉寄（远距离者）。

重要会议的准备，还需专设相应机构，如秘书组、联络组、接待组、保障保卫组之类，各组明确责任，分头准备。设组及责任划分，相关秘书人员提出初步意见，交由领导层讨论决定后予以实施。实施过程中，秘书人员应做好协调、检查及补救工作。

（二）召开阶段

召开阶段，要根据不同类型的会议做好秘书人员的本职工作。

例会及小型会议，主要做好三项工作：一是到会人员的人数清点以及未到会人员的缺席缘由，报告给会议主持人。二是做好会议记录。会议记录应真实可靠，不失发言者的基本倾向、基本观点。凡属重要的决议事项特别是票决事项，务必准确记载，不引歧义，不留失误，以备查验。三是服务性工作如上茶、调节室温、临时休息时照看会场等。

大型会议，秘书人员的工作内容甚多。如属讨论性的工作会议，所做工作主要为以下三项：一是征得领导同意后，宣布小组划分、各讨论组负责人、各讨论组记录人、各小组讨论地点等。二是联络工作。掌握各小组的讨论情况，及时汇报给主持会议的领导，以备领导在总结会议时参考。三是分组讨论前各小组讨论场所的落实与检查。主要检查内容有座位是否够数、茶水供应是否有保障、场所卫生条件是否合格、现场服务人员是否落实等。

凡属有相对周期的大型会议如党员代表大会、职工代表大会等，秘书人员的工作，应根据大会领导者(一般为主席团、每天的主持人等)的安排认真落实。概而言之,工作主要内容如下:其一,迎接外单位及上级部门来宾。外单位重要来宾(如单位领导或知名人士)及上级部门来宾步入会场时,应陪同本单位领导在会场入口处迎接,并引领至应坐之处。其他人员,也应由专人迎接并引领入座。其二,布置会场,划分与会人员就座区域。会场布置,要抓住三个要点:主席台设置和会标悬挂;会场座位准备;会场茶水点、音响、气温调节器具的安置等。会场布置时,要特别注意会标的书写,查之再查,以免出错。主席台座位,应根据已知信息,足额安放并有余数,以备急用。其他座位,也应有一定余数,以应急用。其三,安排分组(或代表团)讨论场所,指定讨论时的负责人(一般都是组长或代表团团长)及记录人员。主持讨论的场所,事先应对座位、卫生状况等进行检查,防止疏漏出现。记录人所用的记录本、记录笔等用具,应于讨论前交付给讨论主持人或具体记录的人员。其四,做好联络沟通工作。及时向大会主持人(或主席团)汇报需要注意的事项及需要解决的问题,以保证会议按既定程序正常推进。其五,做好日常服务工作,如按时按数发放会议材料、保证用水用电、外请人员的生活起居保障等。对远道而来的客人的返程问题,也要及早安排。其六,确保安全。安全既指与会人员的安全,又指会议财物、材料的安全。事关投票选举或决定的事项,第一手材料(选票、计票登记表等)要确保万无一失。各组(或代表团)的讨论记录本,也要细心保存,以备参用。总之,会议特别是大型会议召开期间,秘书人员很忙碌,责任也很重。只有怀揣敬人之心,对内对外都敬而不怠,恪尽职守,勤勉做事,才能获得上上下下、方方面面的认可和支持。

(三)会后阶段

会后阶段体现礼仪规范的工作主要有如下几项:其一,安排参会人员离会。离会时,如有经济手续,应与离会人员结清;如有应收的会议材料,应提醒离会人员交回。离场时,先请受邀而来的外单位嘉宾离开,然后本单位与会人员有序离开。其二,整理会议文件、材料。整理会议文件、材料时,会议讨论记录、票决事项材料、会议主要报告和重要发言材料,务必完整回收,归类整理,专人保管,以便会后或发简报,或制文下发,或归档备查。有需要上报待批的事项,相关材料应现场查验,专收卷宗,专人保管,以备呈文。其三,会议文件、材料的归档。归档有三种情况,应分步实施:无须再行修改的文件、材料,如会议通知、报到登记册、人员分组表等,可先行立卷;有些还需按照参会人员提出的意见、建议再行修改的文件、材料如大会主报告、重要的决议案材料等,经修改定型后立卷。立卷时,原稿在前,修改稿在后;有些重要的票决结果,需要呈报上级组织批准后方能正式行文的,应待上级批文到达、本单位正式行文后,将上级批文与本单位行文一并归入合适的卷宗内存档。因大型会议文件、材料较多,归档时,应将卷宗编上顺序号,封面上写上卷宗名号(如第 X 届教代会文档之类),并在卷内第一页目录中依次写清本卷中文件、材料的具体名称及所在页码,以便查阅。其四,撰写会议纪要,有必要时同时撰写新闻稿件向外投发。需要说明的是,会议召开期间如有重要内容值得对外传播,可及时撰写新闻稿件向外投发,以求时效。会后的新闻稿件,同样要反映有新闻价值的内容,避免流水账式的写法。所有对外所发的新闻稿件,都应送分管领导或主要领导审核,以免出错。其五,进行会务工作总结。这种总结,一般只适用于大型的并具有周期性的会议,如一个单位的某届职工代表大会之类。工作例会、即时性会议则无必要。会务工作总结,由分管领导或主要领导主持。秘书人员则协助领导做好相关的准备工作与服务性工作,使这种总结起到积累经验、鼓舞人心的积极作用。

三、外请与会人员的迎送礼仪

较为重要的、有一定规模的会议,往往会邀请嘉宾。嘉宾既包括上级单位的成员,也包括兄弟单位和新闻媒介单位的成员。为此,迎送他们,是会务工作的基本内容之一,必须高度重视,不失礼仪。

(一)迎接礼仪

迎接外来嘉宾,核心是热情、诚恳、恭敬。主要内容则包括行、住、餐、到会四项。因此,体现礼仪规范的主要做法是:明确了嘉宾的到来日期后,除本人表示自行解决到办会单位的交通问题外,其他嘉宾,办会单位的秘书人员,都应做好机场或火车站、汽车站的接人工作。接人时,如与嘉宾不相识,应手持写有嘉宾单位、姓名、职务或职称的标识牌,以便联络。见到嘉宾时,应面带微笑,热情问候,表示欢迎,帮拿行李,然后乘本单位车辆去往预订好的住宿馆、所,并协助办理入住手续,陪同客人进入房间;入住以后,则要利用闲聊时机,征询客人的个人要求及费用支付途径等,以便离会时妥善处理。对入住馆、所的内外环境,以及怎样得到服务人员的帮助等,应作以大致介绍,以方便嘉宾;嘉宾用餐事项,包括地点、每天时间安排、届时派人引导等,都应一一说明,体现出应有的待客之道;引导嘉宾到会时,秘书人员应亲到嘉宾住处见面,然后引至会场。如引导重要嘉宾,秘书人员应陪同本单位领导一同前往,然后一同进入会场;参会期间,秘书人员还应主动询问嘉宾,了解他们的想法,帮助他们解决实际困难,保证他们的安全和健康。如有嘉宾企望会余时间与秘书人员所在单位的某位亲朋故旧见面叙谊,秘书人员也应积极帮助联系,使嘉宾如愿。总而言之,要使嘉宾全方位地体味到"宾至如归"的温馨,秘书人员一定要心细,态恭,嘴甜,腿勤。尚能如此,迎接之礼仪,就无可挑剔了。

(二)送行礼仪

自古以来,人们特别看重送行礼仪。"惜别"二字,正饱含了送行的全部意义。"桃花潭水深千尺,不及汪伦送我情。"(李白《赠汪伦》)"请君试问东流水,别意与之谁短长?"(李白《金陵酒肆留别》)又更是对送行之情的高声咏唱。

今天,交通便利,往来容易,当然再不会因送行而生出无限感慨。但重视送行,传承古风,仍然十分必要。因此,回到我们这里所涉及的为与会嘉宾送行的问题,办会单位的秘书人员就应依礼行事,认真做好以下几件事,让各位嘉宾高兴而来,满意而归。首先,除自驾车辆者外,应将嘉宾返程所订的机票、火车票亲自送交给本人或随行人员,并结清经济手续;其次,在嘉宾离开前,应在不违背相关纪律的前提下,安排必要的饯行餐饮。饯行餐饮,秘书人员应陪同本单位领导前往,并做好相关的服务工作;在嘉宾启程时,有自驾车辆的,应送至车前,握手告别,并言说"一路平安""一路顺风""欢迎再来"等送行语,待车辆行驶出一定距离后,方能离开。需乘飞机或火车返归的,应陪同本单位领导或秘书人员单独将客人送到机场或火车站。如机场或火车站允许,可一直送到飞机前或火车前。如不允许,则送至入站口,言说送行吉语,握手告别。待客人进站后已不能再看见时,方返身离开。到一定时间后,还应询问客人是否登机入舱或是否上车入座,以示关切。至此,对嘉宾的送行工作,才算全部完成。

第七章

聚会礼仪

人生在世，无非是聚散离合四个字，只不过所占比重不同罢了。在聚散离合的过程中，知识的积累、才干的提高、业绩的创造、友情的扩展等，也便应运而生。

从人类心理学来说，皆是喜欢聚喜欢合的。现代社会，为人们提供了"聚"的便利条件，因此"聚"的机会也就越来越多。从历史经验来看，"聚"无所谓是或者非。区别的关键，是看为什么而聚，聚出了什么结果。这就不能不涉及法规、道德、礼仪的问题。法规问题，不是本书探讨的重点。道德与礼仪，很多时候是交融在一起的。因此，本章中就只探讨聚的礼仪问题。

"聚"通俗地讲就是聚会。聚会一般指为了某种目的而聚集在某个地点的活动。人数多少不定，少则三五人，多则上千人、上万人。从聚会的类型上说，一般分为公务聚会和私人聚会。

正常聚会，基本目的都是扩大宣传或增进友谊。公务聚会以前者为主，私人聚会以后者为主。为了实现良好的愿望，所有的聚会，都应遵守相应的礼仪规范。否则，聚会就失去了积极意义，留下这样那样的遗憾。

第一节　集会礼仪

集会是非常正规的一种聚会，一般是怀着某种共同目的的人聚合在一起，有组织、有事项、有步骤地商讨有关问题。因此，集会也是一种会议。

集会无论大小，都具备以下几个特点：第一，集会是有组织的。这种组织，或是筹办者，或是召集者。筹办者或召集者一经确定，准备参加集会的各方都应按照筹办者或召集者的安排做好准备，并准时参加；集会期间，筹办者或召集者须按各方商定的意见，进行必要的协调、安排，并处理好日常性和事务性的各种工作。第二，集会是有中心议题的。中心议题，是在与参与集会的各方商量的基础上确定的。因此，在集会期间，如无特殊情况，参会者应按既定议题发表意见,处理问题,不可节外生枝。第三,集会是按步骤实施的。一般情况下,集会应围绕中心议题,一步一步地有序推进。如有特殊情况,应向参会者说明,征得大多数人的同意后做必要的步骤调整。但无论怎样调整,都不能干扰集会的中心议题。第四,集会是有领导的。这种领导,有的是按原有职责自然承当,有的是经参与集会的各方推举产生。不管哪种情况,集会的领导者都要承担起组织、准备、实际运作的责任,使集会按期、顺利、保质地举行,产生积极的成果。

集会,特别是有一定规模的集会,涉及面广,论及事项多,这就需要参加集会的各方人员都遵从相应的礼仪规范。这就决定了集会的礼仪内容较为繁多。为此我们只能注目于个人,重点介绍集会的主持人、发言人、听讲人的礼仪规范。

一、主持人的礼仪规范

主持人是集会的程序掌控者,其主要职责是落实议程、安排时间、管控会场、处理突发情况这四项工作。因此,主持人的礼仪规范,主要体现在以下几个方面。

(一)落实议程

议程就是集会事项的先后安排顺序。这种安排顺序,由事先经过讨论或征询意见的程序而决定。主持人的责任,就是认真落实这种议程。

要落实议程,就要做好两方面的工作:首先,应该熟悉议程。这种熟悉,不仅是熟悉大事项的顺序,而且对于每一事项的细节都要了然于胸。凡属会议性质的集会,什么时间开会,什么人作报告(或发言),讨论如何进行,由谁进行总结等,都要十分清楚。为了避免失误,倘无书面的集会议程,主持人应该自己记录下事先商定好的事项内容,届时从容宣布。其次,认真执行议程。这种执行,就是按事先商定好的顺序推进集会的事项进展。在这种推进过程中,如有特殊情况,自己有权解决的可灵活处理;若无权解决,则要求得参加集会的大多数人员的同意或得到相关机构的授权后再进行处置。这种处置,以顺利推进议程为出发点,以保证集会圆满完成任务为根本目的。

(二)掌控时间

任何集会,都有时间上的总量设计。因此,主持人必须掌控各个议程的基本时间,以免总量突破,不好收场。

掌控时间,关键有二:一是要求参加集会的所有人员遵守会议时间,该到即到,该离即离,不能因为个别人或少数人的拖泥带水而影响全局。在这一点上,主持人除了自己以身示范外,还要在集会伊始讲明要求,强调纪律。二是把控好每一议程的时间安排。一般来说,时间上容易出问题的,往往是发言或自由活动。因此,作为主持人,限制发言时间、规定自由活动时间,是完全必要的。在这个问题上,要敢于扮演黑脸包公的角色,不能听之任之。当然,具体处理时,要语婉态和,不能简单粗暴,令他人难以接受。

（三）管控会场

管控会场的目的，是不出意外，保证集会按既定程序顺利推进。为达此目的，主持人要按以下原则办事：其一，明确职责，按章办事。主持人的职责是"主持"而不是"演员"，因此，说话不能太多，要把精力主要放在观察会场方面，注意发现问题，及时纠正，避免集会的干扰因素由小积大，进而破坏集会的中心议题。其二，体现主持人的礼仪修养。大而言之，既要大方得体，庄重严肃，又要灵活机动，展示亲和之力。小而言之，对细小环节不马虎、不疏漏，扩大积极的影响力。如介绍有关人员时，要彬彬有礼；需要大家鼓掌时，自己先带头鼓掌，等等。

（四）处理突发情况

任何集会，都有可能出现突发情况，如有人突患急病，有人干扰集会，有人制造混乱，等等。遇到这种情况，主持人要临事不乱，果断处置，保证不出"大乱子"。这种处置，可以是当即宣布有关方出面化解危机，也可以是宣布临时中断，待"乱局"平息后再继续议事，也可以是安排专人，迅速向当地政府或职能单位求援，等等。总而言之，处理突发情况时既要大胆果断，又要有理有节，不授人以柄，不留下遗憾。

二、发言人的礼仪规范

集会上的发言人，包括专题报告者、专题演讲者、主要讲话者、即席讲话者等。发言的目的，在于让人重视所讲内容，引起人们思考或行动。因此，发言人都应注意相应的礼仪规范。

（一）仪表端庄整洁

这一礼仪，除即席发言人可不必过分要求外，其他类型的发言人都应充分注意。

1. 面容干净卫生

男士事先应理发剃须，登场时应做到面部干净卫生，头发整齐规范。若身有异味，应该提前清理或做技术性遮掩。女士应保持发型正规而不奇形怪状，面部可略施粉黛。

2. 着装端庄大方

着装既要干净整洁，合身合体，又要样式正规，符合大众的欣赏习惯。不能着装怪异，故弄玄虚。登台时，纽扣应扣好，领带须打好，不能以暴露为美。女性发言人，更要注意着装的庄重大方，以维护淑雅形象。

3. 配饰恰当

女性发言人，可用一定的配饰美化自己的形象，但一定要少而精，显出庄重大方。不能满身珠光宝气，有招摇显摆之嫌。更不能配饰怪异，搭配无度，让人觉着纯属哗众取宠、轻佻可厌。

（二）发言内容精当

所谓精当，一指切合集会的中心议题，二指有理有据、实实在在、言之有物、令人信服。因此，要努力做到以下三点。

1. 分清对象，有的放矢

就是说，要了解你的听众属于什么样的社会群体。他们的文化层次、心理特点、思想状况、现实需求等，发言人要有大致的分析判断。如有条件，发言前可做一点必要的调查摸底。这样，你"到什么山头唱什么歌"，发言才会具有针对性，从而赢得听众认可。

2. 观点明确，举证真实

按传统之说，观点明确就是发言人赞成什么、支持什么、否定什么，要清清楚楚、明明白白。不能含糊其词或尽来套话、虚话，不见发言人的真实态度或基本倾向。

需要特别注意的是，发言者的明确观点，应激发正能量，维护正确的法规观、道德观和价值观，不能信口开河，一味标新立异，迎合社会生活中的低俗理念。

举证真实按传统说法就是"论据充实"。我这里特别强调"真实"，就是说发言中的证据是真实可靠的，不是无凭无据的。另外，举证要有辩证观，不能以偏概全，把事例绝对化。尤其要注意，不要胡编乱造或引用网络上那种谣传的例证。

3. 逻辑合理，表达生动

逻辑合理包括两个方面。大而言之，围绕中心，各段落之间或并列，或递进，要有一定的关联性，不能一团乱麻，"东扯葫芦西扯瓜"。小而言之，句与句之间，要有合理的连接关系，不能前言不搭后语，让听者难以领会。

表达生动，是一门大学问，涉及的内容很多。简而言之，首先要有句式的变化。表达时恰当地使用一些对偶句、排比句、设问句、反问句等，就可以表达灵动一些，不至于呆板生硬；其次，恰当地运用一些修辞手段，如比喻、夸张、拟人、引用等，把话说得生动形象些，避免枯燥乏味；再次，运用一些富有哲理、引人深思的警句，也能使表达趣味横生、余音绕梁。

（三）态度诚恳谦虚

古人云："诚者，天之道也；诚之者，人之道也。"（《中庸》）意思是：诚，是天的法则；做到诚，是人的法则。因此，发言时，态度诚恳极为重要。

态度诚恳，就是表真态，说真话，表露出发自本心的诚实可信。这样，听众才会认同你的态度。如果发言者言不由衷，只做表面文章，听众就会大倒胃口。

谦虚是一种传统礼仪。其关键是正确估价自己，既知己长又知己短，从而不断地守其长而补其短；与人交往时，也能坦然公开己短，请人指教。所以，古人认为真正知道自己的人才是最聪明的人。

基于上述理由，凡发言者，都应恪守以下礼仪。

1. 实事求是

"自己能吃几碗干饭"，要心中有数，如实发声。说自己的长处，不要太满，而要留有余地。尤其不能自吹自擂,自认为"老子天下第一";说自己的短处,也要恰如其分,合规合矩。过分贬损,就有虚伪之嫌,也就偏离了"诚恳"之道。

2. 尊重听众

听众当中藏龙卧虎,不乏高人。因此,发言人对听众一定要有敬畏之心,不可傲视天下,出言不逊,更不可话中带刺、指桑骂槐。从礼仪形式上说,出场时向听众致意,讲完了向听众致谢,都是不可或缺的礼仪。发言中若遇到意外干扰,也要心平气和,巧妙化解,而不要火冒三丈,生出失态之举。

3. 宽容他人

有些集会,正式发言人可能不止一名,这就难免出现观点不一、意见不合的状况。如遇这种情况,每位发言人都要正确对待他人之言,勇于接纳他人的正确见解,大度宽容他人的偏颇之见、不当言辞。这既是对他人的理解和包容,也是对听众的极大尊重。有了这种尊重,你这个发言人也定会受到绝大多数听众的真心支持和敬重。

三、听讲人的礼仪规范

离开了听讲人的配合与支持,集会的积极影响力就会大打折扣。因此,集会中的听讲人,应该从遵守纪律和认真倾听两方面展示出自己的礼仪规范,以促进集会的圆满成功。

(一)遵守纪律

任何集会,都有纪律。这种纪律,有的是公开宣布的,有的是约定俗成的。不管哪种情况,只要安排有发言人的讲话,听讲人就应该自觉做到以下三点。

1. 按时到会

集会的时间一经确定,所有的参加者都应按时到会。这种按时,应有一定的提前量,以便事先办好签到、领取材料、熟悉环境、确定座位等事项,静待集会的正式举行。

另外,如果已经答应了参加集会,如无特殊情况,届时就不要缺席;如有特殊原因实在不能到会,则应向集会的主办者说明,以免他人久等。

2. 保持安静

保持集会场所的安静,首先是不与身旁之人交头接耳、私语窃谈,更不能大声喧哗;其次是不随意走动,东张西望,也不要吃东西,使用手机和其他收、放器具;另外,主持人或发言人讲话时,不随意起哄或鼓倒掌,更不能粗暴打断其发言或进行当面斥责;最后,表示对主持人或发言人的欢迎、支持或赞赏而鼓掌时,时机要恰当,长短要合度,不能没完没了,让人反感。

3. 不要离场

参加集会,应当坚持始终,不能半途而废。因此,如无特殊原因,不要随意离场到外面逗留。如无特殊理由,不要一去不返,再无踪影。确因特殊事由必须离场时,应向主持人当面说明,表示歉意,待主持人同意后,方可低调离场。

（二）认真倾听

认真倾听，既是对发言人和其他与会者的尊重，也是对自己良好形象的维护。因此，在集会上听取他人发言时，应自觉做到以下几点。

1. 充分准备

准备工作要点有四：一是参加集会前保证休息，从而精神饱满地参会，避免集会时精神不振，困乏无力，不能正常聆听他人发言；二是事先安排好本职工作中的紧要事项，做到专心致志地参会，避免"身在曹营心在汉"，神游会场之外；三是备好必要的辅助工具，如笔记本、写字笔或录音机等，以便必要时记录相关内容；四是事先阅读集会所下发的材料，以便掌握情况，不出失误，也便于能在相关议项中有的放矢地提供有价值的意见、建议。

2. 精力集中

精力集中的主要目的是保证听清楚他人的讲话或发言。因此，在倾听他人的讲话或发言时，要全神贯注，心无旁骛，做到字字句句皆听清，言言语语都会意。另外，若遇他人有意无意地干扰自己的听讲时（如和自己搭话之类），要假装糊涂，默不出声，让对方知难而退；或者礼貌地做出制止手势，使对方停止干扰。这样，自己就能一心一意地听取他人的讲话、发言，避免失礼之举。

3. 记录要点

如有录音设备，录下所有发言最好（如讲话人有书面材料下发，则不必录音）。凡是没有书面材料配发的讲话、发言，应记录下要点，以便集会后进一步斟酌、领会其意。如有特别重要但自己又不甚理解的地方，倘若有条件，可直接与发言者沟通请教；如与发言者沟通不便，可与参会的其他行家交流，求得他们的指导。

第二节 赛会礼仪

赛会有多种形式，如歌咏比赛、知识竞赛、技能竞赛等。本节中，主要介绍体育竞赛的相关礼仪。

体育竞赛有单项比赛和综合比赛两种。单项比赛如篮球锦标赛、排球友谊赛等；综合比赛则包括多种比赛的内容，一般简称为运动会，如陕西省大学生运动会、中华人民共和国第五届运动会，等等。

无论是单项赛会还是综合式的运动会，关涉到的人员大致分为三类：运动员、裁判员和其他工作人员、观众。另外，赛会均有开幕式和闭幕式。关涉人员和开幕式、闭幕式，都必须遵守一定的礼仪规范。

一、开幕式、闭幕式的程式礼仪

(一)开幕式程式

1. 开幕式的基本程序

①主持人宣布赛会开幕。

②放飞信鸽、飘飞气球(有时可免放信鸽)。

③奏唱国歌和赛会会歌(如无赛会会歌,可免)。

④运动员入场。

⑤嘉宾致辞。

⑥运动员宣誓。

⑦裁判员宣誓。

⑧运动员退场。

⑨团体操表演。

⑩竞赛开始。

2. 运动员入场仪式

运动员入场仪式的要点有三。一是入场排序:国际比赛一般按代表队所在国国名的拉丁字母顺序先后入场。国内比赛,则多按各队所在区域的汉字笔画由少到多来确定入场之先后。第一字笔画相同者则看第二字。在这两种排序中,东道主代表队都居于最后;二是代表队队内排序,基本规矩是:最先为旗手,与代表队方阵保持一定距离。方队头排,是领队与教练员的位置。紧随领队与教练员之后,是女运动员。女运动员之后,是男运动员;三是行进路线,各代表队均由入场口入场,然后按逆时针方向缓行,经过主席台后行进到场地中央,面对主席台,成纵队排列。各代表队按先左后右的规矩依序而立。

3. 运动会点火仪式

运动会点火仪式,多在国际性或全国性的综合性赛会上举行,它一般包括三项程序:采集火种、火炬接力、点燃主赛场"圣火"。

采集火种:世界体育盛会奥运会的火种采集,在希腊进行。洲际性综合运动会(如亚运会)的火种采集,由运动会的决策机构确定采集之地;中国的全国性大型运动会的火种采集,一般选择富有历史意义的地点为采集地。

火炬接力:主要是接力路线的选择和代表性火炬手的选择。另外,接力路段的交接,也要组织简短而隆重的交接仪式。

点燃赛场主火炬:一般选择知名运动员手持火炬,采用独特而新颖的方法点燃主火炬,使其一直燃烧到本次赛会闭幕。

（二）闭幕式程式

闭幕式程式主要有以下几项内容：

①运动员、裁判员、工作人员等进场。

②有关人员对赛会进行总结。

③宣布比赛的集体性成绩，并给位居前列者颁发奖品或纪念品。

④本届赛会主办方与下届赛会主办方交接会旗。

⑤宣布赛会闭幕，徐徐熄灭赛会主火炬。

需要明确的是，交接会旗这一仪式，只有本届举办方和下届举办方分属不同国度、不同地域或不同单位时，方才举行。否则就无必要。

二、运动员的礼仪规范

运动员的礼仪规范，虽因比赛项目的不同而有所不同，但基本的规矩是一样的。因此，运动员应自觉遵守这些规矩，既维护自己的形象，也维护整个代表队的形象。

（一）严守比赛规则

严守比赛规则，是运动员的基本礼仪，是保证赛事正常进行的首要条件。因此，无论在个人竞赛项目中还是在集体竞赛项目中，都要自觉地按规则办事。比如怎么出场、怎么进场、怎么请求更换比赛器具（如乒乓球运动员提出更换乒乓球之类）等，都要符合该项目的规则要求。另外，在竞赛中不要恶意犯规，影响正常竞赛。对于无意识犯规，应举手认错，接受该有的惩罚。

（二）尊重竞赛对手

无论什么赛事，有两条通用原则：一是公平竞争，二是"友谊第一比赛第二"。因此，尊重竞赛对手，是题中应有之义。

尊重竞赛对手，要点有三：第一，礼貌待人。该致意的时候，就向对方真诚致意。对方取得了优异成绩特别是战胜了自己时，要真诚祝贺，切不可脸色难看，怒目而视。第二，比赛中不搞小动作，不使"阴招"，更不能破口大骂或出手伤人；也不能做带有侮辱性的肢体动作。第三，场上是对手，场下是朋友。对技不如己者，不能冷嘲热讽，而应真诚鼓励，相机帮助。对超过自己的对手，则要真心敬重，向其学习。当年，美国女排与中国女排在赛场上是难分伯仲的对手。但在场下，两国女排运动员则非常友好。美国著名女排运动员海曼英年早逝后，我国女排著名运动员郎平专门发文悼念。这种把对手当作朋友的典范，永远值得学习。

（三）自觉服从裁判

裁判是竞赛中的"执法"者。没有裁判执规，竞赛就无法顺利进行。因此，在竞赛场上，运动员应该尊重裁判,服从裁判,表现出自己的良好风范。

服从裁判,要认真做到以下几点:第一,礼貌相待。赛前和赛后,运动员应主动向裁判友好致意。个人项目比赛结束后,应按规与裁判握手。集体项目,则可全体面向裁判,鞠躬致谢。第二,对裁判作出的裁决和处罚,要接受并执行。对裁判无意或有意的裁决不公,可按相关规则和程序提出申诉。申诉成功,不要扬扬得意,傲视裁判。申诉不成功,也要泰然处之。切不可记恨在心、借机生事。尤其不能对裁判辱骂或殴打。第三,不带地域、种族偏见,对所有裁判都始终以礼相待;不要将与赛事无关的是非因素带进赛场之中,从而对裁判说三道四;特别是在竞赛失利时,不要迁怒于裁判,下场时对裁判视而不见,甚至有侮辱性言行。

(四)善待各类观众

体育赛事,如果没有观众到场助战,运动员的情绪、成绩常常会受到不利影响。因此,运动员对于所有观众都应持欢迎态度。

首先,不分彼此,一视同仁。所来的观众,有的支持这个队,有的支持那个队,有的人喜欢这个运动员,有的人喜欢那个运动员。这是十分正常的现象。作为运动员,不管观众喜欢哪一方、哪一人,都要对他们真诚致意,或挥手,或鞠躬,礼貌有加,敬之若宾。千万不可有亲有疏,区别待人,那就会产生不良影响。

其次,胜败如常,心平气和。体育竞赛,定有胜败,平分秋色的事少之又少。因此,对各种结果,都要以平常心看待。取得了佳绩,不要得意忘形,欣喜过度,只对喜欢己方的观众致谢,而对支持他方的观众冷若冰霜,甚至面露鄙夷之色。竞赛失利,不要迁怒于支持他方的观众,对其不恭不敬,甚至用失当言行发泄不满。

最后,处事冷静,善解矛盾。在体育竞赛中,无论运动员战绩如何,总有极少量的观众表现欠当,不合礼规。如己方运动员胜出,就大呼小叫,挑衅他方;若他方运动员胜出,则故意干扰,甚至胡言乱语,寻机闹事。凡遇这种情况,一方面在竞赛尚在进行时平心静气,尽力发挥,争取创造更好战绩,另一方面,不要与言行失当的观众针锋相对,而应在竞赛结束后,坦然离场,勿使事端扩大。总而言之,在任何情况下,都要保持良好风度,既不失礼,也不失格。

(五)努力配合采访

各种媒体的工作人员对运动员进行采访,从宏观、长远来看对竞赛水平的提高会有帮助。因此,运动员努力配合媒体人员采访,理所应当。

怎样才算做到了努力配合呢? 其一,凡遇采访,只要有回答的能力,就应尽力恰当回答。实在不能回答的事项,可以婉言谢绝,而不能心浮气躁,生硬失礼。其二,越是竞赛成绩突出,越是要谦虚谨慎,礼貌待人;既不要"耍大牌",对采访者概不见面,也不要待人不诚,东拉西扯,故弄玄虚;更不能借有人采访之机,恶意贬损其他运动队或其他运动员。其三,对意在探访本队、本人训练机密的采访,或具有挑衅意味的尖刻采访,要自我克制,冷静对待,万万不要火冒三丈,出言不逊,给他人留下贬损你的口实。

三、观众的礼仪规范

体育赛事离不开观众。观众的言行举止,对赛事的正常进行有明显影响。正确言行,其影响是积极的、有益的;不当言行,其影响是消极的、有害的。因此,作为观众,应当遵守相应的礼仪规范,促进赛事顺利进行,并产生最优化的成果。

(一)维护良好秩序

维护良好秩序,要点有三。

1.按序入场

如果是凭票入场观看的赛事,应当自觉购票。入场时,持票按先来后到之序依次进场。赛事结束后退场时,也要依序而出,不要强行拥挤,更不要起哄闹事。

2.安然就座

入场之后,应尽快找到自己的位置坐下来,静待赛事正式开始。不要抢占他人的座位,不要东游西荡,也不要和自己的同伴高言大语、嬉戏打闹。

3.正常观看

观看时,对所有运动员都持尊重态度,不要厚此薄彼;观看时要遵守赛场纪律,不使用违禁物品(如放鞭炮、点火把之类),不破坏赛场秩序,不影响他人观看。

观看时,各人喜欢的队、喜欢的运动员各有不同是正常现象,所以和他人交流看法时,同则可议,不同则少说。没有必要为了强求一致而争论不休,甚至要狠斗勇,扰乱赛场。另外,就是观点相同的议论也语不可太多,声不可太高,以免影响运动员的发挥,影响其他观众的观看。

(二)正确支持赛事

支持赛事,就是要起到鼓劲的作用,使各方运动员都争取达到"更快、更好、更高、更强"的目标。因此,观众的支持,必须讲礼仪,讲方法,做到正确合理,不帮倒忙。

1.分清场合

赛事的内容不同,对环境条件的要求也不同。一般说来,室外赛事,环境热闹一些无妨;室内赛事,则要求安静。因此,观看室外比赛特别是径赛项目,呐喊助威都属正常。而观看室内项目,则应静观其变,不宜吵嚷喧哗。另外,即使可以呐喊助威的赛事,在某些节点上也需要安静,观众就不要随便发声。比如,短跑、中跑、跨栏等项目之起始,运动员要静听号令,这时观众就要绝对安静。否则,就会干扰运动员的起跑,轻则成绩不佳,重则犯规,甚至失去参赛资格。

2.善待各方

参加赛事的运动队、运动员,不同的观众可能会倾心于某些运动队、运动员,是他们的

"铁杆粉丝",而对另外的队、人却不甚关注。这是人之常情,不必苛责。但是,在观看比赛时,不管是何队、何人竞技,都应以礼相待,给他们加油、鼓劲,希望他们创造出好成绩。这就是正确的支持,是懂礼守规的良好表现。

现在有一种很不好的现象:在某些赛事中,主场观众总对客场竞赛的运动队、运动员进行干扰,生怕人家取得了好成绩,让主队颜面无光。这种做法,违背了体育竞赛的基本道德、基本礼仪,是完全错误的。因此,每一位观众,都要杜绝这种做法,全力支持所有的运动队、运动员,让他们公平竞争。

(三)恰当表达情绪

观众在观看比赛的过程中,会产生或高兴或沮丧的各种情绪,有时候忍不住要将这种情绪表达出来,这是完全可以理解的。但是,观众表达任何情绪的方式,都应当恰当。

所谓恰当,其基本内涵就是文明、合度,不失礼仪,不影响赛事,不违规违纪。

1. 应当坚持的表达方式

当自己支持、喜欢的运动队、运动员出场、退场或取得佳绩的时候,可采用鼓掌、挥舞彩旗或标语、献花等方式表达欣喜之情,这是恰当的、有礼仪的。

当自己不甚关注的运动队、运动员出场、退场或取得佳绩的时候,同样用鼓掌等形式表示欢迎和支持,也是恰当的、有礼仪的。

不管什么运动队、运动员竞赛失利或遭遇意外事故(如受伤),则应表示惋惜、关切之情,如起立致意、鼓掌鼓励等,也是恰当的、有礼仪的。

2. 应当禁止的表达方式

其一,言语粗鲁。胡乱评论,口无遮拦,对失利队伍和运动员讽刺嘲笑,甚至贬损辱骂,是最典型的失当表现。

其二,行为失当。比如向不喜欢的代表队或运动员做不雅手势,向他人吐口水;或赤身露体东奔西闯;或挑衅滋事,斗殴打架,等等,都属失当甚至违法之举。

其三,一味偏袒。不以公正态度、公正眼光看待比赛,只为自己喜欢的代表队或运动员抱打"不平"。稍不顺心,便攻击裁判员或其他代表队、运动员,甚至起哄闹事,制造事端,纠缠不休,肆意妄为。

其四,把因别的事由引出的不满情绪拿到赛场来发泄,故意制造混乱,甚至违法乱纪,伤害无辜;或者别有所图,借赛场散布谣言,或制造恐慌,扰乱正常秩序。

第三节 晚会礼仪

晚会是文艺晚会的简称,它是一种联欢性的聚会。它的礼仪规范,主要体现在筹备、演出、观看三个方面。

一、晚会筹备的礼仪体现

晚会筹备的礼仪,主要体现在节目的选择上。一般来说,所选节目应该健康、丰富、有吸引力。这是对观众的尊重,是最基本的礼仪。围绕这一基本礼仪,要做好以下几项工作。

(一)明确主题

一台晚会,因什么事由举办,要表现什么样的"教化"意义,要达到什么目的,筹备者必须心中有数。而使心中之数变为实际效果的,主要是晚会的节目。因此,规划节目时,要坚持以下两条原则。

1.内容健康

就是说,节目内容要合法合规,符合社会公德,符合主流宣传精神,传播"正能量"。简而言之,就是节目能引导人们学好、学善,而不是学歪、学怪。

2.类型丰富

晚会分为专场性晚会和综合性晚会。无论哪种形式的晚会,在节目类型的配置时,只要条件具备,那就越丰富越好。综合性晚会自不必说,就专场性晚会而言,也要有巧妙的搭配。比如歌唱晚会,就要考虑到不同人群的欣赏"口味",在曲目形式的配置上"百花齐放",有独唱、二重唱、小合唱、大合唱等。在曲调风格上,原生态歌曲、流行歌曲、传统经典歌曲、外文歌曲等都安排一点。这样,听众就会各得其"音",皆大欢喜。

(二)精选节目

节目之"精",在内容和形式两个方面。因此,选择、敲定节目时,要认真考量内容和形式的共有质量,从而保证它的演出效果。

1.宏观把握,时空皆宜

宏观把握的要点,一是时间长度,二是空间条件(舞台条件),三是观看对象。把握住了这三点,选择节目就具有了针对性,就能赢得观众。比如说,安排给田间地头的农民朋友看的节目和安排给在校大学生看的节目,虽然有一定的共同点,但不同点也是显而易见的。明白了这个道理,也就明白了宏观把握的真谛。

2.着眼当下,观众受益

这指的是选择节目时的内容斟酌。2020年全国春节联欢文艺晚会正式演出时,临时加进了一个反映医护人员抗击新冠肺炎的节目,虽然形式并不新颖,但它却令无数观众泪奔。为什么? 就是因为这个节目抓住了全国人民2020年春节前后的最大关切,抓住了当下最热门的话题。这证明了一个非常实际的观众心理问题。因此,选择节目时,一定要考虑到观众的心理需求——他们关心什么和希望解决什么。有了这种考虑并选择出合适的节目,演出就会触动观众的心灵,使他们得到启发,受到教益。

3.生动有趣,引人入胜

这有两方面的要求。一方面,节目的内容不仅是健康的,而且是生动的,高度概括了生活中的特定内容,能引起观众的共鸣。从形式上说,它又有新的亮点,有独到之处,甚至有超越往昔之处。"猎奇"是观众的普遍心理。满足了观众的这种心理,他们才会觉得有趣,才会欢迎这个节目。

另一方面,演员的演技要精湛。当然,这只能相对而言。在某一地域、某一群体中,只要把最好的演员选拔出来,让他(她)表演最拿手的节目,那也就算对得起观众了。同时,对于演员,也要求他(她)们不断提高自己,能有新的"绝活"奉献给观众。这样,节目的生动内容与演员的高超表演有机结合起来,该节目的演出就必然成功。

4.合理搭配,精彩纷呈

选择好节目后,在表演排序时要充分注意到将不同内容、不同风格、不同水平的节目交叉安排,以避免观众产生"审美疲劳"。

另外,节目安排一定要把好开场关和收尾关。开场节目和最后的"压轴戏",不仅要充分展示晚会的主题,而且在表演水平上要堪称上乘。只有这样,才能抓住人心,不留遗憾。

(三)充分准备

所谓充分准备,除了表演节目的选择、安排之外,还有场地安排和除演员之外的人员调度。

1.场地安排

演出场地有两种类型,一种是正规舞台,一种是露天场所。无论哪一种演出场地,准备的内容都要围绕着既方便演员演出又方便观众观看的目标来进行。因此,重点准备,有以下几个方面:其一,具备可以演出的条件,如舞台的大小、灯光照明条件、安全系数等。其二,座位数量及完好程度。露天场所,则要充分顾及观众或坐或站的空间。其三,突发事件的应对预案,防止届时手足无措,造成不良后果。

2.人员调度

一台晚会的成功举办,除了演员的努力之外,还需要多方人员全力配合。这种配合,在晚会的筹备时期就要充分考虑到。

除了直接与舞台演出密切配合的乐队、舞台监督、报幕人员等,其他如电源保证、音响保证、安全保证等,其司职人员都要认真落实,保证调度有序,不出差错。落实人员时,如有条件,都要实行备份制,以防不测。我国曾发生过演出舞台起火造成重大伤亡的惨剧,它足以提醒人们要高度重视人员调度,特别是那些涉及安全的人员调度。

二、演员的礼仪规范

演员是晚会的主角,其表演水平和德行礼仪修养对晚会质量具有决定性的作用。正因为如此,演艺界对特别优秀的演员,常用"德艺双馨"四个字来评价。

演员在晚会上的礼仪规范,主要如下。

(一)全力表演

全力表演体现着一个演员的道德修养。因此,一定要坚守"戏比天大"的信条,自觉做到如下三点:

①不讲价钱,保证演出。除了突发重病实在无法登台演出外,一定要提前做好相应准备,准时演出。不要事到临头提出这样那样的条件,如不满足就罢台拒演。

②认真负责,正常发挥。不论演出条件怎样,观众情绪怎样,都要认真负责地表现节目内容,正常发挥自己的最佳水准,不可出工不出力,忽悠观众,更不可偷工减料,草草收场。

③格调高雅,不媚世俗。要积极发挥符合道德规范的"高台教化"作用,传播"正能量",树立新风尚。不可为了迎合低俗之风而随意歪曲节目内容,表演粗俗,误导世人。

(二)尊重观众

从一定意义上说,观众永远是晚会的"上帝",演员只有尊重观众,才能赢得观众,得到他们的支持和好评。

尊重观众,最重要的自然是演好节目。此外,还要注意出场、谢幕等场合的言行举止。

登场或退台时,应向观众致意。致意的方法,可以挥手,可以欠身,可以鞠躬,也可以与观众握手并问好。这些方法,可视现场条件而定。

演出结束,如有观众献花,要欣然接受并真诚致谢;如有观众要求加演,若条件许可且不影响其他演员演出,可尽量满足。如果实在不能加演,应欠身致歉后退台。

演出期间,即使有少量观众鼓倒掌或作其他起哄之举,也不要终止演出或愤然退场。这是对绝大多数观众的尊重。

全部节目演完后,全体演员均应登台谢幕,面对观众鼓掌,或挥手致意,且目送观众全部退场。

对于"粉丝"的礼貌呼喊,应有所回应,或含笑点头,或挥手致意。演出前后,若有观众要求签名或合影留念,如时间允许且又不违反团队纪律,应尽量满足他们,万不可冷若冰霜,旁若无人,匆匆而过,不理不睬。

(三)善待同行

同台演出既是一种缘分,也是一次相互学习的机会。因此,每一位演员,都要以善良之心、善良之举与同行相处,共同完成好演出任务。

所谓善良之心、善良之举,概而言之就是六个字:不争,不嫉,不嫌。

不争的具体表现是:不争强好胜,不争名夺利。在演出先后或评奖高低方面,要服从安排,接受公论,不要搞小动作,不要耍小聪明,尤其不要贬损他人而抬高自己。

不嫉,就是不嫉妒、不贬低他人之长。要充分肯定、赞赏他人的优势,并虚心学习,提高自己。要支持他人展示自己的特长,以提高晚会的总体质量。

不嫌,就是对弱于自己的同行不轻视、不嫌弃。要一视同仁地尊重他们。要真心实意地帮助他们提高水平。在他们沮丧、灰心的时候要安慰他们、鼓励他们,增强其信心,使其逐步由弱变强。

三、观众的礼仪规范

观众的礼仪规范,主要体现在进场入座、观看演出、有序退场三个方面。下面依次予以介绍。

(一)提前进场,礼貌入座

1. 提前进场

提前进场的时间以距离正式演出时刻十五分钟为宜。提前进场后,要做好必要的准备(如会合亲友、熟悉环境、寻找座位,等等),然后静待正式演出开始。

2. 礼貌入座

若是野外场地,入座(或站立)可稍稍自由一些,但也要保持安静,保证安全,不要东奔西跑,冲撞他人。若在正规剧场,则要注意做到以下几点:其一,对号入座,依礼就位。寻找座位不要横跨、踩踏座椅。需要别人让路时要礼貌提示,通过时侧身而行,通过后要表示谢意。万一不小心碰撞了别人,要真诚表达歉意。其二,如果自己的座位被别人误坐,要礼貌提示。不可言语粗鲁,态度蛮横。如解决不力,可请剧场相关工作人员出面处理,自己不要与占座者过分争论,以免惹出事端。其三,就座后要保持安静。不要把座椅颠来倒去发出声响,也不要高声大气地呼朋引伴,搅得四周不安。

(二)专心观赏,勿搅他人

观看演出,既要自己舒心,也要他人舒心,尤其要让演员们不受干扰地尽力表演。因此,观众应自觉做好以下几点:

①不要左顾右盼或交头接耳。观看演出时总是东瞅瞅西望望,会令其他观众很不自在;交头接耳,窃窃私语,也影响他人聆听表演之声。因此,前述做法,应自觉禁止。

②不要使用手机,也不要高声喧哗。观看节目之前,便把手机调至"静音"状态,或者直接关闭手机。观看到节目的最佳处时,可以在不影响继续表演的前提下鼓掌助力,但鼓掌时间不能持续太久。不要旁若无人地肆意评论表演,高声大气,制造噪声,干扰演出。

③不要破坏环境,不要影响他人。不要在场内吸烟,随意走动,咀嚼食物,乱扔垃圾;也不要挤占他人的座位,或过高就座,影响他人观看。

④不要无视演员的辛勤劳动。观看演出时,不要看报刊、看手机、听音乐、干私活。演员出场或演完退场时,不要无动于衷,而要热情鼓掌表示欢迎或感谢。

如遇演员表现欠佳或出现失误时,要给予理解和谅解,不要鼓倒掌,吹口哨,扔东西,更不要出口伤人或赶人下台。

晚会结束,演员登台谢幕时,观众要起立鼓掌,感谢演员的辛勤付出。不要视若不见,只顾抢先退场。

(三)不急不躁,从容退场

①晚会没有结束前,如无特殊原因,不宜中途退场。因为中途退场不仅是对其他观众的干扰,更是对演员极度的不尊重。

②演出结束,演员谢幕后,观众方可缓缓移步,从从容容地退场。退场时,如遇老人、小孩、孕妇、肢体有残者,应注意避让或帮助,万万不可拥挤、冲撞他(她)们,引发不安全事故。

③若遇他人不慎踩踏、擦碰了自己,倘无大碍,就不要斤斤计较,纠缠不休;更不能借机生事,辱骂殴打他人,造成严重后果,悔之不及。

第四节 亲朋聚会礼仪

亲朋之间讲究"礼尚往来",因此亲朋聚会为世间常事。亲朋聚会有两种形式,一种是郊游式聚会,一种是做客式聚会,本节中,主要介绍做客式聚会的相关礼仪。

一、做客礼仪

做客的基本原则是"客随主便"。也就是说,做客只能在主人方便的时候到访。另外,要在主人有所准备后到访。不能做"不速之客",也不能做挑三拣四、随心所欲之客。因此,凡做客,不管你是亲戚身份还是朋友身份,都要恪守相关礼仪。

(一)事先约定

这种约定有两种情况:一种情况是主家有重要事项(如子女成婚、子女升学、老人寿辰等),你作为亲戚、故友理应到场,你就要明确告知主家;另一种情况是你有事,需到主家会面相商,你就要与主家约定。

事先约定的作用,是让主人家有必要的准备。因此,事先约定,主要是时间约定和人数约定:

①约定具体时间。时间需要客、主双方商定。一般来说,时间以主方的意见为主。如果属于主家有要事客人必去,那就要明确客人比较具体的到达时间(如上午几点或下午几点),以便主家相机安排;如果客人主动提出会面之事,那就要提出几种关于时间的方案,以备主家选择。

按通常礼仪,如果主人认为不便,客人就不能打搅。但如有特殊情况(如远道而来,在当地停留时间短暂),应向主人说明并致歉,待主人同意后,可破规与主人见面。

②约定到场人数。做客一方要将能到人数通报给主人,便于主人做相应准备。一般而言,在通报人数的同时,最好要通报清楚每位客人的身份,如某些客人不受主人待见,最好就不要强行到场,以免双方尴尬。

参加聚会的人员一经确定,如无特殊原因,就不要临时变动。特别要注意的是,做客一方不要随便增加到场人员,以免影响主人的原有安排。

③按照约定到场。聚会时间一经确定,就不要轻易更改。如有特殊原因不能如期到场,要提前告知主人。多人聚会,如个别人无法到场,则计划不变。

参加聚会,可以稍稍提前到场。提前时间,以不超过 10 分钟为宜。提前过早,会让主人措手不及;推迟时间,以不超过 5 分钟为宜。来得过迟,让主人和别的客人久等,就显得很不礼貌。

(二)到场守礼

"场"有两种,一种是主人家中,一种是主人专门安排的场所。这两种场所虽有一定的不同,但大致的主、客相处礼仪是一样的。一般而言,客人到了现场,就要遵守以下礼仪规范。

①先行通报。如到主人家中做客,需轻声敲门或按动门铃,待主人开门后,再从容入内。敲门或按动门铃后,应有一定的等待时间,不可连续敲门或按动门铃,也不可敲门声过大,惊扰左邻右舍;若到主人专门安排的场所做客,也须由相关人员引入,不可一言不发而东张西望,也不可径直闯入,显得鲁莽无礼。

②问候致意。到场后,首先应与主人见面,问候致意,并与其握手。对在场的其他客人,也应问好或点头致意。如客人中有自己不太熟悉的人,还应将自己的情况略作介绍。

③随俗行礼。一般性聚会,可送一些小礼物给主人,如糖果、鲜花、书籍之类。如主人家有重要事项,如子女成婚、老人过寿之类,且你是主家的亲戚或故交,则应随俗奉送一定数额的礼金。但要注意,奉送礼金,一定要随大流,不可过多。否则就会违背乡规民俗,增加主家的心理负担。

不管怎样送"礼",都应向主家交代明白。随身所带之小礼品,应递交于主人手中,并说"不成敬意"之类的谦语,表示恭敬。奉送的礼金,或交于司礼之人记录在册,或事先装好红包递送到主人手中。万不可到了现场才随便抽出钱币、数清张数后才交给主人,显得不诚不敬。

④文雅入座。文雅入座,在于三点:其一,不要自行抢先找座,而应在主人或主人安排的专职人员的指引下到指定位置就座;其二,与其他客人同行就座时,应礼让他人,不要自顾自地挑挑拣拣,久选不决,让他人长时间等待;其三,在场面较大的聚会中,一旦坐定,就不要随意变动。如果专职人员出于某种需要调整你的座位时,应痛快应允,并起身向周围客人致意后离开,不可与专职人员扯皮,也不可不理不睬邻近客人扬长而去。

(三)做客禁忌

①忌衣冠不整。因此,一定要穿戴整齐,干干净净。另外,到场后应摘下墨镜、手套。若

拿有稍大的手提袋,要放在就近的地板上,而不可置于桌面之上。另外,如无特殊原因,应除去外套,挂在适当之处。

②忌东窜西窜。到主人家做客,若非主人邀约,不要这也去那也去。自古有一句话:"城里人的账房,乡里人的睡房",那是不能随便去的。因此,要尊重主人的隐私,只在一定的范围内活动。

③忌乱翻乱动。未经主人同意,不要乱动、乱拿、乱翻主人的个人物品。如因紧急原因需借用主人的某件物品时,应向主人说明,由主人拿出,而不要自己随意寻找。用了主人的个人物品,应表示谢意。

④忌肆意挑剔。到主人家做客,要多言善事,多说好话,不要这也不顺眼,那也不顺心,且随口而议,让主人难堪。比如评论主人家的住房位置不好、面积不大、结构不合理之类,再比如当面评说主人家做的菜这个味淡那个味咸之类,都是大大的失礼,万万不可恣意而言。

二、待客礼仪

待客之道,可以概括为四个字:热情、周到。具体而言,应认真做好以下几项。

(一)悉心准备

准备工作,主要有四项内容:

①打扫卫生。打扫卫生,要室内室外兼顾,重点部位如厨房、客厅、卫生间等要特别留心。如有条件,不仅要清扫干净,还要做好消毒工作。

另外,物品的摆放,要尽量整齐,不要杂乱无章。暂时不用的物品,应置于僻静之处,以免碍手碍脚,不够雅观。

②备好用品。首先要备好茶水、饮料、水果和点心。香烟也要准备一点,但只敬不劝,随客自便;其次,考虑到随大人而来的小朋友的需要,如有条件,可准备适量的图书、报刊、儿童玩具等;另外,娱乐用品及卫生用品(如鞋套、抽纸等)也要有所准备。

③安排食宿。这些按事先商定的意见办理。用餐无论在家中还是在餐馆,要坚持既丰盛又不浪费的原则。菜品、饮品,要注意照顾到不同民族、不同口味的客人的饮食习惯。住宿问题能否解决,事先应向需要住宿的客人说明,免得事到临头双方难堪。

④往返用车。如果来客距离不远且交通条件方便,或来客自己备有车辆,则不必考虑客人的往返用车。如亲朋距离较远且交通不太方便,就要安排好他们的往返用车,保证其顺利而来,顺利而归。

(二)热情接待

热情接待始自迎接。将客人迎接到家中或专定场所后,主人更要真诚、热情地为客人服务,让客人体会到回家一样的温暖。

①细心照顾。不要让客人坐"冷板凳",而要勤加问候,找话题与客人谈天说地,拉扯家

常。要时时为客人添加茶水,奉送水果、点心等物。如主人忙于操办膳食需要离开时,应向客人说明并致歉意,同时指派专人继续陪伴、照顾客人。

②充满兴致。陪伴客人,自始至终要兴致不减。与客人交谈或聆听客人之间的交谈时,要专心致志,并表现出浓厚的兴趣,不能面露疲倦、厌烦之色。要保证叙谈的持续进行,注意相机转换话题,既不使交谈冷场,又不断激发主宾双方的谈兴,营造良好气氛,增进亲情或友情。

③分清主次。从接待宾客的时刻起,主人是中心,是主角,主人就成了客人的服务者。因此,主人的个人事务,除极其特殊而又紧急的事项,均应为服务客人这一主要任务让位。

另外,所到场的亲戚、朋友中,如有明显的长幼之分,那在服务过程中,也要分清主次。比如端茶递水、奉送果点之类,都应自长者始。甚至哪些人可直呼其名,哪些人只能尊称,都马虎不得。做好了这些,主人才算尽到了待客的"礼数"。

(三)礼貌迎送

传统礼仪中,关于迎送礼仪的内容十分丰富。《礼记·曲礼上》中,就多次讲到迎送礼仪,既具体又琐碎。这些讲究,今天已不完全适用,但重视迎送礼仪的精神,却仍然值得发扬。

现今,主人对客人的迎送,要努力体现出"热情"之意,否则即为失礼。

①迎候。迎候之要有三点:其一,定人定点迎接客人。远道而来的,主人亲自或指派专人到客人抵达的本地机场、车站或码头迎接,也可到其下榻之处迎接。迎接之前,要告知客人。本地客人,原则上应在门口迎接,或在事先约定之处迎接。常来常往的亲朋故友,可在门口迎接,也可在室内恭候;其二,热情问候客人。见到客人之后,要热情问候,表示欢迎,常不见面的客人还要握手致意。另外,身旁若有其他客人或同事,主人应互相介绍,便于他们交流言谈;其三,及时安排座位。俗语云"站客难打发",所以客人一旦"登堂入室",就要立即为客人安排座位,不要久站在那儿与客人絮叨。安排座位时,年长者,位尊者,应安排较好的座位。另外,为了表示对客人的尊敬,应先让客人就座后,主人再陪坐在旁边,为其服务,与其交谈。

②送别。送别之要,也有三点:其一,客人提出告辞的愿望后,主人要认真挽留。若客人执意要走,主人方可起身相送;其二,送别地点要适宜。本地客人,或送至电梯口,或送至楼下或大门口。自带车辆的客人,一般应送至车旁。远道而来的客人,应有专人送至其下榻处或机场、车站、港口;其三,要恭敬致意。与客人告别时,原则上都要与其握手,并致"欢迎再来""多多保重""代问家人好""再见"等语,以表情谊。客人离去时,要挥手致意。客人尚未离开,主人不能先行告退。另外,远道而来的客人,估计他们已回到目的地时,主人要问询他们是否平安到家。这最后一个环节,也万不可马虎大意。

第八章

出行礼仪

人的生存与发展离不开出行，而出行的方式又多种多样。每一种出行方式，都有它特有的礼仪要求。这些礼仪要求所体现的基本精神是自律、礼让、互助、有序。

第一节　步行礼仪

步行是最基本、最常见的出行方式。在传统礼仪中，关于步行的礼仪内容，相当丰富，至今仍有借鉴价值。

《论语·乡党第十》载："见齐衰者，虽狎，必变。见冕者与瞽者，虽亵，必以貌。"意思是：看见穿丧服的人，即使是平日里关系密切，也要脸色严肃，表示同情。见到穿礼服的人和盲人，即使是很熟悉的人，也一定要有礼貌地对待他。这种自律之举，难道不值得今人学习？

《礼记·曲礼上》介绍古人的出行规矩时，有这样的内容："从长者而上丘陵，则必乡长者所视。登城不指，城上不呼。"这里的"乡"通"向"，所以全句的意思是：与年长的人登上山坡时，要朝年长的人所看的方向看。登上城墙后不可以指手画脚，在城墙上也不可大呼小叫。另外还介绍说："离坐，离立，毋往参焉。离立者不出中间。"这里的"离"通"俪"，意为并排。所以全句的意思是：有两个人并排坐着或站着，不要插到中间去。有两个人并排站着，也不要从中间穿过去。

像这些礼仪规范，今天同样适用。实际上，恪守礼仪的现代人也都是这样做的。

根据传统礼仪中的有益内容，我们也就可以大致明确步行的基本规矩了。

一、步行的常规礼仪

步行的规矩很多，不同地域甚至有一些特殊要求，这就涉及了民俗问题。笔者不可能对这些全都介绍，只能介绍常规礼仪。

(一)安全第一

"安全"是出行的第一要务,自然也是步行的第一要务。步行若不能保证安全,这种行就毫无意义。因此,务必要在步行时注意以下三点:

1. 遵守交通规则

这一点在城市尤为重要。穿越公路时,一定要走人行横道,不要随意横过,更不可翻越专设栏杆而干扰车辆行驶;在有红绿信号灯或交通警察指挥的地方,一定要按照指挥信号行路,万不可随随便便,我行我素。另外,无论在城市或乡间,都要坚持"靠右行"原则,以便车辆(包括汽车、电动车、自行车、老人代步车等)正常行驶。

2. 规避各种风险

规避风险,关键是有预见,多留意。首先,有危险的地方,最好不要涉足。实在要去,就要做好自我保护。只是为了好奇而身临险地,万一伤了身体或丢了性命,那就太不值了。其次,戒除粗心大意,不做过分之举。有些地方,本无风险,但特殊情况下,就有了潜在风险。如果在特殊情况下做事过分了,可能就会有意外。有媒体报道过这样一件事:年轻姑娘想拍一张火车奔驰而来时她站在铁轨旁的照片,结果被卷入铁轨,丢了性命。这多么可惜!实际上,这种无事找事而付出沉重代价的事例很多很多,值得人们永远吸取教训。另外,不要固执己见,而要听人劝告。步行到某些地方,那里会有什么风险,也许你不知道,但当地的人知道,经历过的人知道。人家劝告你止步,你就不要固执己见,一意孤行。俗话说:"听人劝,得一半。"所以为了自己的安全,人们一定要记住并奉行这种民间至理。

3. 不惹无谓事端

不要为一些鸡毛蒜皮的小事而与人发生争执,最终引出不良后果。行路之时,可能会发生一些不愉快的事情。事到临头,要冷静而不要冲动,要礼让而不要纠缠计较。《礼记·曲礼上》有言:"人有礼则安,无礼则危。"只要多讲礼仪,很多事情都可以化干戈为玉帛,自己也就平安无事了。至于具体的礼让办法,后文还要讲到,故此处不赘言。

(二)严于律己

步行外出,无论是独来独往,还是结伴同行,都要奉守公德,自我约束,以达到保护环境、不扰他人、和谐共处、维护自身良好形象的目的。

1. 保护并优化环境

为实现这一目的,步行外出时不要边走路边吃东西,边吃东西边扔垃圾,既不雅观,也破坏环境;不要随地吐痰,实在需要吐痰时,应避开他人,吐入随身携带的纸巾中并包好,方便时投入垃圾箱;不攀折树枝,不采摘花朵,不践踏草坪,不乱涂乱画,不破坏公物。

另外,多人同行时,要举止文雅,谈吐文明,勿使他人侧目。也不要自恃人多势众而忘乎所以,胡作非为。

2. 勿干扰他人活动

对别人的活动,不要随意评头论足,更不能公然插手,充当"教练员";对于不相识的异性,可以礼貌地打招呼,但不要叙说没完没了,更不要一味追随,让人生厌。

遇到他人发生矛盾冲突时,可以善意劝解,使"大事化小,小事化了"。不可凑热闹围而观之,甚至煽风点火,"唯恐天下不乱"。

3. 禁绝猎奇心理

对别人之隐私,要刻意回避,而不要专心打听。逢见他人私宅,如有事询问,可礼貌请求。切不可贸然打扰,东张西望,引人怀疑。

同行之人谈论到隐私话题时,不要多言多语,胡乱表态。事后,也不要广为宣传,以免引发矛盾冲突。

(三)互谅互让

1. 礼貌致意

步行外出碰到熟悉的人,应主动打招呼,并作简单交流。如对方是在用较快速度运动,可点头致意或挥手致意。碰到不熟悉的人迎面而过,也应致意问候,不可擦身而去,不闻不问。

路遇办理特殊事项的人群,应有所关切,并根据事项之不同而相机致礼。比如遇到娶亲队伍,就要言说祝贺之语,并让开道路,让人家先行通过。

2. 谦让他人

交通礼仪,自古就有下避上、轻避重、少避长之规。因此,步行到狭窄路段时,要自觉地让负重者、年长者、办急事者或女性同胞先行,不可"螃蟹在路,横行霸道",更不可故意挤撞他人,只图自己先行为快。

另外,如果自己不小心挤撞了他人,就要真诚道歉;若是他人不小心挤撞了自己,也要大度为怀,谅解他人,不可得理不让人,让对方不好下台。

(四)助人为乐

助人为乐是中华民族的传统美德,人们在步行外出时,发扬这种美德理所当然。

步行外出时,向别人问路是家常便饭,因此要以礼而帮。自己向别人问路时,务必先礼称对方,然后询问其详。别人向你问路,要详加说明。如有条件,可带他到不致迷失处。说到这,我不由得想起了流传在我家乡的一则问路笑话。

当地有个小集市叫"红庙塘"。某日,一位老大爷背着个背篓正在行路,忽听有个年轻人在后面喊道:"嗨,嗨!到红庙塘怎么走?"路上并无他人,老大爷知道这年轻人是在问自己,但觉得他太无礼仪,就默不作声。年轻人见老大爷没有回应,就依原样又问了一次。为了教育这个年轻人,老大爷就说道:"嗨你老子嗨你娘,转过弯弯就是红庙塘。"年轻人听罢,面红耳赤,匆匆而去。

这位老大爷虽然心中不快,还是给这个不懂礼仪的年轻人指了路,实属善良老辈。实际上,除了问路、指路、行路之时,凡遇到老弱病残幼需要帮忙时,都应主动出手,给人帮助,体现出良好的道德礼仪修养。当然,助人要量力而行,相机而动,有他人佐证更好,避免陷入是非之中。

(五)摆正位置

所谓位置,一是前后左右的方位,二是个人与他人间的直线距离。步行时,这两方面都有很多讲究。

1. 方位确定

方位的确定,主要以长幼之序来定。长幼之界定,《礼记·曲礼上》是这样说的:"年长以倍,则父事之;十年以长,则兄事之;五年以长,则肩随之。"意思是:在外面遇到年龄比自己大一倍的人,就应当如侍奉父亲一样去侍奉他;遇到比自己大十岁的人,就如对待兄长一样对待他;遇到比自己大五岁的人,尽管是平辈,并行时也要在他的斜后方行走。说到具体的行走,《礼记·王制》中有言:"道路,男子由右,妇人由左,车从中央。父之齿随行,兄之齿雁行,朋友不相逾。"其意是,在路上行走,男子从右边走,女子从左边走,车辆从中间走。遇到跟父亲年龄差不多的人就跟在他后面,遇到跟兄长年纪差不多的人就像大雁一样与其并行但又要落后半个身子,跟朋友一起赶路的时候不要争先恐后。

根据以上礼仪要求,我们就会明白,现代人步行,大体的方位不能搞错。当然,万一你有急事要办,那就要向孔老夫子学习,绕到长者侧面,快步而走,以不影响长者行路为好。

2. 距离合度

按学界的通行看法,人与人的距离有四种类型。步行时,应按照不同的交际内容而确定合适的间距。

第一种是私人距离。私人距离也称亲密距离,相距在 0.5 米以内。它适用于家人、恋人、至交之间。

第二种是社交距离,相距 0.5~1.5 米。它适用于普通的交际应酬场合。

第三种是礼仪距离,相距 1.5~3 米。它适用于向交往对象表示特有的敬重,或适用于会议、庆典等庄重场合。

第四种是公共距离,相距在 3 米以上。在公共场合步行,与陌生人相处应保持这种距离。

二、特殊场合的具体处理

人在步行的过程中,往往会面对不同的场合。在这种场合下,既坚守常规原则,又能够灵活处置,就会给人留下良好印象。

(一)公共道路

在公共道路上步行,应注意的事项主要有以下几点:

①如主干道与人行道标界分明,那就要在人行道上行走。在人行道上行走时,如无特殊

情况,应靠右行,且不要占用盲人专用道;如无明显分界,那就要靠右侧的路边行走,以免影响车辆通行。

②如有结伴同行者,应排成单行沿右侧路边行进,不要挤成一团前行,也不要手拉手肩并肩地占路而行。遇有车辆时,要稍作停留,待车过之后再继续前行。

③行走时不要在道路上停留,或与同行者长久叙谈。也不要旁若无人地在公共道路上戏耍打闹,影响他人行进;如果道路上行人较多,自己和同伴都要用常规速度行进,不可过于迟缓,阻碍他人。

(二)使用电梯

电梯有厢式电梯和带式电梯两种。使用时,要特别注意这样三点:

①确保安全。电梯将关门时,不要强行挤入。进入后如发现有超载提示,后进者应自动退出。上带式电梯,应踏稳扶好,避免东倒西歪。电梯出现故障,应耐心等待救援。不可胡乱作为,带来不良后果。

②讲究秩序。与不认识的人同乘电梯时,讲究先来后到,依序而入。出来时,由外而里依次而出,不必人人争先;与熟悉的人同乘电梯,如有现场管理人员,就让他人先进先出。若无电梯管理人员,则先进后出。先进之后,应主动控制按键,确保他人进入。后出也是为了保证他人安全出梯。

③互谅互帮。乘坐电梯,最常见的问题是拥挤。遇到这种情况,要平心静气,相互谅解,不可为了挤撞之小事而相互抱怨,甚至出言不逊,辱骂他人。

另外,乘坐电梯时如发现有人需要帮助,就要主动出手。有的乘客两手不空,难以操作按键,你可以帮其按动,使其平安出入;电梯厢内人多拥挤,而有的客人要中途下电梯,其他客人要主动让路,使其顺利出厢;乘带式电梯,有的客人年龄偏大,又携物较多,可能不很安全,你可以注意保护他们,甚至帮他们提一些物品。总之,要多留心,多观察,力争做到应帮尽帮,各方愉快。

(三)通过走廊

走廊一般都不是特别宽绰,且两边遮挡较多,因此步行通过走廊时,应自觉做到:

①在比较宽绰的走廊,可以两人并排而走。但如果对面来了并排而行的老者、女士或小朋友时,显得过道狭窄,可能发生挤撞,就要立即"变阵",单排行进;如果走廊本来狭窄,就要坚持单排行进,以免妨碍他人。

②靠右缓步而行,不要干扰周边。不管走廊是宽是窄,都应靠右边行进,若过于狭窄,避让人行时,要侧身而过。另外,在走廊上行进,要步履从容,不紧不慢,悄然无声。不能奔跑跳跃,大声喊叫,或拍打篮球、排球等,搞得惊天动地,"四邻"不安。

③不争不抢,依序而行。人多拥挤时,要依照先后顺序正常行进,不要插队挤团,也不要为了走捷径而跨越栏杆。走过空中走廊时,更要文明行进,注意安全,避免给自己或他人带来伤害。

(四)拥挤场所

外出步行,拥挤场所在所难免。遇到拥挤场所,能回避则尽量回避,实在无法回避,就要特别注意既保证自己的安全,又不妨碍、伤害他人。

①不必滞留,尽快离开。如无要事,应紧随人流离开拥挤之地。如办事,应抓紧办理,办完后就迅速离场。不要好奇,东张西望;也不要凑热闹,止步不前。

②保证行速,不碍他人。如是单人行走,应跟着同向人流及时离开;如是结伴而行,要恪守文明,依序而行。如无特殊原因(如同行者中有老人、小孩、患疾者、孕妇等需要照顾),就不要与他人手拉手而行,更不要勾肩搭背,手舞足蹈,阻碍他人行进。

③低言细语,交谈文雅。在人员拥挤之所,如无要事,最好只管行路,默不作声。万一有事要谈,一则要交流简短,不枝枝蔓蔓;二则要控制音量,让对方听清即可。不要声高如雷,惊扰四方。

④小心谨慎,不惹事端。拥挤之地,最易相互挤撞或踩踏。因此,行路时要加倍小心。万一不慎挤撞、踩踏了他人,要真诚道歉,请人谅解;别人不小心挤撞、踩踏了自己,要多加包涵,息事宁人。不可纠缠不休,言行失度,引出事端,后悔莫及。

第二节 乘车、乘船礼仪

乘车、乘船,能提高出行办事的效率,因而它们是今人喜欢采用的出行方式。但是,乘车也好,乘船也罢,都有各自的礼仪要求。只有懂得并奉行这些礼仪,才能达到高兴而出、愉快而回的目的。

一、乘车礼仪

(一)乘坐公共汽车

公共汽车是由单位或专人经营的、有固定线路、供社会公众付费乘坐的多排座车辆。它有机动、电动之分,有小、中、大型之分,还有无轨和有轨之分。

乘坐公共汽车,主要应注意以下几个方面,以维护自身的良好形象。

1.有序上下

公共汽车进站停稳后,应按排队的先后之序上车。上车时,应保持适当间距,避免挤撞、踩踏他人。如有老弱病残及孕妇、小孩上车,应礼让他们先上,必要时还可给以帮助。如果车厢内人员已满不能再上,就不要再强行挤上。车门已关闭后,不要为了硬性上车而拍击、踢打车门,更不能无视公德,站立在车前阻挡车辆启动行驶。

下车要提前做好准备。如有条件,可先行向门口移动。如车内人多移动不便,可先向旁边的乘客礼貌地打招呼,说明自己将要下车,请他们让一让。老弱病残等移动不便的乘客,不必提前离座移动,但要事先向司机提示,以确保下车时从容而行,安全而出。

2. 文明乘坐

乘坐公共汽车,除特殊人群外,都需要交付一定费用。因此,事先应按规定买票或上车后主动投币、刷卡;按相关规定可免票的乘客,上车后应主动出示相关证件,不要不守规矩,径直入座,甚至对询问的司乘人员恶语相向,动手动脚。

此外,要体现文明乘坐,还应自觉做到:其一,对号入座的长途客车,乘客应找准自己的座位入座,不可占据他人的座位,也不可一人占多座。不对号入座的公共汽车,乘客可自行选择空闲座位,但不能强行逼迫他人让座。其二,放置好随身携带的较大的、可能伤及他人的物件,保证他人顺畅上车下车。入座后要姿态文雅,不要伸直双腿以免影响他人行走。其三,保护车内卫生。不要在车内食用气味浓烈的食品,不要乱扔果皮、纸屑、瓜子壳、饮料瓶等垃圾,不要随地吐痰,更不能抽烟。携带有油、有水的物件,事先应包装到位,且不要放在座位之上而发生沾浸,影响他人使用。其四,结伴而行的乘客,要言语、举止文明高雅。不要亲近过度,有伤风化。也不要高言大语,笑谈没完,既影响司机的驾驶,也影响其他乘客的心情。

3. 礼让他人

除了上车、下车时要礼让老弱病残等人员先行外,还要做到这样几点:首先,在公共汽车上设置的有颜色区别的专座,是专门照顾老弱病残孕就座的,不符合条件的乘客最好不要抢先占用。如果闲着无人就座,不符合条件的乘客可稍坐,一旦发现有符合条件的乘客上车寻座,应即刻让出。其二,如发现有困难的乘客无座时,年轻体壮的乘客应主动让座,切不要熟视无睹或假装看手机、打瞌睡而不让座,文明礼仪丧失殆尽。其三,车上人多拥挤时,发生挤撞在所难免。万一有人碰撞了自己,要宽容谅解,大度为怀,而不要鸡肠小肚,小题大做,甚至辱骂殴打对方。其四,别人给自己让座或给予了其他帮助,要表示感谢。不可处之泰然,一言不发,毫无礼仪,让人厌恶。

4. 确保安全

近些年来,乘客影响行车安全的事件屡屡发生,有的已经造成了严重后果。这就警示乘客,确保行车安全,既是义不容辞的责任,也是文明有礼的表现,不可马虎大意,更不可任性妄为。

为了确保行车安全,乘客要自觉配合司机,做到如下几点:其一,上车时不携带违禁物品和危险物品。允许携带的较重物品,要安全放置,避免在司机处置突发紧急情况时滑动、掉落而碰伤、砸伤他人。其二,保持安静,不要与司机攀谈,也不要用其他的行为分散司机的注意力,更不可随意向窗外抛物或将头、手伸出车窗之外。其三,尊重司机和其他工作人员。要理解并支持他们按行车制度办事,不可为了一己之便而起哄闹事,采用殴打司机、抢夺方向盘等过激行为,危害车辆和其他乘客的安全。即使司机或其他工作人员言行不妥,也不要采取粗暴行为而导致不安全事故发生,而只能通过正常渠道投诉,求得合理解决。

(二)乘坐火车

现在的火车,实际上绝大部分都是"电车"了。大致而言,它又有普通列车与高速列车之分。为了保证所有乘车者顺利登车、安全到达、心情舒畅,大家都应该遵守相应的礼仪规范。

乘坐火车,有三个主要环节,即候车、登车乘坐、到达出站。下面,我们依次介绍相关礼仪。

1. 候车礼仪

候车室是旅客等候乘车的临时休息场所。候车时,旅客应自觉做到以下几点:第一,不多占座位。不要横躺在座椅上占据多个座位,也不要用行李、水杯等物占据座位。第二,保持安静。不要高声喧哗,影响他人聆听车站广播所播放的车辆运行信息。第三,爱护公物,讲究卫生。不要踩踏座椅,不要乱扔垃圾,不要随地吐痰。第四,管好自己的钱、物,避免丢失。因事需离开座位时,应让同行者照看住自己的行李。如无同行者,应物不离身,确保安全。第五,听到本人所乘车次的检票信息后,要自觉排队,等候检票。切忌拥挤插队,冲撞他人。

2. 乘坐礼仪

从登上火车的那一刻起,乘坐就算正式开始了。从此时起,就应注意以下事项,保证一路顺利。其一,按票面确定的位置就座。无论是普通车厢、卧铺车厢,还是高速列车车厢,都不能占用他人座位。如属无意坐错,当应坐者到来时,应及时让座,并向对方表示歉意。其二,妥善放置行李。行李的重量、尺寸应合乎行车规定。放置时,应确保安全,不妨碍、碰伤他人。尤其重要的是,行李中绝对不能夹带违禁物品。其三,保持环境卫生。绝对不能在车厢内抽烟。车内如有抽烟指定处,抽烟时务必去指定地点。如无,就要自我克制,按规行事。另外,用餐或吃零食时,尽量不要洒汤洒水或遗落果皮、包装袋等物。产生的垃圾,应装入垃圾盘中,并适时倾倒于车厢结合部的垃圾箱之中。其四,维护文明形象。就座后,要端庄有礼,不要脱鞋脱袜,污染周边空气,也不要用脚踢蹬他人座椅,更不要袒胸露腹,大呼小叫。夫妻、恋人之间,不要亲昵过度,举止不雅。休息时,在卧铺车厢不宜宽衣解带,只脱去外衣即可。在普通车厢,更要衣裤整齐,且不能东倒西歪,依靠不相识之人的身体。其五,相互关照。对身旁的初次见面的同行者,应礼貌问候,适度交谈。身旁乘客往行李架上放置行李有困难时,若自己有能力,则可出手相助。身旁乘客用餐或去洗手间时,若有必要,可帮助其照看行李、小孩。若有人生病,自己如带有相应药物,可予以支援。需要紧急救援而自己又懂得救援之术,则可主动施救,促其转危为安。其六,保证安全。不该坐的地方,不要去乱坐。不该随意按压的键体,不要出于好奇而乱动。另外,要关照好自己的行李和小孩。重要物品要贴身装好,且不要让它"露头露脸"。要谨防骗术,小心上当,不要为了贪图小便宜而吃了大亏。

3.下车出站礼仪

主要是做到以下三点:第一,明确信息,早作准备。对到站时间要心中有数。一旦列车工作人员前来换票或是高铁广播播出即将到站信息,就要做下车准备,以免坐过了站,引来诸多不便。乘坐卧铺,更要特别注意这一点。第二,与人为善,礼貌道别。临下车前,应主动向周围的其他乘客道别,言说"再见""有机会到我的家乡观光"等语,显示真诚与善意,给人留下彬彬有礼的良好形象。第三,不急不躁,依序下车。下车时,不要争先恐后,而要心平气和地依照排好的顺序从容下车。出站时,倘若人多,也要照此办理。

二、乘船礼仪

这里所说的船,指大型、机动的用于旅游观光的船只,俗称"轮船"。

乘坐轮船,有三个关键环节:确保安全,注意休息,友善交际。充分注意到这三方面的礼仪,才能使出行平安、愉快。

(一)确保安全

从上船到下船,安全始终是第一位的。因此,乘坐轮船的人员,要强化安全意识,遵守安全规则,落实安全措施,确保万无一失。

第一,按规携带行李物品。不要携带违禁物品。易燃易爆易腐蚀的物品以及家畜宠物等,不能带上船只;除执行公务者外,枪支弹药也不能携带上船,允许带上船只的枪支弹药,要妥善保管,避免发生意外。

另外,携带的行李物品,其重量、尺寸等要合乎规定。万一超过要求,应按船上的处置方法妥善解决。不可一意孤行,借故闹事。

第二,从容有序地上下船只。无论上船下船,都要从容不迫,不急不躁。要按照排队顺序缓缓地、平稳地上下。若遇老弱病残及女士、小孩等,应礼让他们先行上船或下船。必要时,还可给以力所能及的帮助。

上船或下船时,如果是通过跳板或小船上下,要格外小心,以稳为上。莫胡乱跳跃,坠入水中。另外,要主动关照老弱病残者及女士和小孩。

第三,防患于未然。一般而言,外出旅行,一定要根据自己的身体情况准备相应的药物。如果在船上生病,可先行服用相应药物以救急。如效果不明显,可请船上的医生对症治疗。同时,要注意饮食,多多休息,不要耗费精力。

若发现同船旅客晕船、患病,应给予力所能及的帮助,不可冷眼旁观或避而远之。

第四,不履危险之地。凡规定不该去的地方,就要依规行事,不要冒险前往,以免发生意外;到室外活动,最好结伴而行,相互有个照应,切勿独来独往于有潜在危险的地方;举止要有分寸,不要在不安全的地方拍照,更不要擅自下水游泳。

第五,从容面对突发事件。遇到了大风大浪等突发情况,要听从指挥,科学自救。不要六神无主,手忙脚乱,举止失措,酿下祸端。

在突发事件面前,既要自救,又要助人。在这一方面,多年前热播的电影《泰坦尼克号》为世人提供了相互救助的典范。《泰坦尼克号》是根据一个真实事件编写的影片。剧中展示,当高档游览客轮泰坦尼克号撞到冰山将要沉没时,船上的游客决定先让妇女、儿童使用救生器具。最终,有一部分妇女和儿童得以生还。这一影片告诉我们,危险到来时,先救"弱者"是通行原则。现实生活中的乘船者,应遵奉这一原则,勇于帮助他人,尽显高风亮节。

(二)注意休息

休息的形式多种多样,船上旅客应灵活选择。一般而言,为了保证休息质量,需要注意以下几点:

第一,找准座位。轮船上的座位,大致分为头等舱座位、一等舱座位、二等舱座位、三等舱座位、四等舱座位、五等舱座位。所以,寻找座位时,旅客先要弄明白你购买的是几等舱的座位,然后按舱寻位,就能找到。

买到对号入座的票,按照票面所示坐入自己应坐的位置即可,不必占据他人的座位。购买了不对号入座的票,应听从船上工作人员的安排,不要随意挪动,也不要不问青红皂白而任意选位。

第二,选项娱乐。选择娱乐项目,要考虑自己的兴趣和特长,更为重要的是,要考虑周边环境,不要干扰他人;需要别人参与你所选择的娱乐项目时,要真诚邀请。如被邀者兴趣不大,可另邀他人;如有人希望参与你所选择的娱乐活动,要热情欢迎,并在活动中以礼相待,融洽互动。

第三,适度健身。健身有助于缓解疲劳、振奋精神,因此可进行一些适量的、自己能够承受的健身活动。不管是室内健身还是室外健身,都要做到不影响他人,不损伤公物,不丧失风度,不违背规矩。

第四,讲究卫生。讲究卫生是全方位的,很多时候也是"细节决定成败"。因此,要特别注意这些具体事项:在客舱中不要吸烟,在允许抽烟的地方不要乱扔烟头;要保持衣物整洁,并要及时洗澡、漱口、刷牙,以保持清爽,不碍他人;不要乱扔垃圾,尤其不要把所剩食物、废弃物品、果皮纸屑等扔入水中,破坏了生态环境;发生晕船呕吐,应快速到洗手间处理,或避开他人吐入专用垃圾袋中,然后尽快投入垃圾桶中,避免污染空气。

第五,保证睡眠。如果在船上停留时间较长,一定要安排足够的睡眠时间,以避免前期兴高采烈,后期萎靡不振。

睡眠时,为保证质量,就要做到"眠不思"。就是入睡之前不要思绪翻飞,浮想联翩。另外,还要自觉做到如下几点:不要当众更换衣服,而应到洗手间去进行;他人更换衣服时,要自觉回避,而不要细看究竟;在铺位上睡觉时,不要赤身露体,睡姿不雅,更不要面向对面铺位,让别人忐忑不安;如有打鼾习惯,应向旁边的旅客说明,让他人有所防护。自己的入睡时间,应尽量晚一点,以减少对他人的打扰。

(三)友善交际

交际的对象有两类,一类是船上的工作人员,统称船员;另一类是同船的旅客。与他们交际,基本原则是两句话:真诚友善,礼数周到。

与船员交际时,应注意以下几点:

第一,尊重船长。旅客如无要事,不要主动去打扰船长。但若船长邀请你同桌用餐,那是一种极高的荣誉,要欣然允诺,准时到场。入场前,要衣冠整齐,庄重严谨,万不可身着短裤、背心、睡衣、拖鞋等过分暴露的衣装而去;船长若邀请女士在舞会上跳舞,除非你实在不会跳,否则就应满口答应,而不可断然拒绝。船长如没有邀请你同桌进餐,就不要去凑热闹。平时遇见船长,要礼貌问候,但不要过多攀谈,以免影响他的工作。

第二,善待普通船员。客舱服务人员和其他服务人员,在旅客的旅行中都付出了辛勤劳动,值得尊重和感谢。因此,与他们交际,要热情诚恳,善意有加。首先,遇见他们,要主动打招呼。对方招呼自己时,要热情回应,并向其表示感谢。其次,有事向他们求助时,要谦虚友好,态度诚恳。不要提过分要求,也不能因为对方无能为力而口出怨言,甚至言语粗鲁,不堪入耳。更不能无事生非,故意找茬。再次,船上工作人员与自己交谈时,要热情对应,而不要神态漠然,甚至借故离开。另外,船上员工进行工作时,尽量不要打扰他们。在船上用餐时,不要违犯他们的禁忌。比如吃鱼时不要翻动鱼身,也不要当着他们的面言说"翻""沉"之类的字眼,以免他们心生不快。

与同船旅客交际,同样要热情真诚,敬之如友。俗语云"百年修得同船渡",因此,一定要珍惜这种缘分,和他人相处得和和美美,快快乐乐。

第一,登船之时,应与旁边的人打招呼。有需要帮助者,应出手相助。进入客舱之后,应向周围的人打招呼。安排妥当后,可以找相宜话题进行交谈。交谈时,可简单介绍自己的情况,但要注意分寸,不要有意炫耀。交谈时,既要自己发声,又要倾听他人讲话,不要总唱"独角戏"。

第二,可以有意识地结交朋友,以便相互照应。结交朋友,要发现共同点而促成两相情愿。如同为教师、同为医生、同是某某地方的人、同喜欢书法绘画等,这样就较为"投缘"。交为朋友后,可多在一起活动,如同散步、同进餐、同拍照等。但要注意,不要黏得太紧,一定要给他人留下处理个人事务的时间和空间。如果这个朋友是夫妻同行,那更要多给人家创造自由活动的条件。否则,对方就会很不自在,从而借故疏远你这位不识趣的"新友"。

第三,"春风满面皆朋友"。因此交往圈子愈大愈好,对同行之旅客都要友好相处,相帮相助。特别是同行旅客有了困难时,更要自觉关切,真诚帮助。很多时候,一件小事可能得罪一个人,一件小事也可以结交一个人。因此,"勿以善小而不为",这样你就会结交到更多的朋友,保证旅行处处顺心,时时欢快。

第四,多行"恕"道,求同存异。一路旅行,人员众多,"人上一百,形形色色",所以要理解他人,宽容他人,不要总拿自己的喜好之"尺"来苛量他人。这样,既不会为小事而"气"自己,也不会为小事而"惹"别人,达到是非不生、祸端不起的目标,使整个旅程充满祥和、温馨之气。

第五,下船之前,应与同舱旅客互道再见。下船之刻,应向船上的工作、服务人员表示感谢,还应与身边的同舱旅客握手告别。与交往较多的新朋友,可相约再会之期。

第三节　乘坐飞机礼仪

迄今为止,飞机是最快捷的交通工具。现在,只要经济条件、身体条件许可,相当多的人都喜欢乘坐飞机去目的地。

通常所讲的飞机,准确地说是客机。这种飞机是专门运载客人的。为了保证飞机平安、准时地到达目的地,除了机组人员正常操作、认真服务,各位乘客也应恪守礼仪,文明乘坐,发挥好积极的配合作用。

乘坐飞机,主要环节有三个:先期准备、办理手续、文明乘坐。每一个环节,都有它特殊的礼仪要求。

一、先期准备

先期的准备工作主要有三项:选择航班、购买机票、准备行李。

(一)选择航班

航班就是飞机的起飞地、到达地及其起飞时间、到达时间的安排。因此,选择航班时,应该根据自己的实际情况,作以下考虑:其一,为了节省时间、节约费用、少耗精力,只要出发地的机场条件许可,就要选择直达航班。其二,如果不考虑经济开支,应选择白天起飞、白天到达的航班;如果要节省开支,可选择夜间航班,俗称"红眼机",因为夜间航班价格比较便宜。其三,如无紧急事务,只为游览观光,那就错"峰"而行,选择"淡季"航班,以节省开支。其四,选择信誉好的航空公司的航班,选择大型、先进机型的航班,保证舒适和安全。

(二)购买机票

购买机票,应熟悉相关规定,并注意以下事项:其一,持有效证件购票。因此,购票时应出示居民身份证或其他有效证件,还应如实填写《旅客订票单》。其二,了解所去机场的票价情况,按自己的意愿购票。机票一般分三个等级,价格各不相同。头等舱最贵,公务舱次之,经济舱最便宜。因此购票时要仔细斟酌。如有折价机票,应在了解它的附加条件后再考虑是否购买。其三,要知道机票的有效期。我国现今规定的机票有效期为一年。在机票有效期内,可以按规定更改旅行日,也可以退票。还可以进行一次变更,但变更应在当次航班起飞前二十四小时内提出,超过时效则无法变更。其四,不可将机票转让给他人。现在是实名制购票,机票转让给他人,根本无法使用。其五,必要时要对机票进行再次证实。如果订有联程票或回程票,又在联程或回程地停留七十二小时以上,应在联程或回程航班飞机离港前两天中午十二点之前办理座位再证实手续,表示你的联程或回程班次不变。否则,原订座位就不会被保留。其六,按规定退票。要在规定时间内退票。超过了规定时间,只能按"误机"处理,要按机票价格的50%收取退票费。在规定时间内退票,要按退票时间的早迟收取不同数额的退票费。了解了这些规定,可以促使你若需退票就及早办理,以减少退票支出。

(三)准备行李

乘飞机携带行李,机场有明确规定。乘客应了解这些规定,正确地准备行李,以免耽误行程。其一,禁止携带、托运的物品。禁运物品、限制运输物品、危险物品以及具有异味或容易污损飞机的其他物品,不能随身携带,也不准托运;重要的文件和资料、外交信袋、证券、货币、汇票、贵重物品、易碎易腐蚀物品,以及需要专人管护的物品,无法托运;枪支、弹药、刀具、利器等,不能随身携带;动物、磁性物质、可聚合物质、放射性物质等,也不能随身携带;从国外、境外返回,还有其他禁带、禁托运物品的要求。旅客对这些都必须十分清楚,否则到了机场就会有诸多不便。其二,随身携带行李的要求。购买头等舱机票的旅客,可带两件物品。购买公务舱或经济舱机票的旅客,只能带一件物品。每件物品的重量不得超过5千克,体积只能在长55厘米、宽40厘米、高20厘米以内。否则无法带进机舱。其三,免费托运行李的规定。免费托运行李的重量为:头等舱40千克,公务舱30千克,经济舱20千克。超过重量的行李,乘机者应付相应费用。其四,托运行李的规格。交付托运的行李,每件重量应在50千克以内,其体积应限制在长100厘米、宽60厘米、高40厘米之内。另外,还应包装完好,捆扎牢靠,能承受一定压力。

二、办理手续

办理手续主要是办理登机手续。如要托运行李,还要顺便办理行李托运手续。

办理登机手续和行李托运手续,程序较多,费时较长,因此必须提前到场,留有充裕的时间。我国民航规定:旅客应在机票上列名的航班所规定的离港(起飞)前90分钟到达机场的指定地点办理登机手续。在航班所规定的离港前30分钟,将停止办理登机手续。据此,旅客一定要慎之又慎,以免无法登机。

办理登机手续,除托运行李外,主要是交纳机场建设费、换取登机牌、接受安全检查三项。每一项,都需要旅客密切配合,做好准备,以节省时间,提高办理效率。

(一)交纳机场建设费

机场建设费的收取金额是全国统一的。这一费用用来建设、维护机场,每位旅客必须交纳。交纳机场建设费后,应保留收据,以便机场工作人员检查。

(二)换取登机牌

旅客登上飞机之前,应在机场的指定地点换取登机牌,届时凭登机牌登机。换取登机牌,应在以下两方面积极配合。

其一,提供相应资料。旅客应向机场工作人员出示机票、身份证或其他有效证件、机场建设费交纳收据。如果购票款额中已含有机场建设费,则不必出示其他凭据。换取到手的登机牌,应妥为保管,防止丢失。因为它是旅客登机的唯一凭据。

其二,确定本人座位。换取登机牌的作用有三点,一是确认旅客身份,防止冒名顶替;二是清点最终要登机的人数;三是确定每位旅客在本等客舱中的具体座位。

旅客如对同等客舱中的座位安排有什么意愿,可在换取登机牌时向机场工作人员说明,工作人员可根据客舱中的具体情况灵活办理。万一因客观条件所限无法满足你的要求,则应服从安排,不必耿耿于怀。

(三)办理行李托运

换取登机牌的同时,如需进行行李托运,就可办理相关手续。托运行李的票据应妥善保管,以便下飞机后提取行李。

(四)接受安全检查

安全检查的目的,是保证国家财产和机上所有人员的安全。因此,每位旅客都应积极配合。

安全检查有两项内容:其一,技术检查。进行此种检查时,旅客须通过特制的安全门,或接受手提式金属探测器的检查。检查之前,旅客应取出自己身上全部的金属制品,以保证检查准确无误。其二,手工检查。手工检查是安全人员对旅客人身及随身携带的行李进行手工触摸式检查。接受这两种检查时,要主动配合,而不要消极对抗,甚至言行出格,惹下麻烦。

三、文明乘坐

所谓文明乘坐,就是要约束自己,尊重他人,言行得体,不坏规矩。只有这样,乘机出行,才能顺顺当当,平平安安。

(一)自觉约束自己

约束自己,目的是完善自己,与他人和谐相处。因此,乘坐飞机时,要自觉做到五个"不要"。

其一,不要占据别人的位置。上飞机后,应根据本人登机牌所示的位置就座,而不要随意抢占自己认为舒适的其他位置。坐下之后,腿和脚不要乱伸乱动,影响他人就座。放行李时,也不要占据他人的行李箱。

其二,不要贪占小便宜。飞机上的公用小物品,如阅读用的书刊、洗手间的卫生纸、座位下的救生衣、座位上方的氧气面罩等,不可私藏私拿。否则,有失人格,甚至会触犯法规而受到惩处。

其三,飞机上的禁用之物、禁动之处,往往关涉到飞机上所有人员的安全。因此,一定不要乱摸乱动。否则,有可能酿成大祸。

其四,不要使用违禁物品。首先是不要吸烟。另外,绝对不能使用移动电话、激光唱机、手提电脑、调频收音机、电子游戏机及其他电子玩具。因为使用这些物品会干扰飞机的操纵信号,存在着极大的安全隐患。

其五,不要破坏公共卫生。不能在飞机上乱扔垃圾,不能当众更换贴身衣服,也不能脱去鞋袜,充当"赤脚大仙",污染周遭空气,让他人"受罪"。

(二)尊重乘务人员

对乘务人员要以礼相待,理解、配合、支持他们的工作,不要让他们为难,"受气"。

其一,要积极回应乘务人员的问候。上、下飞机时,机组乘务人员往往要在机舱门口列队迎、送。当对方主动打招呼、道别时,乘客应积极回应,或点头,或挥手,以礼还礼。万不可漠然置之,不理不睬。

其二,要真诚感谢乘务人员的服务。当乘务人员送来饮料、食物、报刊,或者为你引导方向、放置行李时,要真诚向对方言谢,不可心安理得,一言不发;当飞机安全着陆后,应热烈鼓掌,表示对全体乘务人员的真诚谢意。

其三,要服从乘务人员的管理。飞机升空和降落前,乘务员都要巡视、检查每位旅客座位是否调整到位、安全带是否系好、座位前的小桌板是否收起。这种时候,一定要服从乘务人员的管理,不要自行其是。在一些特殊情况下,乘务人员也会对旅客提出一些具体要求。此时旅客也应自觉配合,听从指挥。

其四,要体谅乘务人员的难处,减少他(她)们的麻烦。有时候,由于这样那样的原因,飞机可能停飞、晚点、改变降落地点。这种情况出现时,旅客要正确对待,而不要出口伤人,出手打人,甚至拒绝到场后离开飞机,或者提出其他的无理要求。

乘务人员的工作繁忙而辛苦,因此旅客要尽量减少他(她)们的麻烦。若无充分必要,就不要乱按呼叫键,使其跑来跑去。更不要故意散布威胁飞机安全的信息,使得乘务人员劳师动众,也给旅客自己带来承担法律责任的苦头。

其五,不要跟乘务员乱开玩笑,动手动脚。更不能肆意纠缠,要求跟人家拍照,或索要人家的通信联络信息。

(三)善待同行旅客

同行是缘,因此要与他人友好相处,同安同乐。

其一,不要妄自尊大,目中无人,处处事事"争天下第一",而要遵守纪律,讲究秩序。上下飞机时、使用卫生间时、提取托运的行李时,倘若人数较多,就要自觉排队,按先来后到的顺序从容办理。使用公共物品时,也要尽量从速从快,以免他人长久等候。

其二,不要高声谈笑,手舞足蹈,影响他人。飞机在夜间飞行时,许多旅客需要休息,在这种状态下更要保持安静,不声不响。

其三,不要妨碍他人就座,也不要让他人心理不适。自己的座位,不能调得太靠后,以免后面的旅客不便入座;不要在座位上摇晃不止,搅扰四邻;不要紧盯他人特别是女士,让人家很不自在;更不要谈论飞机失事之类的话题,引得他人心理不安。

第四节 外出住宿礼仪

外出住宿,一般应选择正规的酒店、饭店、宾馆。这类住宿场所规模较大、设备较好、管理规范、服务到位,入住以后比较舒适、放心。

外出住宿,涉及多方面的人际关系,故而就要注意许多礼仪规范。概括起来,客房住宿礼仪、内部活动礼仪是最重要的两个方面。

一、客房住宿礼仪

入住客房以后,打交道最多的是两类人:一是客房服务人员,二是同行客人。因此,以礼相待,至关重要。

(一)尊重服务人员

首先,遇见服务人员,包括开启大门的门童、电梯管理员、保安等,都要礼貌致意,而不要趾高气扬,不哼不哈,甚至冷眼相看。其次,对他们的服务要表示感谢。比如服务员打扫卫生时,行李员到房间取走或送来行李时,都应表示感谢。不可面无表情,不出一言。另外,要配合他们的工作。比如登记客房时,要礼貌地出示有效证件并耐心等待。又如保安人员询问时,要客气回应或说明,而不要嫌他们多事,出言不逊,态度恶劣。

(二)礼待同行人员

同行人员包括同室旅客和周围旅客。与他们友好相处,既要真诚热情,又要合理合度。

与"萍水相逢"的客人同处一室,应注意三点:一要主动招呼,并简单介绍自己。二要互相关心,互相帮助,互相谅解,不要为小事而心生芥蒂。三要交谈适度。俗语云"交浅不言深",初次相识,若说得太多、太透,就可能引发事端。因此说话要留有余地,且不要透露自己的隐私。

与来访客人相处,应注意以下几点:其一,不要过多地接待来访客人,以免人声嘈杂,影响周围旅客的休息。其二,接待客人的时间不宜太久,更不要让客人在自己的房间住宿。其三,不要邀请刚结识的人员、来历不明的人员和普通关系的异性到自己的房间来。在夜间,尤其要把好这个"关口",以免引出事端。

（三）自觉讲究卫生

讲究卫生是客房住宿的基本要求之一，因此一定要多多努力，为自己也为他人创造一个舒适温馨的住宿环境。

首先，要保持个人物品的整洁。个人物品应分门别类、定点摆放，而不要东抛西扔，杂乱无章。一般做法应是：大物件放在壁柜中，小物件放在抽屉里。特别要注意的是，不要把钢笔、电子记事本等小物件乱扔在桌子上或床铺上，影响服务人员清理卫生。

其次，要保持房间的整洁。衣服、鞋子要摆放整齐，不要随手乱扔；不要在房间内吸烟，实在要吸烟，就不要乱弹烟灰，乱扔烟头，而应将其弹入、扔进烟灰缸中，以免引发火灾；不要在房内食用气味浓烈的食物、水果等，也不要乱扔垃圾；勤洗澡勤洗衣，以清除异味，保持室内空气清新。

再次，要保持洗手间和浴室的卫生。洗澡、洗脸、洗手时，要小心谨慎，防止"水漫金山"；大、小便后，要放水冲洗干净，必要时，可打开排气扇通风，待气味正常后再关闭排气扇；所换衣物及时清洗，不要久放在洗手间内污染空气。

二、内部活动礼仪

在不少酒店、宾馆当中，都有娱乐、餐饮、购物、通信甚至办公场所。这些场所，凡是允许客人去的地方，房客都可以去活动，办事，但应遵循相关礼仪。

参加各种活动，着装要得体，不要穿着睡衣、背心或赤裸着上身冒然而入，也不要脚跟拖鞋窜东窜西。在这个基础上，参与不同的活动，还要注意各自的礼仪要求。

（一）用餐礼仪

进入餐厅用餐时，往往会碰到用餐高峰期。这种时候，要格外注意自己的言行举止。第一，讲究先来后到不要搞特殊化。现在不少餐厅的用餐方式是自助餐，因此在取菜时更要依序而来，不要胡乱插队。第二，不要争抢座位。有空闲座位时，或听从服务人员的安排就座，或自由选座。座位紧缺时，要稍稍等待，不必急不可耐，紧紧站在就餐客人的背后显出催促之意，让他人极不自在。第三，尊重服务人员。取餐、要饮料或酒水时，对服务人员要客客气气。对菜品等有什么意见，可以善意提出，不可出言粗鲁，盛气凌人，甚至骂骂咧咧，侮辱他人。第四，控制饮酒。若有同行朋友，就餐时可以小酌助兴，但不要饮酒无度，出尽洋相。饮酒时，要保持安静，不要划拳行令，肆意吵嚷，搅扰他人。更不能起哄闹事，违规违纪。

（二）购物礼仪

在宾馆、酒店内所设的商场、超市、专卖店等处购物，应注意以下事项：第一，如购物场所要求入场时须存包，应自觉遵守。另外，尽量不要携带在别处购买的商品进入自选商场，以免出场时发生争执。第二，要有目的地挑选商品。不要毫无目标地乱挑乱拿乱动，万一发生损坏，就得照价赔偿，弄得双方都不高兴。第三，明确价格，酌情购买。有明码标价的商品，心中要记得大概。价格不明的商品，要向商场工作人员询问清楚。这样，该买什么，不买什么，就会有个计划。免得付款时手头吃紧，处境尴尬。另外，出场前，要做到货、款两清，票据在手，以免突生事端。第四，保存好购物票据，以便在需要换、退商品时使用。如要更换、退掉所购商品，应提出正当理由，交涉时应说话和气、神态温婉，而不要一味指责，气势汹汹。

（三）娱乐场所礼仪

不少酒店、宾馆之中，都附设有歌厅、舞厅、泳池、健身房等场所。这些场所，是为入住旅客所提供的休闲、娱乐之地。旅客进入这些场所，应遵守礼仪，举止文明。

其一，着装得体。所谓着装得体，就是要与所参与的活动内容相吻合。比如健身房的着装，就要便于活动，不能过于紧身。而到歌厅舞厅去，男士着装就要正规一些，女士着装则要鲜亮一些，并宜略施粉黛。

要保证着装得体，要特别注意两点。一是要有所限制。娱乐、健身场所的着装，往往只适合于这些场所。离开了这些场所，就不合时宜了。因此，千万不要穿着娱乐、健身场所才使用的装束四处行走，特别是到人多广众之地去。否则就会惹人非议。二是不要奇形怪状。不要为了吸引人的眼球而夸张失度，搞成"另类"。一般而言，男士的装束，要正统一点为好，不要装扮得不男不女，甚至像个外星人；女士则不要过分张扬，穿着暴露，化装太浓，透出一股"妖气"。

其二，乐于合作。在健身、娱乐场所，常常需要与他人共同使用某种设施，有时又需要与他人合作才能开展某项活动。因此，只有乐于与人合作，才能玩得顺畅，玩得开心。

与人合作，要注意三点：一是不要一人独霸某种设施。当他人希望加入其中共同使用时，要面带笑容，表示欢迎。切不可面露不悦之色，甚至拂袖而去。二是若希望与人合作开展某一活动时，应礼貌相邀。被邀之人若不愿参加，就不要勉强。若愿意参加，则要向人家表示谢意。三是别人邀请你参与某项活动时，如无特殊原因（如实在不会），一般不要拒绝。万一要拒绝，就要先说"对不起"，然后诚恳说明拒绝的理由，不让对方尴尬。

其三，尊重异性。在娱乐、健身场所，有男也有女是很自然的事。有些活动（比如跳舞），必须邀请异性参加，这也是很正常的事。但是，与异性相处，必须互相尊重，不失君子（淑女）风度。

男士对女士，应礼让在先，多加关照。女士如请男士帮忙做事，如力所能及，就要爽快答应。但是，对初次相识者，不可殷勤过分，也不可出言粗俗，口无遮拦。更不可黏得太紧，肆意纠缠。

女士对男士，也要保持合适的距离，以免别人误解。对初次相识者，不可乱花他人的钱，乱要他人的财物，随意索要他人的通信信息。请求男士帮忙时，应讲究礼貌，出言文雅，但不要嗲声嗲气，忸怩作态。别人帮过忙之后，应礼貌致谢。万不可事情过了不认人，露出一张市井无赖人物的嘴脸。

第九章

餐饮礼仪

餐饮礼仪,主要指人们用食物、饮料宴请他人和应邀参加宴请的人所应遵循的礼仪。

餐饮礼仪,古来有之。孔夫子的"食于有丧者之侧,未尝饱也"(《论语·雍也第六》)是一种礼仪;"惟酒无量,不及乱"(《论语·乡党第十》)提出酒不限量,但不能喝醉,这也是一种礼仪。《礼记》当中,也用不少的篇幅介绍了餐饮方面的规范要求。可见,讲究餐饮礼仪,也是传统礼仪中的重要内容之一。

现在,随着人际交往的扩大和生活水平的提高,邀请他人吃饭或被他人邀请吃饭已十分普遍。在这种社会环境下,人们更有必要了解餐饮礼仪,奉行餐饮礼仪,从而保证宾、主和谐,交情益深。

第一节　中餐礼仪

中餐是中式餐饮的简称,其实质就是用中国传统饭菜、酒水和其他饮品招待客人。中餐的礼仪内容较多,本节中只能就其主要方面加以介绍。

一、用餐的形式

用不同的标准划分,用餐的形式就有不同的说法。划分的标准一般分为两类:一是根据用餐的规模划分,二是根据餐具使用的办法划分。

(一)根据用餐的规模划分,用餐方式可分为宴会、家宴、便餐三种

其一,宴会。宴会是一种社交聚会,它一般因某种目的而举行,可以由个人出面组织,也可以由机关团体出面组织。

宴会一般分为正式宴会和非正式宴会两种。正式宴会属于隆重而正规的宴请,由专人

精心安排,在特定地点或高档饭店、酒店举行,有较为固定的程式;非正式宴会也称便宴,多用于日常生活中的人际交往,人员不会太多,座位安排、菜品档次、衣着装束等较为自由,也没有特定的程式。

其二,家宴。就是在家中举办的宴会。它由主人以某种名义在家中准备饭菜、酒水来招待客人,以制造亲切、友好、热闹的气氛,从而增加情谊,以便往来。

家宴礼仪没有规范要求,以真诚为主。为此,一般均由家中主人下厨备菜。特殊情况下,也可在外订制少许特有菜肴增光添彩,届时送到家中即可。主人待客之礼,其他章节已有略述,此处不赘言。

其三,便餐。仅是家中人用餐,或是来客较少又属临时造访,就安排便餐。便餐可在家中置办,也可在单位食堂、就近小餐馆置办。便餐没有太多规矩,吃饱吃好不浪费、爱护环境讲卫生即可。

(二)根据餐具的使用办法划分,用餐方式可分为分餐式、自助式、公筷式和混餐式

其一,分餐式。就是在用餐的全过程中,为每一位就餐者所上的饭食、菜肴、酒水以及餐具等,都是相同的,一人一份,各自使用,互不混杂。民间把这种方式叫作"吃份儿饭"。

分餐式用餐有两大好处,一是比较卫生,可避免身体有疾者对他人的感染;二是确保公平,使动作迟缓者从容用餐。

其二,自助式。它的主要特点是不排席位,用餐者在所提供的菜品、主食、饮品中自行取用,自由选择。

自助式用餐有三个优越性:一是避免浪费,节省开支;二是行动自由,方便自如;三是互不干扰,干净卫生。因此在招待人数较多的宾客时,多采用此种用餐方式。

其三,公筷式。就是取用主食、菜品时用公用的筷子、汤勺,而不是用自己的筷子、汤勺直接取用后入口而食。

这种用餐方式既有传统用餐方式的祥和、喜悦氛围,又有保证卫生的长处,故而常在人数不太多的接待中采用。

其四,混餐式。它是传统的中餐用餐方式。其办法是将主食、菜肴放置于公用的碗、盘之中,由用餐者使用自己的筷子、勺子直接取用。

这种用餐方式最大的优点就是气氛热烈,交流欢洽。主要的缺点是不够卫生。因此,不宜在正式宴会中采用。

二、餐饮的时空选择与菜品安排

(一)用餐的时间选择

除了特殊情况(如婚礼、接待来宾等),用餐的日期是比较灵活的,只要主、宾都觉得方便就行。但是,如有特殊的忌讳,则要避开。

日期确定以后,用餐时间是安排在早餐时间、中餐时间,还是晚餐时间,可按以下原则办理。

其一,从俗而定。从习惯来看,民间宴请多在中午,很少放在晚上;公务招待,则多在晚上,因为这样安排不至于影响工作;私人间的招待在城市中则中午也行,晚上也行,没有一定之规。

根据这种大致的习惯,只要既方便聚又方便散,既能叙友情又不影响正常的工作和生活,就可以相机安排。

其二,以客为主。请客用餐,以客为主。民间有言"备酒容易请客难"。难在什么地方?就是时间安排不是主人家一厢情愿的事,而是要多多考虑客人特别是主要客人是否有时间、身体是否允许等因素。因此,时间的安排,无论是日期,还是这个日期的具体时间,都要多与客人商量。只要主要客人或大多数客人认为某个时间可以,那就按他们的意见去办,就不会有大的问题。

其三,灵活处置。任何事情都会有意外情况,请客者必须有灵活应对的方法。比如主人原来确定的时间将近时,不少客人因特殊原因不能到场,那就要更改时间(最好是日期不变,而只将中午时间用餐改为晚餐时间用餐),并尽快通知其他客人及订餐酒店,以免许多麻烦。

(二)用餐的空间选择

凡在外选择就餐地点,应认真选择。选择的原则,有以下几条:

其一,环境幽雅。幽雅的环境,令人舒心畅快,兴趣盎然。选择时,首先要看周边环境有无特点。小桥流水、花木葱茏之地,融人文与自然于一体那是最好的选择。现在城镇中的不少人喜欢选择在"农家乐"招待客人,一个重要原因就在这里。另外,要内外兼顾。就是既要看外部环境,又要看内部环境。如果两方面都比较理想,那就可以选定。

其二,干净卫生。用餐之地,倘若不干净,不卫生,杂乱无章,东堆垃圾西堆桌椅,那就大倒人的胃口,也担心感染疾病。因此,选择用餐之地,不能不重视卫生状况。选择时,既要看桌椅放置情况,也要看房间布置情况,还要看工作人员的装束情况,从而评估出整体的卫生状态。这样,就不会有大的差错。

其三,设施完备。设施是多方面的,当然是愈完善愈好。但基本的东西应该一样不差,否则客人就会觉得不方便,不自在。选择时,首先要看设施的样数,其次要看设施的使用状态,否则就会上当。笔者某年夏日参加一次聚餐,房间中虽有空调,但可能多年没有养护,制冷效果很差,导致每个客人都难以忍受,只好另换房间。这一实例提示人们,考察设施,宏观方面自不必说,细节方面更要格外留心。

其四,交通便利。交通是否便利,有三个要素:一是道路是否畅通无阻;二是就近有无公共交通工具停靠站点;三是有无比较理想的停车场所。综合考虑这些因素,在选择就餐之地时就减少了盲目性,避免事到临头不知所措。

当然,空间条件有时候可能不会样样理想,那就只能采取"两害相较取其轻,两利相较取其重"的策略处理。"餐饮"的主要点是"餐"和"饮",只要能保证就餐者"吃好喝好",吃得干净卫生又有特色,其他方面,就只能"不得已而求其次"了。

(三)菜品安排的基本原则

菜品安排有两种方法。一种是包餐。就是确定价格后由做餐方给出菜单,经招待客人的"做东人"(家庭聚餐则由家中的主事人出面)斟酌后提出更改意见,即可确定;另一种是点餐,就是兼顾就餐人员的嗜好,自己点菜,最后按质论价。这两种办法,各有优势,但不管哪种办法,菜品安排都得遵循以下的基本原则。

其一,真诚而不浪费的原则。凡招待宾客,真诚是第一位的。没有真诚,招待之餐饮就会变味,让人很不舒服。但是,真诚并不是菜品越多越好,酒水档次越高越好,最后成了"餐饮"攀比大会,就走向了反面。因此,在真诚的基础上,做东之人必须量力而行,不要乱请乱吃,把情义与吃喝划等号。安排菜品时,要视人数的多少斟酌定制,避免铺张浪费。这是第一条。被请之人,要充分地预估做东者的实力,点菜时不要狮子大开口。既不要随意而点,多多益善,也不要不明价格,总选"高、精、尖",给主人带来心理压力。这是第二条。如果被请之人所点之菜过于普通,主人可以调整。但被请之人,一般不要挑剔主人和其他客人所点的菜肴。除非他人所点菜肴过了时令,你自己所更改的又不是高档之品。这是第三条。守住这三条,主人不失颜面,客人心中自在,就会皆大欢喜。

其二,充分体现特色的原则。家中待客,要充分发挥主人的能耐,把最拿手的菜做出来让大家品尝,那就有了特色。在酒店、餐馆包菜或点菜,要能体现特色,就要注意以下三点:第一是时令对头,什么季节吃什么菜,这是常识。过了时令,再好的菜就失去了新鲜感,成色、营养会大打折扣。这一点,在选择新鲜蔬菜时要特别注意。与此相关的是,有些菜品,还得看产地。因为产地不同,品质也会不同。如果不问产地而随意乱点,所谓"特色"也就会等而下之。第二是要有地域特色。每个地方都有每个地方的特色菜品,选择菜品时有意识地选一点有地方特色的菜品,整个餐饮的特色也就出来了。天下米皮在陕西,陕西米皮在汉中,汉中米皮在城固。因此招待外来朋友时,如果能安排一道具有城固风味的米皮(当地人叫面皮),那就物美而价廉,特色尽出了。第三是要有独家特色。酒店、饭店、餐馆,甚至"农家乐"小店,都有他们的特色菜。因此,凡招待客人,点菜时一定要点这种特色菜。只有这样,主人挣足了面子,客人也会满心欢喜。顺便说一句,有些特色菜可能准备、制作时间会长一些,因此如要订,就得早点打招呼,以免误事。

其三,尽力避开禁忌的原则。选择菜品,必须考虑宾客的禁忌。这种禁忌主要包括宗教禁忌、地域禁忌、职业禁忌和个人禁忌,所以选择菜品时,可征询客人的意见,以便尽力照顾,不使其用餐时为难。

三、餐具的放置与使用

(一)餐具的放置

中餐餐具的放置,通俗称法是摆台。摆台方式,正规餐厅的服务人员懂得,不必多操心。

如果在家中招待客人，则要知道大体的方法。

餐具放置有两种方法，多用于"公筷式"用餐和"混餐式"用餐。

第一种放置方法是：在座位前的桌面上，正中位置放盘，盘中央放汤勺。盘之左侧放菜单，右侧放筷。盘之正前方，依次放啤酒杯、甜酒杯和白酒杯。

第二种方法是：在座位正前方的桌面上放置盘，盘之右侧放筷。盘之前方，左侧放啤酒杯，右侧放小盘，小盘中放汤勺。在正前方，依次放置白葡萄酒杯、红葡萄酒杯和白酒杯。

当然，上述两种放置法，是正规的方法，但在家中招待客人时，限于餐桌面积和餐具的不完全配套，往往就要灵活处理。处理的基本方法是饮酒器具可以减少，每人保证一个白酒杯、一个红酒杯（葡萄酒、饮料）即可。如果客人只喝白酒，可以只放白酒杯；只喝葡萄酒或饮料，可以只放红酒杯。酒杯的摆放位置可以相机处理，只要方便餐饮就行。菜单也可免去。

（二）餐具的使用

中餐餐具的使用，有很多规矩。不懂这些规矩，就会出洋相，甚至违背禁忌。因此，就餐时必须正确地使用餐具。

其一，筷子的使用。

筷子使用的规矩源远流长。比如《礼记·曲礼上》中有这样一种提法："羹之有菜者用梜，其无菜者不用梜。""梜"指筷子，所以这句话的意思是：汤里如果有菜，可以用筷子夹着吃；汤中如果无菜，那就不要用筷子。显然，这里就强调了一种筷子的正确用法。

总结数千年来的传统及各地的禁忌习俗，可知使用筷子时，要注意以下几点：一是不要舔筷子或把筷子长时间地含在口中。因为这样做既不雅观也不卫生。二是不要把筷子横放在碗碟之上。将要离席时，更不能这样做。因为很多地方的习俗认为，将筷子横放在碗碟之上，是嫌饭菜做得不好，自己没有吃饱。明白了这一层意思，做客之人就不能不慎之又慎。三是不要把筷子插在饭碗、菜碟之上，让其直立冲天。因为根据民间习俗，只有祭祀祖先神祇时才会这样做，其他场合万不可用。四是不要拿着筷子去敲击桌面、碗、盘等物，不要用筷子头指点他人，也不要随意挥动筷子，弄得汤水四溅。五是不要把筷子当成万能工具，用它去做别的事情，比如梳头、挠痒等。也不要用筷子去插取食物。六是如筷子掉落于地，就要立即更换，或用干净水洗好后再用。不要随便擦拭一下就继续使用，因为这样做很不卫生，会使他人心中不安。

其二，碗的使用。

碗和筷子一样，是主餐具当中的重要物品。它的作用，主要是放置主食、汤羹以及不易咀嚼的菜品，以便食用。使用碗时，应注意以下几点：一是除特殊情况外，不要端起碗来进食，尤其不要双手端碗，大口进食；二是不要直接用手到碗中取拿食物，而应用筷子或者勺子取出食物后食用；三是不要在碗内放置需要扔弃之物，而应将不用之物放入应放的小盘之中，或扔进就近的垃圾桶中；四是不要把碗倒扣在桌面之上，因为这样做有抗议之嫌。

其三，盘的使用。

盘和碟有时是混用的。实际上大者称为盘，小者称为碟。一般而言，个人使用者，多为碟,俗称碟子,或称食碟。它的作用就是从公用的菜盘中取出菜肴后,暂时放置其中,以便从容食用。有时候,它也可以用于放置吃用过后的骨头、硬核等物。

使用盘(碟)时应注意以下问题:一是不要一次取用太多的菜肴,在盘中堆积如山。避免给人留下贪多无厌的不佳印象。二是不要将几种菜肴混放在盘中,避免窜味。而应取一样用完后,再取另一样放入其中,显得既文雅又能关照他人。三是不要将弃用之物与可食之物混放在盘中,既能避免不雅观,又能保证干净卫生。

其四,勺子的使用。

勺子是用来取用主食、菜肴和羹、汤的。有时,它又有辅助筷子的作用。使用勺子,应注意以下几点:一是取用食物时,不要太满。取用羹汤时,尤其要注意这一点。这样做,可避免汤汁漏溅,弄脏自己或他人的衣服或座椅。二是暂时不用时,应将勺子放在食碟之中,而不要将它直接放在桌面上,也不要将它插入食物之中。三是如果取用的食物温度太高无法即刻食用,可放在食碟中待凉,而不要用嘴去吹,也不要将勺子拿在手中摇来晃去。四是用勺子取出的食物,不管合不合自己的口味都要食用干净,而不能再倒回原处。五是用勺子食用食物时,不要反复吸吮,食相不雅。也不要大口吞食,显出饥饿之相。

除了上述主餐具之外,使用一些辅助餐具如水杯、餐巾、牙签等物时,也要讲究礼仪,不出洋相。

使用水杯时,可用来装清水、果汁等饮品,但不要用来装酒。另外,水杯不要倒扣在桌面上,也不要把杯中之物喝到口中后又吐进水杯,显得缺乏教养。

使用餐巾,关键是要明白它的用途。酒店饭店在用餐前所奉上的湿巾,只可擦手,而不可擦脸、擦嘴、擦汗;用餐结束时如再奉湿巾,则可以擦嘴、擦手,但不能擦汗。湿巾用过之后,应放回原处,待服务员收走。盒式纸巾,使用较广,但使用之后不能乱抛乱扔,只能扔进放杂物的小碟之中或房间的垃圾桶里。

牙签之用,关键在避人。因此,一般不要当众剔牙。实在要剔时,应设法遮掩口部。剔出来的东西,不要当众观看,也不要乱吐乱扔。另外,不要用牙签去扎取菜肴。

要保证餐具的正确使用,除了用餐者注意各种细节和规矩外,正确上菜,也大有帮助。上菜的大规矩是先冷盘、中热炒、再主菜,然后羹汤,然后果盘、点心等。这一般不会错。但每个菜怎么上? 特别是每人一份的菜怎么上? 这也很有讲究。这方面,古人就特别注意,绝不会乱来。《礼记·曲礼上》有这样的话:"凡进食之礼,左殽,右胾,食居人之左,羹居人之右。脍炙处外,醯酱处内,葱渫处末,酒浆处右。"意思是,但凡进食,其礼是将带骨头的大块熟肉放在左侧,不带骨头的大块熟肉放在右侧,饭放在人的左手边,羹汤放在人的右手边。切细的肉条和烤肉放在远端,醋和酱放在近处,葱和蒸葱等佐料放在案头末端,酒水和饮料等放在右边。读者朋友看看,古人的规定是多么具体而细致。

当然,古人的这种规矩在很大程度上是针对单体用餐的,相当于我们今天的份儿饭。今天,人数较多的同桌聚餐,显然不能完全照搬。但是古人礼仪中那种便于用餐者的精神,却仍然值得我们发扬。否则,上饭上菜时乱摆一气,让食用者顾得了东顾不得西,餐具的使用就难免忙中出错。

四、酒水饮用

俗话说"无酒不成席",因为餐饮之中,酒作为一种文化因素,发挥着不可替代的交际作用。从古至今,我国的饮酒礼仪,都十分丰富。今天,在餐饮之中恪守饮酒礼仪,显得更为必要。因为,饮得好,可以活跃气氛,增进交情。饮得不好,则会引发祸端,造成损失。

饮酒的过程,包含着四个程序。第一程序是斟酒,第二程序是敬酒,第三程序是干杯,第四程序是饮酒。每个程序都有特定的礼仪规范,必须熟悉并遵守。

(一)斟酒礼仪

斟酒有两种形式,一种是服务人员斟酒,一种是主人(做东者)为客人斟酒。除了大型宴会,第二种形式较为普遍。

主人为客人斟酒,酒瓶应当场启封(必要时也可让服务员帮助启封)。此外,应注意以下礼仪:其一,不漏一人,平等相待。就是说,要给每一位客人斟酒,而不能挑挑拣拣,厚此薄彼。当然如有客人表示自己白酒、红酒都不能喝,那就不必勉强。其二,方向明确,依序而进。这又有两种办法:一种是先给长者、尊者斟酒,然后从长者、尊者旁边继续,为其他客人一一斟酒。一种叫作"左手拿瓶右转弯,右手拿瓶左转弯",按照一定的方向依次为客人斟酒。其三,斟酒适量,不洒不溅。斟酒有"酒满敬人"之说,但"满"到什么程度为宜,则大有讲究。一般来说,白酒和啤酒应该斟满,但不能溢出杯口。其他酒类斟三分之一的量即可。

(二)敬酒礼仪

敬酒的主角是主人或做东者,敬酒的关键是"敬",因此敬酒者应注意以下问题。

其一,顺序正确。主人或做东者按长者或尊者为先的原则先行敬酒,然后依次敬酒。敬酒时,敬者和被敬者同时饮酒,原则上白酒应饮完满杯,然后再由敬者向被敬者的酒杯中斟满。其他酒水,则随量而饮,不必饮完。到一定时候,被敬者应向主人或做东者回敬。

规模较大的宴会,主人或由近及远或由远及近向每桌客人敬酒。每桌同饮一杯即可,然后向每位客人再斟酒水。一桌进行完毕,再转入另一桌。

其二,态度恭敬。敬酒时,应先用简短语言表达欢迎、感谢、祝福之意,然后依次敬酒。如果客人不是很多,也可以在每位客人面前言说几句,然后向人家敬酒。敬酒时,要走近对方,目光专注,充满真诚。万不可一边敬酒一边东张西望,也不可借敬酒之机强逼对方多饮超量,发生问题。

(三)干杯礼仪

干杯也叫碰杯,是表达情谊、活跃气氛的一种饮酒礼仪。干杯的提议者,可以是主人、做东者,也可以是同桌的客人。

"干杯"饮酒,应注意以下几点:其一,若是主人提议干杯,应起身站立,目视对方,手端酒杯,与主人之杯相碰后同时饮酒。即使自己不能喝酒,但碰杯的程序也不可不做。至于喝不喝、喝多喝少,可视自己的情况酌定。其二,与他人碰杯时,为表示对他人的敬重,自己酒杯所持的高度,应略低于对方所持酒杯的高度。饮酒后,还应向对方说声"谢谢"。其三,与他人碰杯时,用力不可过猛,以免酒水洒出。如无特殊原因,适当时候,自己也要提议"干杯"向他人敬酒。这种有来有往的礼仪,也不可忽视。

(四)饮酒礼仪

饮酒很能反映一个人的个性和修养,所以民间有一种"酒品即人品"的说法。从古至今,饮酒可能成事、也可能坏事的实例很多。人们都知道"李白斗酒诗百篇"的壮举,可未必都能知道三国时"才高八斗"的曹植因喝酒误了军国大事,最终被曹操彻底否定的悲剧。现在,因喝酒无度而酿成大祸者,也不是一个两个,因此,凡饮酒必须守礼仪,讲规矩,不坏事。

其一,适可而止。美酒虽好肚量有限,因此喝酒一定要留有余地,而不要不到倒地誓不休。为了做到适可而止,不出洋相,一般都要注意这几点:首先是饮酒之前,一定要先吃点点心或菜肴,垫垫胃,免得空腹饮酒,伤害身体。其次是根据自己惯有的酒量打点折扣,而不要超越底线,"挑战不可能",结果一败涂地,不可收拾。另外是控制情绪,做到"姜太公稳坐钓鱼台"。心情欠佳时,不要借酒消愁,自甘沉沦,弄得既伤友情又伤胃。情绪高涨时,不要口出狂言,豪气冲天,不喝到天昏地暗不停杯,非要争个"席上第一"不可。注意了这三条,准保你平安而来,高兴而归。

其二,宽容随和。这有两方面的要求:首先是不挑剔,要客随主便。对主人或做东者拿来的酒水,只能肯定、赞赏,而不能否定、贬低。更不要耍大牌,摆喝酒光荣史,扬言非茅台、五粮液不喝,搞得"东家"颜面无光,手足无措。其次是不要强迫他人"开怀大饮"。每个人的酒量不一样,因此不能总用自己的标准去要求他人。不要用"激将法""比拼法"等手段强制别人饮酒。别人实在不能再饮时,应宽大为怀,放人一马,而不可大发脾气,满嘴胡说,甚至强行灌酒,让人难堪。

其三,从容文雅。中国的词汇很有讲究。比如喝水、品茶、饮酒三种说法,就大有区别。入口爽进为喝,抿口体味为品,入口慢进为饮。因此,饮酒虽然也叫喝酒,但正确的做法则是酒入口中后缓缓而咽,慢慢入胃。因此,饮酒时一定要从容不迫,文雅得体,切不可心急火燎,一口一杯,口口相连。另外,和他人对饮时一定要礼让对方,最好让对方先饮后自己再饮。万不可碰杯之后不管不顾地一口吞下,显得毫无修养。

其四,婉拒有术。如果自己不能饮酒,别人敬酒时,只能委婉拒绝。拒绝的办法有如下几种:第一种是在自己面前的酒杯中倒入非酒类的饮料,向他人表明自己不能饮酒。第二种是直接说明不能饮酒的原因,比如说最近身体欠佳、餐饮后还有重要的事情要办之类,求得别人理解、谅解。第三种是找有酒力的亲人、同事或晚辈代饮。有时候某些身份特殊的人来敬酒,实在不好拒绝,就只能在碰杯之后请人代饮。

其五,远离陋习。陋习不除,美酒就会变成害人之物。这类实例,现实生活中屡见不鲜。因此,饮酒之时一定要自觉抛弃那些既害己也害人的陋习恶俗。第一是不要借酒生事。"酒后吐真言",满嘴胡说,或者装疯卖傻,举止粗俗,只能叫人厌恶。因此一定要自己管住自己,切勿迷失了本性。第二是不要顶风酗酒。现在政府对公职人员的饮酒有明确规定,对特种行业的人员(如司机)的饮酒也有严格禁令。因此,你若身处其中,就要敬畏纪律,自觉照办,而不可一入餐饮场便忘乎所以,我行我素,结果铸成大错,悔之不及。第三是谨遵古人"食不语"(《论语·乡党第十》)的训诫,保持安静,不制造噪声。因此,不要在餐饮场中猜拳行令,大吵大嚷,搅扰得四周不安,天怒人怨。

五、就餐礼规

主人也罢,客人也罢,只要参加餐饮,就要遵守相应的礼仪规矩。只有这样,才能宾主皆欢,满堂愉悦。

就餐礼规,始于赴宴前的准备,终于餐饮的结束。在这个过程中,应当遵守的礼仪规范主要有以下几项。

(一)适度修饰

参加餐饮活动,无论男女,都应当进行适当的衣着、面容等方面的修饰,做到整洁、优雅、大方。一般来说,男士应着套装,必要时要提前理发并剃须。俗话说:男子干净不干净,一看鞋子便知。因此,要特别注意鞋子的样式和卫生。女士的着装要做到整体和谐,面部要适度化妆,头发要梳理整齐,配饰要小巧精致。无论男女,如无特殊原因,不可穿着沾有油污、汗气熏人的工作服去就餐。

(二)按时到场

这一点在"聚会礼仪"当中已有介绍。这里需要补充的是,与主人或做东者关系密切的客人,或是主人与做东者的下属同事,可以提前较多时间(半小时左右为宜)到场,以帮助主人或者做东者张罗饭食,或帮助主人迎接、招呼其他客人。但如要提前到场,事先应向主人或做东者说明,以便他们有所安排。

(三)礼貌就座

参加大型宴会,应按工作人员的安排就座;一般性聚餐,可随意择座,但应把上座、居中之右侧座位、舒适的座位留给主人、长者或尊者;与他人同行将入座时,应礼让他人先入座,然后自己再入座。入座时,除因条件限制,不能从别人面前走过而入座,只能从他人座椅后面绕行而入座;如果自己属于尊者、长者而别人已让好座位时,应有所谦让并表示谢意,不可妄自尊大,不敬他人。

(四)主动交际

餐饮的目的在于交际,在于加深情谊。因此,在等待用餐之时,可主动与其他客人和主人沟通交流,比如问候主人、联络老朋友、结交新朋友等等;如果同桌客人皆为熟识之人,可相机提出某种话题,和大家共同热议;如果自己在座中属于年轻者,则可主动为大家的茶水杯中续水。总而言之,不要一言不发,专等开宴,而要聊天叙旧,活跃气氛。

(五)文雅用餐

用餐是餐饮活动的中心环节,其礼仪规范较多,就餐者应高度重视,自觉遵守。

就餐礼仪,自古有之。孔夫子就餐时十分讲究,"食不厌精,脍不厌细"(《论语·乡党第十》),意思就是主食之粮不嫌舂得精,大鱼大肉不嫌切得细。《礼记》当中所介绍的就餐之礼,更是十分全面而具体。为了说明,特举例如下:

例一:

"三饭,主人延客食胾,然后辩殽。主人未辩,客不虚口。"(《礼记·曲礼上》)

例二:

"共食不饱,共饭不泽手。毋抟饭。毋放饭。毋流歠。毋咤食。毋啮骨。毋反鱼肉。毋投与狗骨。毋固获。毋扬饭。饭黍毋以箸。毋嚃羹。毋絮羹。毋刺齿。毋歠醢。"(《礼记·曲礼上》)

例一的大意是:吃过三口饭后,主人请客人先吃不带骨头的肉,再吃带骨头的肉,然后尝遍所有的菜肴。主人还没有吃遍全部种类的食物之前,客人不能饮酒漱口表示已经吃饱。

例二的大意是:与别人共享食器吃饭时不要光顾着自己吃饱,与别人共享食器吃饭时不可以搓手。不要用手把饭团成饭团。不要把已经抓到手里的饭再次放到食器中。不要大口喝汤。吃饭时嘴里不要发出响声。不要嚼骨头。不要把拿起来的鱼肉又放回食器中。不要把骨头扔给狗。不要专挑一种食物吃。不要晃动器皿。吃蒸黍不可以用筷子。不可以当着主人的面给菜汤调味。不要当众剔牙。不要直接吃肉酱。

古人的这些用餐礼仪,大部分今天仍然适用。更为重要的是,它所体现的律己敬人的精神,更值得我们发扬光大。民间有"吃有吃相,喝有喝相"的说法,为了使"吃相""喝相"皆雅,就要刻意注意以下几个问题。

其一,遵守习俗。餐饮的习俗,五花八门,因地而异。因此,首先要了解当地的习俗,做到心中有数,避免出错。其次,当主人和其他客人按"俗"行事时,即使和你的日常习惯不相符合,也不要当即拒绝。更不能说三道四,指责某种习俗的非科学性。比如我的家乡在聚餐吃鸡肉时,要把烹制好的鸡头送给座中最年长者食用,以示敬重。这种时候,你就要尊重这种习俗,而不要乱讲鸡头不卫生之类的观点,使奉送鸡头的人心中不爽。

其二,从容进餐。进餐时宁慢勿快,宁轻勿重,宁少勿多,要时时刻刻关照到其他客人。不要狼吞虎咽,进展神速。也不要声响过大,干扰宁静。尤其不要摇头晃脑,满脸油汗,汁汤四溅,看起来很不雅观。

其三,科学布菜。关照他人是完全正确的,但方法一定也要正确。布菜时,不要用自己使用过的筷子夹取菜品后放入他人的碗碟之中。这样做既不卫生,也使他人左右为难——也许人家不太乐于接受这种菜品的口味(比如太辣或太甜等)。正确的做法应该是:如菜桌有转盘可相机转动转盘,让每一道菜都有靠近客人的条件。这样,客人如愿食用可自行取拿。如菜桌无转盘,可在适当时机调整菜品的放置位置。这样,客人也都有机会食用各种菜肴了,不至于对某些菜肴"远不可及"。

其四,不挑不抢。所谓不挑,就是取用菜肴时,不要看过来看过去拿不定主意,而要随机而取,干脆利索。尤其要禁绝在菜盘中翻来翻去,从底搅到面,或者从公用菜盘中取出菜品后端详良久,觉得不合适,又放回原来的菜盘之中。

所谓不抢,就是同他人一起共桌用菜时,要相互礼让,依次而行,并坚持"少取而顾人"的原则,保证每位客人都能够品尝到同一种菜肴。如果对不合自己口味的菜肴不屑一顾,对自己偏爱的菜肴则过多取用,甚至把住菜盘"永不放弃",让他人没有品尝的机会,那就会大煞风景,让别人对你"刮目相看"。

其五,讲究卫生。关于这种礼规,笔者在其他章节中说过多次。这里赘言,是想针对"餐饮"这个事项,做一点有的放矢的提醒。餐饮之时讲究卫生,主要应注意以下几点:第一,不要当众清嗓子、吐痰、擤鼻涕、吐口中之物。实在忍不住时,应掩住口鼻,离开座位,到洗手间去处理。第二,不要当众修饰妆容,如梳理头发、化妆补妆、松解纽扣、脱鞋脱袜、更换里衣。第三,如果掉落菜肴、洒落汤汁在桌面上,可以用餐巾纸擦掉或者包裹后扔入垃圾桶,然后到洗手间洗手后再返回座位。万不可用手抓起,或者用筷子头夹起,让人看着很不舒服。

其六,多静少动。除了向人敬酒等特殊情况下可以离位走动外,应尽量原地不动,安静用餐。要认真做到:第一,不胡乱挥动筷子、勺子等餐具,也不要随意地敲击桌面、酒杯、碗、盘等物。第二,不要大声说话,也不要乱开玩笑,惹人哄堂大笑。第三,因特殊事项需离开座位时,应轻手轻脚,尽量不使桌椅发出声响而惊扰他人。第四,在大型宴会中出现故旧朋友时,不要高声打招呼,也不要狂奔而去问候致意。而应在宴会结束时等候在出入口,相见后再从容叙谈。

第二节 西餐礼仪

西餐原指西欧各国的餐饮,现在所说的西餐则泛指西欧、美洲、大洋洲、非洲以及南亚次大陆等国的饮食。与中餐相比较,它有两个明显的特点:一是源头在西方,二是主食以面包为主,餐具以刀、叉为主。

由于文化背景的不同,西餐的礼仪与中餐的礼仪有很多不同之处。西餐礼仪,主要体现在菜序、座次、餐具等方面,下面我们依次作以简要介绍。

一、西餐的基本形式

西餐的形式多种多样。就大类而言,有正式的和随意的两种。就实质内容而言,则分为以下三种。

（一）自助餐

自助餐的时间安排随机而定，可以是早餐、中餐，也可以是晚餐。菜肴有热菜也有冷菜，客人自行取用。吃自助餐时，一次不要取得太多。因为客人可以多次取用，直到吃好为止。

（二）酒会

酒会通称为"鸡尾酒会"，以酒水为主，配以小食品、小点心、小面包、小香肠等。酒会不设桌椅，客人可随意走动。酒会一般在晚餐时间（下午五点到晚上七点）举行。

酒会的主要礼仪有以下几点：一是端着盘子站着进餐。服务生端着装有小食品等的盘子走近时，用餐者可以自行选用吃食和饮品。也可以自己去吧台取用酒水。二是手中应拿有餐巾和纸巾，以便和他人握手时擦拭沾有酱汁或其他汤汁的手掌，另外也便于取用服务生端过来的未用牙签穿上的小食品。三是餐后务必用纸巾擦手擦嘴。纸巾用过后或交给就近的服务生，或扔进垃圾桶，不可随意向地上乱扔。

（三）晚宴

晚宴有正式晚宴和便宴两种。正式晚宴较为隆重，一般要排好座次，就餐时主人会祝酒或发表祝词。有时席间会有小型乐队现场演奏；便宴比较简便，多在亲朋好友间举行，一般邀请夫妇同时出席。

二、西餐的座次安排

西餐的座次安排特别讲究，越是正式场合，这一特点越是突出。因此，参加西餐用餐，如有座位安排（酒会不安排座位），应在服务生的引领下入座，而不可自行就座。

西餐的座次安排与中餐相比有相同处也有许多不同处。中餐多用圆桌，西餐多用长桌，以显示位次。因此，所谓西餐的座次安排，更多的是表现在位次。下面，对位次安排的基本原则略作介绍。

（一）女士优先

西餐礼仪中特别讲究尊重和照顾女士。因此，在排定用餐位次时，主位一般安排女士就座。比如在家宴中，女主人在主位就坐，男主人则只能坐在第二主位。

（二）敬重主宾

西餐中，主宾的地位极高，受到高度尊重。即使用餐的来宾中有人的身份、地位、年龄高于主宾，但主宾仍然被高度重视。在排列位次时，男、女主宾都分别靠近女主人和男主人之座，以便受到很好的照顾。

（三）以右为尊

这一礼仪与中国的餐饮礼仪类同。就两人而言,右位高于左位,因此安排女主宾坐在男主人的右侧,男主宾则坐在女主人的右侧。

（四）面门为上

这一点也和中餐类同。所谓面门为上,就是指面对餐厅正门的位置为上位,从序列上说要高于背对餐厅正门的位子。

（五）交叉排列

这一点与中餐的座位安排大不相同。中餐讲求配偶、恋人、熟人排在一起,西餐则讲究叉开排列,以便多交朋友。按照这一原则,男女应当交叉排位,生人和熟人也交叉排位。这样,一位用餐者的对面和两侧往往都是异性,也很可能都是不太熟悉的人。因此,这就很需要用餐者的人数为双数,而且男女各半为最好。

前文已经说过,西餐的餐桌,多为长形桌。因此,以上所介绍的五大位次安排原则,可用下图表示:

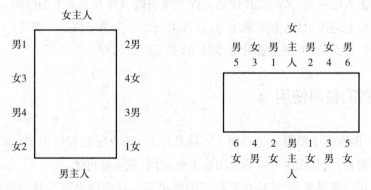

三、西餐的上菜顺序

西餐的上菜顺序与中餐的上菜顺序大不相同。了解西餐的上菜顺序有两大好处:一是心中有数,依各人口味吃饱吃好;二是便于客人点菜,做到组合适当,搭配合理。

西餐上菜的大顺序是:开胃菜—汤—鱼或肉—蔬菜沙拉和奶酪—甜食和水果—咖啡和茶。具体而言,正餐和便餐又有明显的区别。

（一）正餐的上菜顺序

第一是开胃菜。开胃菜一般不列入正式的菜序,只是一种引子,或者称为前奏。开胃菜,一般由蔬菜、水果、海鲜、肉食组成拼盘。因其以各种调味汁凉拌而成,色彩鲜亮,口感宜人,故称"开胃菜"。

第二是面包。西餐中的面包大多是切成片的,以便根据个人口味涂抹各种果酱、黄油或奶酪。有时,也会有刚刚烤好的小面包,配以各种酱料后,味道更佳。

第三是汤。西餐中的汤,有白汤、红汤、清汤等种类,都具有很好的开胃作用。因此,汤在西餐中扮演着"开路先锋"的角色,只有开始喝汤了,才算正式地吃西餐了。

第四是主菜。主菜有冷菜也有热菜,以热菜为主。在比较正规的正餐上,一般要上一个冷菜,两个热菜。两个热菜中,一个是鱼菜,另一个是肉菜。有时,也会另加上一个海味菜。肉菜代表着本次用餐的档次和水平。

第五是点心。点心一般有蛋糕、饼干、吐司、馅饼、三明治等。吃或不吃,由就餐人员自行决定。

第六是甜品。常见的甜品有布丁、冰淇淋等,均可用可不用。

第七是果品。果品种类繁多,有核桃、榛子、腰果、杏仁、开心果等干果,还有苹果、香蕉、橙子、葡萄、草莓、菠萝等鲜果。

最后是热饮。热饮有红茶和咖啡,二者只能选用一种。饮用热饮,可以在餐桌上进行,也可以换个地方,到客厅或休息厅进行。

(二)便餐的上菜顺序

如果是自家人吃西餐,大多选择便餐。因为便餐既节约开支又节约时间。

便餐一般由五道菜组成,上菜顺序为:开胃菜—汤—主菜—甜品—咖啡。

便餐可以自行点菜,但要注意的是,同类的菜不要点两种。

四、西餐的餐具使用

如前所述,西餐的主要餐具是刀和叉。除此以外,还有餐匙和餐巾等。西餐中也有盘、碟、杯、牙签等餐具,因其用法与中餐的用法大致相同,就不必再述。

西餐中要正确使用餐具,基础是要有正确的坐姿。正确的坐姿是身体要坐直、坐端正,不要趴伏在餐桌上;手臂不能放在餐桌上,也不能张开而妨碍他人;不能高跷"二郎腿",也不能靠在座椅后背上。

在这个基础上,国人只要不断学习,慢慢适应,就能正确而熟练地使用西餐的餐具。

(一)刀、叉的使用

刀和叉既可以单独使用,又可以相互配合使用。学习刀和叉的使用,要点有三:

其一,要知道刀和叉的区别。一般来说,摆在每位用餐者面前的刀和叉主要有:吃鱼所用的刀、叉,吃肉所用的刀、叉,吃甜品所用的刀、叉,吃黄油所用的餐刀,等等。它们不但形状不同,而且摆放的位置也不相同。要正确使用,关键是要明白它们的摆放位置。

吃黄油所用的餐刀,不配叉。它横放在用餐者左手的正前方。

吃鱼所用的刀和叉,吃肉所用的刀和叉,都摆在吃黄油所用的餐刀的正下方的餐盘两侧,餐刀在右,餐叉在左。

吃甜品所用的刀和叉，一般横放在用餐者面前的餐盘的正前方。按照西餐的上菜顺序，甜品后上，因而吃甜品所用的刀和叉，都是最后才用。

其二，刀和叉的使用原则。刀和叉的使用有两种类型：一种是英国式。要求自始至终左手持叉，右手用刀，一边切割一边吃。这种用法比较文雅。另一种是美国式。它第一步是左手持叉右手拿刀，相互配合着将盘中要吃的东西全部切好。第二步是将叉换到右手中，不断取用切好之食，吃好为止。这种用法比较省事。

无论采用"英国式"用法还是"美国式"用法，使用刀、叉时，都要注意以下问题：一是切割食物时要小心谨慎，压紧餐盘，以免发出声响，干扰他人。二是双肘下沉而用力，既避免妨碍他人，也避免食物出盘或坠落。三是所切割的食物要大小合适，便于入口。四是要放置恰当。临时放下餐刀时，不可刀口向外。双手使用刀和叉时，叉齿要向下，而持叉进食时，叉齿则应向上。

其三，懂得刀和叉的暗示功能。使用刀、叉可以暗示是否吃完了或没有吃完。其具体做法是：

如菜未用完，而临时又有事略有耽搁，可将餐刀放右而刀口向内，餐叉放左而叉齿向下，呈汉字"人"字形位置放在餐盘之内。服务生见到这种摆法，就明白这是"此菜尚未用完"的意思，不会将菜品和刀、叉等物收走。但要注意，在域外用西餐，不可将刀、叉摆放成"十"字形。因为西方人认为那是很不吉利的图案。

如果已经吃完吃好。则将刀口内向、叉齿向上，按刀右叉左的方式并排纵放，或刀上叉下并排横放在餐盘中，服务生就会明白其中之意，将餐具收走。

（二）餐匙的使用

餐匙是西餐中十分重要的餐具。要正确使用它，先要懂得它的区别。

其一，餐匙的区别。餐匙又叫调羹。西餐中有两把餐匙，各有其用。个头较大的餐匙是汤匙，用来盛汤，它一般摆放在用餐者右侧的最外端，与餐刀并列纵放。个头较小的餐匙是甜品匙，专门用来食用甜食。它一般横放在吃甜品的刀、叉正上方，且与其并列。

其二，餐匙的用法。总的来说，两把餐匙各有其用，不可混用。此外，还要注意以下几点：一是不要用餐匙取用其他主食和菜肴；二是要保持餐匙的干净卫生，不要使它周身沾汤带水，色彩缤纷。因此使用餐匙时，动作要利索，不要在汤、甜品中搅来拌去；三是已经开始使用的餐匙，不可再放回原处，也不可将其插入主食、菜肴之中，更不可让其直立于汤盘、甜品或茶杯之中；四是每次取用要适量，保证能一口吃完，而不能取用一匙食物后反复品尝。

（三）餐巾的使用

餐巾之用，一是要铺放正确，二是要用得恰当。因此，使用餐巾时要充分注意以下几点。

其一，铺放位置要正确。将餐巾塞进领口后拖下。围在脖子上，或者系在裤腰上，都是不正确的。正确的铺法是：平铺于自己并拢的大腿上。铺放时，应在桌下悄然进行，而不可提得过高并抖来抖去。

其二，发挥用途要合理。一定要注意到，餐巾的用途只限于以下几项，而不能把它当作万能之物。一是用它来保护衣服，以免洒落的汤汁、菜肴等将衣服弄脏。二是用它来擦拭嘴唇，避免与人交谈时口边不洁而有失文雅。女士如唇部有化妆，用餐前应用餐巾轻轻地印一下口部，以除去唇膏。以餐巾擦嘴唇，部位要基本固定，不可东面一下西面一下，"天上一下地上一下"。另外，要避免用餐巾去擦手、擦脸、擦餐具。三是用来掩口遮羞。万不得已需要剔牙或吐出口中之物时，可用餐巾遮掩口部后进行。剔出、吐出之物，最好用餐巾包严后扔入垃圾桶。不可当众"表演"，大失风度。四是用来暗示。铺开餐巾暗示用餐可以开始。将餐巾铺放在自己所坐的椅子的椅面上，暗示自己只是暂时离开，等一会儿还要再回来。将餐巾放在桌面上暗示用餐结束。特别是女主人将餐巾放到桌面上时，那就是暗示用餐已经结束，客人们可以离席告退了。

还需强调的是，离席告退前，餐巾不可胡乱往桌上一扔就算完事，而应将餐巾叠起来放于桌面。另外，不可用餐巾拍打身体除尘。

五、就餐的基本要求

吃西餐的礼仪要求很多，也很严格。概而言之，以下几方面要特别注意。

（一）食用得体

不同的菜品有不同的吃法，一定要正确食用，不出洋相。

其一，汤的食用。主食之外，汤往往是头道菜。食用汤时，要注意这样几点：一是主人或服务生未拿起汤匙前，客人不要提前食用；二是不要用匙的顶端喝汤，而只能从匙的旁边去喝；三是如果随汤上有饼干，可以一边吃饼干一边喝汤，而不能把饼干泡进汤里去吃；四是除双耳杯外，不可端起汤杯来喝，只能一勺一勺地舀起来喝。

其二，面包的食用。面包会先摆上餐桌，但只有在喝完开胃汤后才食用。食用面包时应注意，一定要掰成小块食用，掰一块吃一块，而不可拿起整块面包去咬。另外，抹黄油和果酱时，也只能抹在小块面包上，而不能用面包蘸黄油或果酱，更不能用面包去抹盘子。

其三，鱼、虾及海鲜的食用。食用全鱼时应用餐刀将鱼头、鱼尾切下放在旁边，然后用刀轻轻切割上层鱼肉，用叉叉起来食用。吃完上层鱼肉后不可将鱼翻身，只能用刀、叉剔除主刺后再食鱼肉；食用半只海虾或贝类海鲜，可用叉将肉叉出来食用；食用整只龙虾，可用手撕去虾壳而食虾肉。但动手前，应在净水钵中将手指洗干净。

其四，牛排的食用。西餐牛排有三分熟、五分熟、七分熟和全熟几种。一般来说应要全熟，否则端上来以后不敢吃或者让服务生端走重烤，那是很失礼的。切牛排时，应由外向内一下一下地切开，切一块吃一块。不要来回切割，让人见笑。

其五，鸡肉、鸽肉的食用。整鸡、整鸽端来后，要用餐刀从其胸脯处一剖为二，然后从容食用。食用时，不可将鸡、鸽翻身。

其六，布丁的食用。刀、叉并用，分块而食。要注意，分成的块不宜过大，以便入口。

其七,煮鸡蛋的食用。西餐中的煮鸡蛋一般是半熟的,蛋黄为流质。因此,不能拿在手中敲开后食用,而只能放在特用的小杯中,一只手固定住杯子,另一只手拿餐刀或餐叉敲破蛋壳,将上半部分蛋壳剥离,然后用小勺舀起食用。如觉必要,食用前可向鸡蛋中加入适量食盐。

(二)举止文雅

要达到这一目标,就需要自我约束,切实注意以下问题。

其一,禁止声响。具体要求:一是用餐的时候,吃菜肴也罢,喝汤汁也罢,都要平心静气,尽量不要弄出声音。二是尽力避免当众打嗝,打喷嚏,咳嗽。搬动座椅、拿用餐具时,要轻手轻脚,而且不要大大咧咧,弄得声响震耳,搅扰他人。三是慎用餐具,不懂之处可以请教、效仿他人,不可不懂装懂,乱敲乱打。也不要用餐刀、餐叉等餐具对他人指指点点。

其二,坐姿端庄。吃西餐的坐法,前文已经涉及。这里需要再强调的是:就座时应从左侧进入,并力求身体与餐桌保持两拳左右的距离;就座后不要东倒西歪,不要将双手支在桌面上,也不要藏于桌下,而应轻扶桌沿;双腿应并拢,而不要乱伸乱蹬。

另外,吃西餐很讲究衣装整洁。因此入座之后,无论身着何装(礼服、正装、便装),都不要当众脱衣换衣、松领带、挽衣袖、挽裤腿,更不允许脱鞋脱袜子。只能正襟危坐,彬彬有礼。

其三,尊重女性。尊重女性是西餐礼仪的显著特点。具体而言,这一特点体现在三个方面。

第一是不用女性服务生。西餐馆里特别讲究"女尊男卑",因此概不使用女性服务生。明白了这种礼规,在西餐馆就餐,就不要乱打问、乱评论。

第二是礼貌对待女主人。女主人要坐主位;要由女主人宣布用餐开始,暗示或宣布用餐结束;男士要关照女主人用餐,而不要让女主人忙前忙后,四处张罗。

第三是主动照顾女宾客。入座时,要帮助女宾客调整座椅,待女士坐好后,男士再绕行后入座,而不能直接从女士面前挤过去入座;用餐之时,要主动帮助取菜、拿调味品,而不能让女士自行忙碌;餐饮结束时,要礼让女士先行;出门时,要主动为女士拉开门扇,并让女士先行出门。总而言之,要时时、处处先为女宾客着想,当好她们的"保护神"。

其四,乐于交际。食用西餐,人们很重视相互之间的交际。因此,每一位宾客,都应真诚而高兴地与他人交流,共同营造良好的用餐氛围。

西餐中的交际,主要是两个方面:一是宾主间的交际,二是来宾间的交际。

宾主间的交际,要注意做到:到场后应向主人问候致意,主人也要对客人的到来表示欢迎之意;在就餐之前或之后,可找机会与主人聊天叙旧,加深感情;离开时,应向主人表示感谢,并送上吉祥祝福。

来宾间的交际,可相机而行。刚见面,可问候致意;初次见面的人,可相互介绍,表示相识之快乐;老朋友之间,找机会叙谈叙谈,问询生活、健康情况等,充分表现关切之情;就餐时相互帮助,借机谈话;等等。总之,吃西餐之时,要乐于广交朋友。当然,叙谈之时,一定要控制音量,不要大呼小叫,惊扰他人。

第十章

民俗礼仪

民俗即民间的风俗习惯。民间风俗习惯中的礼仪规范,大都经历过长时间的总结和积淀,因而在不同的社会环境下,虽然会有一定的内容更新,但其主体和本质,则是比较固定的,也是世世代代的人们都乐意认同的。

不同国家、不同民族、不同地域,甚至持不同宗教观念的群体,风俗习惯往往大不相同,所以俗语有"十里不同风,百里不同俗"之说。正因为如此,要全面介绍民俗礼仪,并不容易。别的国家且不说,仅就中国而言,56个民族的大家庭,其民俗礼仪的内容就相当丰富,即使概而言之,也会成洋洋大卷。

这就决定了,笔者在本章中只能以汉族民众的民俗礼仪为主要介绍内容。当然,由于我国历史上曾经历过几次大的民族融合,因而后面所介绍的某些礼仪,实际上现在已经代表了中华民族大家庭的共有民俗礼仪。

第一节　诞辰礼仪

一个人的出生,带给家庭乃至整个家族的既是喜悦,更是希望。因此,从古至今,诞辰之礼都极受重视。

诞辰之礼分为出生礼和生日礼。出生礼重在庆贺,生日礼重在纪念,也包含祝贺之意。

一、出生礼仪

汉民族的出生礼仪,内容很多,但主要的则是诞生、三朝、满月、百日、周岁五种礼仪。五种礼仪的内容因地域不同而有所不同,但主要风俗则大致一样。

(一)诞生礼

主要礼仪是两个环节:告示和报喜。

其一,告示。告示就是告诉四邻八舍,某家已有小孩出生。告示的办法是暗示而不是明说。

告示之礼,古来即有。《诗经·小雅》中所说的"男弄璋""女弄瓦",便是对告示的一种概括。生了男孩让他玩耍玉器,生了女孩就让她玩耍陶制的纺锤。别人一看玩具,便知这家生的小孩是男是女。

直接记载告示之礼的是《礼记》。该书《内则》篇介绍,"子生。男子设弧于门左,女子设帨于门右"。意思是:某家有小孩降生。若生了男孩,则在门口左边悬挂弓;若生了女孩,则在门口右边悬挂帨。帨是女子所用的佩巾。

告示之礼演变到现在,暗示的说法多种多样。说生了个"主人家",意思就是生了个男孩;说生了个"亲戚"或"送鸡蛋的",就是生了个女孩,等等。五花八门的方法很有趣,但难以细说。

其二,报喜。小孩出生后,由其父亲捉上鸡去岳父家报喜。生男孩则捉一只公鸡,生女孩则捉一只母鸡。随后,岳母带着鸡蛋、醪糟等物前去看望产妇。

(二)贺三朝

有的地方叫"打三朝""洗三""看汤"等。这里的"朝"读 zhāo,即早晨之意。"三朝"代表三天。所以"贺三朝"就是小孩出生三天后举行的庆贺礼仪。

古时的"贺三朝"之礼,有射天地四方的内容,对男不对女。就是父母将男孩抱到室外,大人用弓箭射天地四方,表示期待男孩长大成人后志在四方,建功立业。这一内容,现在已不多见。

现在的"贺三朝",主要内容有下面几项:第一是"接子"。就是将小孩抱出,可以给人看了。第二是"洗儿"。就是给小孩洗浴,边洗边说吉祥之语。"洗儿"之日,亲朋好友可送鸡蛋、挂面、活鸡、小孩衣帽等物,也可送红包。主家则设宴款待亲戚朋友。第三是"落脐炙卤"。就是去掉新生儿的脐带残余,并敷以明矾,防止感染。另外还要用相应药物熏炙小儿的卤顶。此项活动结束后,表示新生儿正式进入了婴儿阶段。第四为"开奶"。即从这一天开始,产妇就可以给新生儿喂奶了。有的地方为了期望新生儿将来能吃苦,喂奶前有意洒几滴黄连水,使新生儿吸奶前先尝一点苦味。然后,将糖水抹在新生儿嘴上,让其正式吸吮奶水。

(三)满月礼

小孩出生一个月后举行满月礼。满月时,小孩就要起名字了。

小孩取名的事,礼仪演变较大。《礼记·檀弓上》中有这样一句话:"幼名,冠字,五十以'伯、仲',死谥,周道也。"意思是:婴儿出生三个月后起名,满二十岁举行了加冠礼后取字,到了五十岁时以"伯、仲"等来排列次序(古礼为:兄弟间排行,长子为伯,如长子为庶出,则为孟,次子、三子、四子分别为仲、叔、季)。死后定一"谥"号,评判其一生。这是周朝的制度。显然,远古时,幼儿到了三个月才起名。现在,起名时间以满月者为多,但也有办出生证时就正式起了名字的。按《礼记》之规,古人起名忌用日、月、山、川,也忌用国君之名。现在取名则比较随意。

满月礼的主要内容有三项:一是剃胎发,俗称剃胎毛;二是移巢,就是婴儿之母可抱着婴儿到别的房间里走动,也可到户外走动;三是办满月酒,招待前来祝贺的亲戚朋友。

(四)百日礼

俗称"过百天"。"过百天"的主要内容有三项:一是"穿百家衣",就是从亲戚朋友和四邻八舍处找来布片,拼合成服装给小孩穿上,期望小孩托众人之福祐而健康成长;二是拍"百日照",以为纪念;三是戴"长命锁"或"银圈子",寓意锁住、圈住其命,灾祸不近,就可以平平安安。这种民俗,农村多见,城市已少见。

(五)周岁礼

小孩满周岁时,最盛行的活动叫"抓周",也叫"试儿"。办法是将笔砚、钱币、果品、线卷、脂粉等物放入一器物中,让小孩去抓取。如抓到笔砚,便认为小孩将来肯学习,能成大器。这代表了人们的一种美好期盼,完全可以理解。

现在,随着人们生活水平的提高,许多家长在小孩满周岁时就给其"过生日",邀请少量亲朋聚餐一乐。前来的亲朋则送点小礼物给小朋友,以示祝贺。

二、生日礼仪

人人都有生日,但传统礼仪中的叫法则多有不同,比如在封建社会中,只有皇族才能将生日称为"诞",而且皇帝的生日叫圣诞,太子的生日叫寿诞。两宫皇太后的生日叫寿旦,比太子低了一级。皇后和嫔妃,则只能叫生日。可见,高下尊卑之别,是多么明显。

过生日之俗,宫廷和民间都有。档次虽然不同,但过法则大致一样,目的就是纪念加祝贺。由于纪年方法的区别,现在中国人可以有两个生日期,一个是农历,一个是公历。在民间,生日之礼多以农历(俗称阴历)为准来举行,有的称过生日,有的称"做寿"。

(一)"过生日"与"做寿"的区别

简而言之,年轻人称为"过生日",到了一定年龄,才能把"过生日"称为"做寿",把各种纪念、庆贺活动称为"祝寿"。

之所以有这样的区别,是因为古人对人的年龄十分看重:不同的年龄有不同的说法,不同的要求。《礼记·曲礼上》介绍古礼时说:"人生十年曰幼,学。二十曰弱,冠。三十曰壮,有室。四十曰强,而仕。五十曰艾,服官政。六十曰耆,指使。七十曰老,而传。八十、九十曰耄,七年曰悼,悼与耄虽有罪,不加刑焉。百年曰期颐。"意思是:人从出生到十岁这一阶段称为幼,开始学习。到二十岁称为弱,可以加冠。三十岁称为壮,能够结婚有家室。四十岁称为强,可以为官。五十岁称为艾,可以参与国家政事的讨论和处理。六十岁称为耆,可以指使他人为自己做事。七十岁称为老,应将主持祭祀权移交给嫡长子。八九十岁时称为耄,七岁称为悼,八九十岁的人以及七岁以下的儿童,即使犯罪,也不能被处以刑罚。到了百岁就称为"期颐"。由这一段话我们就能明白,为什么传统习俗中人只有过了五十岁时过生日,才能称为"过寿"或"做寿"。

还需要介绍的是,并不是所有过了五十岁的人都能把"过生日"称为"做寿"。因为按照民俗,只要父母健在,即使是老人,也不能把过生日称为"做寿"。有的地方还有更严格的风俗:只有年过六十岁且父母、岳父母均已过世,才能设宴"做寿",亲朋好友前来祝寿。当然,也有的人虽然符合条件,但从不"过生日","做寿"。比如国学大师南怀瑾先生就从不过生日。他认为,自己的生日,就是母亲的"受难日",想到母亲的磨难,哪还有什么心情去"过生日"。

现在,小儿过生日,稍长的人"做寿",已不太完全依照旧礼了。为了规避旧俗,过生日这天不提这个话题,只是家人在一起聚餐一次,或邀请少许朋友聚一聚吃个便饭也就行了。这几年,有些地方还产生了一种新的民俗:人过了七十岁,直到八十岁,不再过生日,更不说"做寿"了。是何缘由,不得而知。

(二)"过生日"及"做寿"的程式

"过生日"与"做寿"的程式大致相同,只不过后者比前者更复杂一些罢了。

其一,过生日。现在过生日,城镇很盛行,无论小孩、成年人都过生日,尤以整十之数为重,如十岁、二十岁等。小孩过生日由家长操办,可以在外面吃餐,吃餐少不了蛋糕。同时,要给买书籍、衣物、玩具之类。如在家中办,则给做点好吃的,订制一个蛋糕,并买生日礼物。另外,小孩过生日,长辈往往还要给其派发红包,金额则随意而定。

成年人过生日,或由家人的另一半操办,即夫为妻办,妻为夫办,或由至交好友操办。城镇多在外聚餐,不大肆张罗。农村则在家中改善一下生活,不请外人。

在城镇,现在年过五十或六十岁以上的长者过生日,多由晚辈们操办,可在家中办,也可在外办,邀请客人不多,所以跟其他人过生日差不多,没有"做寿"的那些程式,只有一点"做寿"的味道。比如,晚辈们如果经济条件许可,都要给过生日的主角奉送红包,还要提前买一些衣物或烟酒礼品。

有的家庭在过生日的重要庆典日,如小孩或大人的整10之数的生日,也喜欢在家中举办生日晚会,邀请一定数量的亲朋参加。

举办生日晚会,事先要搞好卫生,并对房间进行一定的装饰。晚会开始前,生日主人或家人应在门外迎接客人,并口言"感谢光临""欢迎欢迎"等语。客人到齐后,晚会即可开始。宣布开始前,应将生日蛋糕摆好,将蜡烛插好。生日蛋糕上的蜡烛数量,与生日的主人的年龄相对应。年龄二十岁以下者,每一支蜡烛代表一岁,有几岁则插几支。二十岁以上者,用一支大蜡烛代表十岁,用一支小蜡烛代表一岁。否则,年岁大一些,蜡烛就不好插了。另外,蜡烛要提前固定在蜡烛托上,再将蜡烛托插在蛋糕上面,而不要直接把蜡烛插在生日蛋糕上。

一般而言,生日晚会应按以下程序进行:

第一项:宣布生日晚会正式开始;

第二项:点燃生日蜡烛,来宾代表向生日主人致词,并敬酒;

第三项,生日主人或家庭成员向来宾致答谢词;

第四项,在场者齐唱《祝你生日快乐》歌曲,歌声中,生日主人一口气吹灭生日蛋糕上所点燃的蜡烛,在场的其他人鼓掌。其后,主人将生日蛋糕切成数份,分给在场之人品尝;

第五项,生日主人表演节目,其他人表演节目,也可宣布舞会开始,跳舞助兴。

生日晚会结束后,生日主人或家人应按迎送的相关礼仪送别来宾,并再次表示全家人的谢意。

其二,"做寿"。"做寿"的条件,一是要年满五十岁,且父母已离世;二是不在尽孝之期(即父母亡故三周年已过)。否则,按旧礼,不但家中不"做寿",而且亲戚朋友也不去"祝寿"。

人生满了五十周岁(有些地方要求满六十周岁)时就可以"做寿"了,亲朋故旧也可以来"祝寿"了。以后每隔十年为"大生日"时,再送礼"祝寿"。不同的年龄,"做寿"的说法也各有不同。五十岁称暖寿、半百添寿;六十岁称小寿;七十岁称中寿;八十岁称上寿、大寿;九十岁称绛老添寿;一百岁称期颐。

昔时较为隆重的"做寿",要设寿堂,摆寿烛,张灯结彩。寿烛要用红色,中堂有大寿福。当日,寿翁坐在正位,接受亲友、晚辈的祝贺、叩拜。拜寿礼由主持者喊礼。辈分不同,拜法也不相同。平辈为作揖礼,一揖即可;子侄辈要四拜,有的还要用寿盘盛上熟鸡蛋四枚或枣汤一碗奉敬寿翁。除寿日拜贺外,还有寿日之前或之后拜者:之前拜为预祝,之后拜为补祝。如陕西南部有些地方,生日前一天晚上至亲晚辈、邻里乡亲都要带上礼物前去祝寿,俗称"吃生朝"。主人家则备办酒席,热情款待。晚宴前,焚香敬神,鸣放鞭炮。做寿者先叩头祭拜祖宗,然后由子孙晚辈依次向其叩头"祝寿"。其后,寿翁带宾客入席欢宴。

"做寿"巨细之事,皆有子、孙辈张罗,除了布置寿堂外,还要准备祭神拜祖的供品,还要准备寿宴菜肴和酒水。寿宴之中必须有猪脚和长寿面。猪脚象征强壮健康,长寿面象征长寿。吃长寿面时,忌讳从中间咬断,而要一直拉长着吃,期望寿星长命百岁,福寿连绵。

"做寿"之庆,主家不主动邀请亲朋,都是亲朋自行前往。去时,都要带上食品、烟酒等礼品。出嫁的女儿,为父亲祝寿时,一般要送衣服、鞋、帽等物,并送红包;为母亲祝寿时,一般要送鸡、蛋、衣服、金饰,并送红包。其他亲友,则随意而送,无一定之规。

现在,乡间的"做寿""祝寿",已经很少再有旧时的那些程式了,也跟普通的"过生日"差不多。届时,亲戚朋友携礼品而来,表示祝贺,主家则设宴相待。宴席有的在家中安排,有的在专门的酒店、饭店安排。寿宴开始前,如不在禁放鞭炮的范围内,可燃放鞭炮增加喜庆气氛。入席时,"寿星"在主席的主位而坐。餐饮期间,晚辈、朋友相继向"寿星"敬酒,并言说"祝你福如东海、寿比南山"之类的吉祥之语,以示祝贺。亲戚朋友、四邻八舍回家时,有的主家要回送少量礼品,以表达谢意。

第二节　婚姻礼仪

　　无论男女，婚姻都是"终身大事"，受到高度重视，因此婚姻礼仪的内容丰富而严谨，处处体现着人们的美好期待。与传统礼仪相比，现在从恋爱到结婚的程序已经简单了许多，但大的方面，依然恪守着传统礼仪的基本精神。在乡村民间，这种恪守尤为突出。

一、汉族的传统婚姻习俗

　　汉族的传统婚姻习俗，有两个突出特点：从精神层面看，追求门当户对，郎才女貌；从操作程序看，强调父母之命、媒妁之言。

　　具体而言，古时的婚姻之俗，离不开纳采、问名、纳吉、纳征、请期、亲迎六礼。到了民国年间，虽然说法有变，但大致步骤，仍然是缺一不可的。

（一）基本步骤

　　每一步的说法，各地会有些不同，但其内容或目的，则是十分相近的。

　　步骤一：提亲，也称说亲。一般是男方看上了某家的女孩，就央请媒人到女方家提亲。民间有"女儿媒，跑三回"之说。第一回提亲，不带礼品，只介绍男方家境及男子个人情况（如身体、性格、学识、特长之类），便于女方家考虑。如女方家有意联姻，媒人还会再来；若无意，则告知媒人不必再来。

　　步骤二：合婚，也叫"合八字"。女方家如同意联姻，将意愿转告媒人，媒人再转告男方。男方则通过媒人索要女方的出生年月日（以农历为准）及时辰，然后交算命先生合男、女双方的"八字"（出生年、月、日、时与天干地支中的二字对应）。如相合，则进行下一步骤；如不合，则说亲到此为止。

　　步骤三：将"合八字"的理想结果转告女方。转告结果时，男方托媒人带礼品给女方家，期望商定订婚事宜。女方若同意订婚，则收下礼品；若无意向，则不收礼品。

　　步骤四：订婚。订婚前，有的地方安排有"相亲"环节，即邀约男孩到女孩家"帮忙"，以考察该男孩的身体、技能、思想、性格等情况。如相中，则敲定订婚日期；如相不中，则不再说结亲之事。

　　订婚之日，男孩同母亲、媒人等至亲好友去女方家商谈。双方若无意见，则男方送给女方衣料、首饰、现金等礼品，女方则回送男方鞋袜、枕头、现金等，算是亲事定下。有的地方把"订婚"称为"插香"或"取同意"。有的地方，则把结婚前的交付聘礼和择订婚期称为"插香"或"插花"。按《礼记》之规，女子订婚后，就要绾起头发，系上五彩的带子，表明已身有所属。这一规矩，封建社会末期已不太死守，现在更是鲜有一见。

订婚之后,男方可到女方家走动,对女方家长辈,要按辈分称呼。女方则一般不去男方家。另外,每逢重要节日(如端午、中秋、春节等)及女方父、母生日,未婚女婿都要送礼贺节,看望长辈。

步骤五:择定婚期。俗称"报期""送期单""送喜帖"等。主要内容有两项:一是将看好的结婚日期告知女方家,请做准备;二是交付聘礼的大部分,如衣料、鞋袜、脂粉、现金等。有的地方,女方家还要向男方说明陪嫁的大体情况。

报告婚期,一般应在结婚前 15~20 天进行。否则,女方家的准备就会过于匆忙。

有的地方,在举行"婚礼"的前几天,男方家还要举行"安床"仪式。届时,要请亲戚或邻居中的女性"命好"者(父母健在,婚姻和睦,儿女双全)帮忙,将褥子、床单、被子等铺在提前安放到位的婚床上,并撒上红枣、桂圆、花生等喜果,寓意甜甜蜜蜜、圆圆满满,生儿生女之意。婚床安好、铺就后,任何人不得再进入房间、触碰新床,直到新人于结婚当日进房为止。

步骤六:结婚。结婚前一天,女方家将陪嫁物送到男方家中。如路途遥远,则只送已写好的单子,婚礼当日男方按单验物即可。

(二)结婚礼仪

不同地域,结婚礼仪大不相同,甚至一些细小环节都差别很大,因此我们只能介绍比较通行的礼规。

传统的结婚礼仪,主要有三项:一是迎亲,二是婚礼,三是回门。

其一,迎亲。迎亲前,男方要先行祭拜祖先,祈求保佑。迎亲时,去时人数为单数,回来时加上新娘为双数(但要避开 14 这个数字)。因此,去时,女性迎亲为单数最宜。另外,接新人当天,男方、女方家都要置办酒席,一般规则是女家早晨安排"出嫁酒",男家中午安排"接媳妇喜宴"。当然,如果要纳婿(男到女家),则安排相反。

迎亲之事,男家、女家都有各种准备。女子未离家前,重头戏在女家;"新人"接来后,重头戏在男家。下面分而叙之。

女家为准备男家迎亲,要做以下事项:第一,两天前忌食,前一天夜里姊、嫂相扶拜别祖宗、父母及至亲长辈,然后入闺房哭别父母及姑嫂姐妹。第二,将陪嫁之物归整妥当,置于堂屋。第三,亲友馈赠衣物、食品或现金,俗称"添箱"。第四,当日更衣打扮。要外着红色衣装,寓意红红火火,大吉大利。要头盖红巾,名为盖头;要脚穿绣花红鞋。有的地方,女子出嫁时所穿衣物均需男方提供,而身上不带娘家一线离开。第五,男方接亲人众到来时,女家鸣鞭炮相迎,并依次递烟,安排入座"坐席"(用餐)。同时,也招呼女家亲友入席。第六,餐后交割相关礼金,如"离娘礼""上轿礼""出门礼"等,由娘家兄长将出嫁女背到花轿前登轿,专司女性拉下轿帘后起轿。第七,将陪嫁物品交付男方,男方安排人手装箱装柜后起运。第八,招呼送亲之人(兄弟姐妹、亲戚、邻居等,一般父母不送亲)随迎亲队伍之后去男方家。

接亲人员及送亲人员到男方家尚有一定距离时,男家就忙碌起来,相继做以下事项:第一,接亲"花轿"回到家门时,安排专人燃放鞭炮迎接"新人"。第二,准备好相应"红包",伺候"新娘子"下轿,进屋。比如新娘子下轿前,须给"下轿礼"(数额多少无一定之规),否则

"新娘子"就故意不下轿。第三,给轿夫和抬陪嫁箱、柜的人众发赏钱。赏钱多少随行就市,并招呼他们入座抽烟喝茶。第四,安排专人到房前稍远处迎接女方家的"送亲"之人。见面时,一边招呼,一边敬烟。第五,按原来之准备,安排"拜堂"(结婚典礼)及坐席事宜。"拜堂"时,女方家的"送亲人"一般不去观看;"坐席"(就餐)时,先安排"新娘子"的娘家人。待女方客人坐定尚有余位时,男方亲戚朋友、四邻八舍再行入座。

其二,婚礼。旧式婚礼相对简单。大致礼仪是,先由"伴娘"将新娘子从新房(洞房)中扶出进入堂屋,面对神龛,与新郎并排而立,男在左女在右,随着主礼人的口令依次拜天地、拜祖宗、拜高堂、夫妻对拜。此时,鸣放鞭炮,并有"吹鼓手"吹唢呐助兴。这一过程,俗称"拜堂",也称"行周堂礼"。"拜堂"时,旧时行跪拜大礼,后来慢慢演变成弯腰鞠躬礼了。有的地方,"拜堂"之前还有专人一边奠酒(用小杯洒酒在地,以示敬祝)一边拖着长音高声喊吉祥之语,如"一酒天长地久,二酒地久天长,三酒荣华富贵,四酒子孙满堂"之类。

"拜堂"礼结束,鼓乐鞭炮声再起,新郎在前,新娘在后,进入新房,按位入座。新郎除去新娘的"盖头"。(有的地方在"拜堂"之前已由新郎除去新娘的"盖头"。)此时,娘家"送亲"人将陪嫁物品摆放在堂屋中的香堂前让大家观赏,并将物品清单及箱、柜钥匙交给新郎收管。民间将这一活动叫作"摆桌子"。

婚礼结束,"坐席"完毕,娘家"送亲人"将启程返家,男方家则热情送别。有的地方,娘家"送亲人"当天并不返回,还要在男方家住一夜。当晚,男女双方的家人叙说友情,喝茶吃点心、糖果等。男方家人多说招待不周,请多包涵,并表示一定善待媳妇。女方来人则多说女子年幼,不通世故,希望公婆多多担待等。这一过程,俗称"办交接"。

其三,回门。即结婚后新郎陪新娘回娘家看望父母。大多是婚后三天"回门",也有婚后第一天回门者。回门时,新郎须给岳父母带礼品,并给族中亲房各户送礼,受礼方则用钱回赠。有的地方,还须尽快"谢媒",即给媒人送礼以表感谢。另外,有的地方有出嫁女子婚后第四天被娘家接回住四天或十天之俗,名为"住四""住十"。也有"住十"在婚后第十天开始的。住满十天后,新郎接新娘回家,俗称"大接"。

另外,不少地方有"三天不分大小"的风俗。即结婚后三天内不分辈分,除家中公婆外,随意说笑都行。从第四天起,丈夫要带着妻子拜见同族中各辈人员,教她怎么称呼这些人。此后,除把新媳妇叫嫂子的人外,其他人一般不再和新媳妇胡乱说笑。而新媳妇见同族人时,也应该叫什么就叫什么,不乱辈分,以逐步适应婆家的交际圈。

二、新时代婚姻礼仪

中华人民共和国成立后,特别是《婚姻法》颁布并几次修订后,汉民族的婚姻礼仪,发生了重大变化。最大变化表现在两个方面:一是封建主义的内容如"合八字""跪拜"之类的习俗被弃之不用;二是婚姻多由男女双方自己做主,家长、家族不能再粗暴干涉。

现在,从相识(相识有的是特定环境下男女自己认识的,也有他人介绍而认识的)到成婚,农村乡间,传统习俗保留得多一些;城镇之地,只是步骤形式保留一定的旧俗,但具体内容则更多地呈现出新时代的特色。因此,下面的介绍,重点放在婚礼类型与婚礼程序上。

(一)婚礼类型

现时代的婚礼类型可谓中西合璧,古今相融。具体而言,则有以下几种形式。

其一,传统式婚礼。基本程序沿袭旧俗,但每一具体环节,又体现新社会的法规与特点,可谓"旧瓶装新酒"。

其二,酒宴式婚礼。没有严格的婚礼仪式,只由当事人订下宴席,邀请亲朋故旧、单位同事前来聚会餐饮一次,其间安排有身份的长者或领导宣布一下当事人结婚的讯息,就算结婚了。

其三,茶话座谈式婚礼。当事人准备茶水、糖果、瓜子之类的物品,邀请单位同事和就近亲朋在本单位的会议室、办公室等处小坐。其间单位领导宣读结婚证书,新郎新娘向来宾鞠躬致谢并请大家享用茶点。这种婚礼,多由当事人所在单位或群团组织出面筹办。

其四,集体婚礼。出于某种特殊原因,由有关组织或团体出面筹办,为许多对新人在同一天、同一场合举行婚礼。这种婚礼隆重而热烈,又简朴省事,故为工作繁忙的青年男女所钟爱。

其五,家宴式婚礼。新郎新娘在家中宴请亲朋好友,宣布结婚。这种方法在农村盛行。"宴请"之举,民俗称之为"响众"。意思是,办了酒席,邻近乡民、亲戚朋友都会知道:某男某女已经正式结婚了。

其六,旅行式结婚。这是西方婚俗的一种演变形式。领取结婚证后,新婚夫妻不举行婚礼,不宴请宾客,只向单位请准婚假,外出旅游数日,就算结婚之事明确了。这种方法,自由而省事,不少年轻人特别喜欢。

其七,创新式婚礼。就是别出心裁、独树一帜的婚礼。现今常见的有:在特定时间(如植树节)、特定地点共植一棵纪念树,就算结婚了;又如包租一场电影晚会,请亲朋好友、同事、邻居观赏,也算结婚了,等等。这种婚礼,既不收礼金,也不摆宴席,简便而节约,值得大力提倡。

(二)婚礼程序

凡正规婚礼,都须按常规程序进行。这种程序,大致安排如下:

其一,来宾入席。来宾包括亲戚、朋友、同事、主持人、介绍人、证婚人等。

其二,主持人宣布婚礼开始。伴郎、伴娘引新郎、新娘缓步入场。入场时,鸣炮、奏乐(如现场在禁放鞭炮区域,可用模拟之声),奏乐一般奏《婚礼进行曲》或其他富有喜庆色彩的乐曲。另外,入场口至礼桌前的地面应铺红色地毯;新娘的婚纱应有花童托起,以便于新娘前行。

其三,证婚人宣读结婚证书(新娘所持证书先读,新郎所持证书后读)。

其四,来宾致贺词(一般应男、女双方之宾客中各安排一名致词人)。

其五,请新郎、新娘父母到主台前就座,新郎、新娘鞠躬行礼(一敬父母,二敬来宾,三夫妻互敬）。

其六，奉茶并改口。新郎向岳父岳母奉茶并按新辈分称呼，新娘向公公、婆母奉茶并改口叫"爸"叫"妈"。奉茶改口后，岳父母给新郎派发红包，公公、婆母向新娘派发红包（俗称"改口费"）。"红包"内钱数，应取吉利之数（如1 001元，表示"千里挑一"，多为婆母给新娘之钱数；999元，表示恩爱长长久久，多为岳父、岳母给新郎之钱数）。

其七，新郎、新娘交换饰物，饮交杯酒。酒可兑为苦中有甜之味，寓意生活中要同甘共苦；也可兑为酸、甜、苦、辣、咸五味，期望新郎新娘勇于应对今后岁月中的各种挑战，共同创造幸福生活。

其八，新娘父母讲话，新郎父母讲话（每家中可出一人讲话，讲话要点为二：一是希望年轻夫妻互敬互爱，孝敬长辈、努力工作；二是感谢各方来宾到场助兴之类）。

其九，宣布礼成，婚宴开始。

以上程序，个别细项可随机调整。有些程序项目亦可添加内容，以活跃气氛。总体时间，控制在40分钟以内为宜。

第三节　丧葬礼仪

中国民俗中有"红白喜事""婚丧大事"之说。可见，人们把丧葬之事看得和结婚之事同等重要。这一社会现象，在古代礼仪经典中可以找到丰富而有力的佐证。

我国的丧葬有土葬、水葬、天葬等。现在的火葬，只是遗体的处理过程与土葬有异，其他环节则与土葬大同小异。因此，下面的介绍，以土葬内容为主。

我国传统的丧葬礼仪，宏观而言包括丧礼、葬礼、服丧礼仪三大部分，而每一部分的具体内容，都既复杂又具体。不了解这些内容，很可能会"犯规"甚至违法，带来麻烦，悔之莫及。

一、丧礼

在民间，人们对亡故之事往往是早做准备的。老人年过五十，即可准备棺材（俗称寿木、寿材、枋子等）。条件好的家庭，以柏木、杉木制棺；条件差些的家庭，则以杂木制棺，但忌用板栗木和臭椿木。年过花甲（六十岁）者，可备寿衣、寿鞋、寿衾寿褥等。寿衣皆为单数，少则3件5件，多则7件、9件、11件等。有的家庭，老年人生前即选好墓地，做好灵房、立好墓碑（但亡卒年月日暂缺）。

一旦老人病危，则子女日夜守候，服侍汤药，询问遗嘱（俗称"交代后事"）。病人咽气，丧礼便立即开始。丧礼内容，大致如下：

（一）净身更衣

子、孙跪拜并烧化专用纸张后，用白布为死者擦净身躯（男性须剃头），更换寿衣，然后用一木板(可用门板代替)放置逝者遗体,平放于堂屋中,使遗体头部向里,足部向外,并在脸部盖纸。然后,在逝者足前点燃香、蜡,以为祭奠。子女后辈,轮番烧纸,并照看已燃香蜡,不使熄灭。这一过程,俗称"小殓"。

(二)准备孝衣、孝布并安排专人报丧

有的地方孝衣包含全身,即白帽、白衣、白腰带、白鞋一应俱全;有的地方则只在头上包裹白色长孝布拖于身后(一般是嫡亲7尺长,庶亲5尺长)。报丧时,远则发信息,近则亲自上门而报。报丧一般由家中长子前往,也可由亲房晚辈前往。报丧对象,一般为姑、舅、姨、表等至亲。需请帮忙者,也应提前告知。俗语云"孝子见人低三分",因此报丧也罢,请人也好,无论对方辈分高低,着孝者都要先磕头,后说事。

(三)入殓

俗称装棺。入殓前,应根据族中长辈或女方娘家人意见将安葬之事定妥。装棺时,内周须用白纸或红纸(红绸)密封木缝,棺底须筛铺草木灰、灯芯草、柏籽柏叶等物,其上再铺寿褥,放置亡者遗体。依亡者阳寿之数,包数目相同的灰包填在遗体四周,以防遗体移位。死者头枕鸡型红枕,足蹬酒麯,寓意后代兴旺发达。其后,在亡者胸前"盖褥"。入殓完毕,暂不盖棺,正式出殡前再盖。

入殓后,棺前安放香案、亡者神位。灵柩前点燃昼夜不息之青油灯,名为"长明灯"。灵柩头前两侧,摆放竹扎纸糊之供品如童男童女、房舍、轿车、电视机等物。灵柩前须焚香,并不时烧纸。

民俗中还有一种规矩,在家中病故者,灵柩可停放于堂屋之中;在外亡故者,遗体不得入室,灵柩也只能停放在室外屋檐之下。

《礼记·曲礼上》有言:"临丧不笑。"因此,家有丧事,人人应露悲戚之色。到有丧事的人家去吊丧,不可发笑,也不可高声喧哗。这种礼规,至今犹存。

(四)守灵

入殓后直至出殡前,亡者家中亲人中的晚辈(主要是子、女、媳、婿及孙子辈诸人)须不分昼夜,身着孝衣(或戴与棺木等长的孝布—俗称"孝帕子")轮流在灵前守护,不时上香化纸,照顾"长明灯"。如有亲友前来祭奠,须跪拜叩头。女亲哭灵时,女孝应陪哀。

有些地方,在守灵过程中安排有"唱孝歌"。少则一夜,多则按主家意愿而定。"孝歌"由专门人员说唱,并以锣鼓伴奏。"孝歌"主要内容为歌颂亡者功德,以教育其后辈儿孙。

(五)夜场

出殡前一天晚上的祭奠活动,并作第二天的人员安排。是夜,有的地方按当地习俗,女孝于灵前举哀,哭诉死者恩德,男孝则跪接亲友,不时烧纸。另外,要按习俗由孝家向房族及至亲中的逝者晚辈授3尺、5尺或7尺白帕布(按亲疏辈分论长短)包头,俗称"开孝"。有的

地方,还请自乐班清唱,所唱内容多与丧事有关,如《二十四孝》之类。

另外,当晚要安排第二日的各项事务的司职人员。主厨者连夜造厨,以备明日之用;墓坑已挖好者,则安排专人(多为逝者已成人的侄、孙辈)煨火暖墓。是夜,还需安排饭食,招待已到亲友及所有已到场的"帮忙人"。

二、葬礼

葬礼就是下葬时的礼仪。这种礼仪,古代就有较为完善的内容,所以孔子才有"生,事之以礼;死,葬之以礼,祭之以礼"(《论语·为政第二》)的说法。

《礼记》当中,关于"葬"之礼仪,讲得更为丰富,而且这些礼仪内容,不少一直保留到了今天。比如"送丧不由径。送葬不辟途潦,临丧则必有哀色"。(《礼记·曲礼上》)意思是:为死者送葬时不可以走偏僻小路。拉着枢车前行时不用躲避路上的水坑。参加丧礼必须面露悲伤。又比如"小敛于户内……葬于墓,所以及远也。故丧事有进而无退"(《礼记·檀弓上》),是说小殓之事在室内进行,……安葬在于墓地,这是由近及远的过程。所以丧葬的程序,只能进而不能退。上述之礼仪,虽源自古代,但现今的人们照用不误。

因此,民间之葬礼,大致如下:按择定的时辰出灵。出灵前,盖棺加钉,孝男孝女烧纸祭奠。起灵时,8~16人抬棺,或用手抬,或绑扎好杠子抬(绑扎杠子只能用麻绳,忌用铁丝),棺上盖红被,绑红色雄鸡一只。灵枢抬起直至放入墓室,不能落地见土。中间如需休息,要放在专人带来而安放平稳的两条长凳上。起灵后,孝长子头顶烧纸盆先行,其余男孝子依次举"引路幡"、捧"灵牌"等先行几步。遇第一个十字路口,摔破烧纸盆(有的地方起灵时摔盆,然后由长子怀捧逝者灵牌)。灵枢过处,凡遇路口、桥及房屋,均应鸣放鞭炮并撒纸钱。灵枢抬到墓地时,先放于安稳的两条长凳上,然后由"阴阳先生"安排安放置墓坑前位壁框中的食品罐、五谷仓(小粮食包)、七星灯。办就,即移枢入坑,俗称"下圹"(有的地方叫"下井")。有的地方要求灵枢下坑时,孝长子须下坑后在灵枢前(俗称棺木大头)帮忙摆放棺木,直至安放妥当为止。棺木放妥后,"阴阳先生"杀公鸡滴血祭墓,其后孝子铲土埋棺。稍许,帮忙亲友一并铲土埋棺,直至坟头成形而止。有的地方在埋棺之前,让孝男孝女背向墓坑而跪,用双手撩起上衣后襟,接纳"阴阳先生"撒来的五谷和钱币,为逝者后辈祈福。

坟头成形后,孝男孝女在坟头前点燃香、蜡、摆放馒头、肉块、酒水再次祭奠,并烧化纸张、纸扎供品及多余花圈。坟头之上,插放少量花圈。此后三天,每天傍晚时分孝子要到坟前生火,俗称给亡人送火。有的地方,要按亡者年龄扎成把捆,到坟前点燃起火,以免亡者受寒。

安葬后,要尽快用土、石砌坟。坟头为三角形,用石头砌成一米半高的石墙,后面垒土。有的地方,坟头用石块砌六层,顶层再加一个三角形石头作"帽子",共计七层。也有的坟头,不用石砌,只用土垒,日后如有塌陷,修整便可。有的地方,砌坟之事在葬后第三天进行。是日,亡者全家人到坟前烧纸祭奠,并垒坟,名曰"复土",也叫"复山"。

三、服丧礼仪

服丧之期,三年为限。这一礼仪,源于古人"三年免于怀"的认识。孔子认为,一个人出生之后,经过父母三个年头的辛苦养育,才能离得开父母的怀抱,独立行走。因此他认为为父母服丧尽孝,应以三年为期。他说:"夫三年之丧,天下之通丧也。"(《论语·阳货第十七》)他还说:"三年无改于父之道,可谓孝也。"(《论语·学而第一》)就是说:过了三年仍然不改变父母传下来的正道的话,一个人就算是尽了孝道了。

三年之中,从仪式上说,服丧内容有以下几项。

(一)烧七

从亡故之日算起,每七天一次,要上坟烧纸祭奠,一直到七个七天为止(俗称"尽七")。烧七时,孝男孝女皆应头戴孝布。

"烧七"之礼,源于佛、道两家的某种教规。因此,有的地方又把"烧七"叫作"斋七"或"做七"。每到逢七之日,丧家要做一次佛事,请僧人或道士诵经设斋,祭奠死者。

(二)百日祭奠

亡者去世一百日,孝男孝女到亡者坟头烧纸祭奠。祭奠时,须头戴孝布。

(三)周年祭奠

俗称"烧周年"。亡者前三年之"忌日"(去世的那一天),每次上坟祭奠。头周年称小祥,2周年称大祥,3周年为出服。凡烧周年时,亲戚邻里持礼前往,主家设宴招待。3周年时,祭奠完毕,孝男孝女便可除去孝帕孝衣等行孝之穿戴。有的地方,三年孝期内,春节时门上不贴红对联,而是第一年贴白纸对联,第二年贴黄纸对联,第三年贴绿纸对联;也有第一年贴白对联,第二年贴绿对联,第三年贴黄对联的习俗。

(四)立碑

立碑多在三周年孝期(服丧期)结束后进行,立与不立,随主家之意。制碑有专门工匠,唯碑文内容由主家拟定。一般书写格式是:碑之右侧,竖写亡者出生年月日,卒世年月日,列为两排;碑之左侧,竖写孝男孝女等晚辈姓名及与亡者的辈分关系(如"孝男""孝孙"之类),并于最左侧书写立碑年月日;碑之正中位置,应按古礼书写亡者称谓及姓名。《礼记·曲礼下》介绍古礼时说:"生曰父、曰母、曰妻;死曰考、曰妣、曰嫔。"还介绍说:"祭王父曰皇祖考,王母曰皇祖妣,父曰皇考,母曰皇妣,夫曰皇辟。"(意思是:祭祀已去世的祖父称皇祖考,祭祀已去世的祖母称皇祖妣,祭祀已去世的父亲称皇考,祭祀已去世的母亲称皇妣,祭祀已去世的丈夫称皇辟)因此,正中竖写之文,若亡故者是立碑者父亲,则应写为"皇考某公讳△△老大人之墓";若亡故者是立碑者母亲,则应写为"皇妣某氏讳××老孺人(或'老太君')

之墓"。现在,多见儿女辈与孙辈共为亡故长辈立碑,故而正中称谓及姓名书写,不现"考""妣"等字样,写为通行样式"先父……之墓""先母……之墓"亦可。

除了以上服丧程序,在服丧期间,还有许多言语、行为方面的规范要求。这些要求,大多也都与古礼有关。

《礼记·檀弓上》介绍了子思的一种观点:"丧三年以为极,亡则弗之忘矣,故君子有终身之忧,而无一朝之患,故忌日不乐。"子思认为,服丧三年是最长的期限,但亲人去世后不可以忘记他们,君子要终生怀有哀悼之情,而没有只是短暂哀伤的事,所以在死者的忌日不可举行娱乐活动。《礼记》当中,还提出了"丧礼,与其哀不足而礼有余也,不若礼不足而哀有余也"(《檀弓上》)的观点,特别强调内心的哀痛与悼念。根据这些见解,许多地方至今还保留着服丧期间的特有言行。主要是:

第一,留"百日头"。男子理发时,头后(有的在头侧)留发一撮,百日不剃,以表孝心。

第二,封建时代有"丁忧"之制,凡为官差者,离任三年,回乡守孝。守孝期间,结庐于坟场,不娱乐,不食荤。

第三,不欢宴,禁打牌,禁猜拳行乐,禁坐上席,禁与他人说笑。家中不接待彩船、花灯等民间演艺活动。

第四,三年内头戴白帕,脚穿白鞋。不穿戴红、绿、花色衣帽。现在,常见臂戴黑色袖套而代替孝帕、孝服者。

另外,为了永怀悼念之心,每年清明节时和农历九月三十日或十月初一傍晚、除夕傍晚,要给亡故亲人焚香、烧化纸钱。亲人过世后的第一个清明节,要提前上坟烧纸,俗称"上新坟"。

需要注意的是,在古代礼仪中,对丧期之礼,也是有"节制性"规定的。也就是说,守礼要有限度,还要因人而异。否则与生者无益,非亡者之愿。曾子(即曾参)曾经说过:朋友的坟墓上长草已有一年,就不必再为他哭泣了。《礼记·曲礼上》当中的一段话,则讲得更为全面而灵活:"居丧之礼,毁瘠不行,视听不衰,升降不由阼阶,出入不当门隧。居丧之礼,头有创则沐,身有疡则浴,有疾则饮酒食肉,疾止复初。不胜丧,乃比于不慈、不孝。五十不致毁,六十不毁,七十唯衰麻在身,饮酒食肉,处于内。"意思是:守孝的礼节,虽因哀伤而导致身体消瘦,但不要导致形销骨立,视力、听力不能因为过度哀伤而衰退,在家里不走父亲生前经常走过的台阶,进出不经门口正对着的甬路,这就如父亲还活着一样。守孝的礼节,如头上长了疮,可以洗头发,身上有了溃烂之处,可以洗澡,如果生病了,可以吃肉饮酒,但病好之后,就要恢复守孝期间的礼节。如受不了哀痛而病倒,那就是不慈、不孝。年纪到了五十岁,不能因哀伤过度而损害身体,到了六十岁,不能因为哀伤而消瘦,七十岁的人服丧,只需要披麻戴孝,而饮酒食肉是可以照常的。而且应当住在屋内,不必在庭院中搭建倚庐(即靠墙而搭的临时棚舍)而住。通过这一段话,我们就会看出,服丧礼仪,也是大有灵活性的,今人尤其应当跟随时代之变化而变化,孝心永存而倡导新风,不让已经不合时宜的"礼"死死地捆住了自己的手脚。

第四节 中国传统节日礼仪

我国是一个多民族国家,传统节日礼仪有很多区别。因此,我们只能介绍一些比较通行的传统节日礼仪。介绍这些通行的传统节日礼仪时,又主要以汉族的风俗礼仪为基础。

我国的传统节日,大多与时令、节气有关,有的节日,后来又添加了纪念历史名人的因素(如端午节)。每一个传统节日,都有着丰富的历史积淀内容,因而也就产生了很强的凝聚力和包容性。这是一份宝贵的文化遗产,值得各族人民永远珍视。

一、春节

春节俗称过年。实际上,这两个概念的定义却是大有区别的。1911年辛亥革命胜利后,1912年南京临时政府将农历正月初一称为春节,而将公历的元月一日称为元旦。1949年9月27日中华人民共和国成立前夕,在中国人民政治协商会议第一届全体会议上,在决定建立中华人民共和国的同时,决定把公历1月1日定为"元旦",把阴历(农历)正月初一正式定名为"春节",以区别"阳历年"和"阴历年"。

"年"的说法,历史悠久。史料记载,唐虞时,"年"叫作"载",表万象更新;夏代时称为"岁",表示新年一到春天就来了;到了周代,开始称"年"。"年"的本意是"谷熟"。甲骨文中,"年"是果实丰收的形象;金文中,"年"是谷穗成熟的样子。因此,"年"是预祝丰收的喜庆之日。每到立春前后的农历正月初一,人们便欢聚在一起"过年"。"正月"通称为"征月",据说这是从秦始皇称帝后开始的。秦始皇姓嬴名政,"政"和"正"同音,于是为了"避讳",就下令把"正"的读音改为"征"。从此,"正月"就叫作"征月"了,一直沿用至今。

"过年"也好,春节也罢,实际上并不单指某一天,而指一个时段。按传统习俗,春节或"过年",自当年农历腊月初八的腊祭(也称"蜡祭",据说始于神农氏时代。腊祭要祭祀猫虎神、昆虫神、司啬神、水庸神等八种神灵,故称"腊八节")或腊月二十三的祭灶开始,直到来年的正月十五"元宵节"后结束(也有的地方直到正月二十三日赶完庙会结束。故民间有"过了正月二十三,吃完黑馍把尿担"之谚语)。在这一过程中,从除夕日到来年正月初五,是春节之高峰期。

春节(过年)习俗,庆贺是主线,重要活动则有以下多项。

(一)扫尘

也叫"扫扬尘"。"尘"与"陈"同音,故"扫尘"之俗,意寓"去陈而布新"。据考证,这一习俗,尧、舜时代就有。扫尘活动,一般从腊月二十三开始,至腊月三十之前结束。这一时段,不仅要扫除室内室外的灰尘,清理杂物,还要清洗器具,拆洗被褥,换洗窗帘衣物。有的地方,将清理的垃圾杂物等堆于场院边,除夕日早晨点燃,名为"煨烟堆",用袅袅青烟寓意人烟兴旺。有的地方,在新年正月初四傍晚或正月初五黎明,要打扫清除室内垃圾,弃于荒野,谓之送"五穷"(即智、文、交、命、学五穷)。

(二)贴春联、年画和"福"字

年画来源于贴"门神"。"门神"最早画的是神话传说中的人物神荼,郁垒,后来也有画虎或画古勇士成庆的。唐以后,画秦琼和敬德(尉迟恭)之形象,沿用至今。秦琼、敬德形象,贴于正门。其他门扇或墙壁上,多贴《天官赐福》《五谷丰登》《迎春接福》《福禄寿三星图》等年画,以寄寓美好期望。

"福"字多贴于正门,也有在墙壁、门楣上张贴的。贴"福"字,一般是倒着贴,表示福运已到,福气来到。除了贴"福"字,有些地方还有贴"剪纸"的习惯。因为"剪纸"大多贴在窗户上,所以又叫贴"窗花"。

春联又叫"对联""门对""春贴",它源自"桃符"和"门贴"。最初"桃符"(约一寸宽,七、八寸长)上多写"太公在此,百无禁忌""太公在此,诸神退位"之类的话语,企望压邪祛灾。这是春联的雏形。

五代时期,后蜀国君孟昶于公元964年除夕在桃符上写下了"新年纳余庆,嘉节号长春"的桃符对句,成了我国最早的春联。在红纸上写春联,据说始于明朝。

春节所贴春联,都是吉祥之语,用于表达人们在新的一年中对幸福的殷切期盼。

(三)放鞭炮

鞭炮的前身是"爆竹"。两千多年前,先民们燃放真正的竹子,用其声来驱逐鬼怪。火药产生以后,最初人们把火药装在竹筒中燃放,即为"爆竹"。后来,人们把纸卷成筒状,里面装火药,引爆后响声如雷,即为鞭炮。

燃放鞭炮,为的是增加春节的喜庆气氛,所以在除夕夜、正月初一清晨,燃放鞭炮者最多。近些年,不少人不仅放鞭炮,而且燃放小型烟花,有声有色,更显现出民众生活的愉快与舒畅。

现在,为了保护环境,各地政府在城镇一些区域是禁止燃放鞭炮与烟花的。人民群众应遵守这类规定,共同维护自己的美好家园。

(四)除夕守岁

除夕守岁自古有之。西晋周处的《风土志》记载:除夕之夜,各相与赠送,称为"馈岁";酒食相邀,称为"别岁";长幼聚饮,祝颂完备,称为"分岁";大家终夜不眠,以待天明,称为"守岁"。

"守岁"之要,在于欢聚。因此,年关将至,外出之人都要回老家过年。除夕之日,特别是傍晚时分至深夜,这几件事情必须做好:其一是吃"团年饭"。全家人聚餐,品菜肴,饮佳酿,其乐融融,幸福满满。团年饭必有鸡、鱼两样菜,寓意"吉庆有余"。另外,少不了吃饺子(北方人尤为看重)。饺子又名"角子""扁食""粉角"等名。"饺"与"交"谐音,形状又似"金元宝",所以吃饺子象征着团聚欢乐,招财进宝。其二是"点旺火",即在家中庭院之中或用木柴,或用煤炭烧起明火,垒高二、三尺或更高,数夜不熄,寓意红红火火,旺气通天。此俗以北方各地为盛。城镇之中因不便生火,则要保持家中灯光通明。其三,长辈给晚辈小孩赠发"压岁钱",祝贺小孩又添一岁,并期望他们平安成长,少灾多福。(有的地方则是正月初一早晨给小孩发压岁钱,小孩向长辈叩头拜谢)。现今,又兴起了成人晚辈向长辈敬奉"孝顺钱"的民俗。另外,除夕晚全家人均须洗脚,以"洗掉霉运"。其四,家中大人将为小孩添置的新衣新帽等取出放好,以便小孩正月初一早晨穿戴一新,到同族长辈处拜年领"赏钱",并玩耍嬉闹。

(五)拜年

正月初一不出远门,只就近给同族长辈拜年。小孩给长辈拜年,长辈要给"赏钱"(也称压岁钱)。正月初二到正月初五,为拜年高峰时间(一般是正月初二女婿先到岳父家拜年),亲戚朋友间携带礼品,相互走动,联络情谊。亲友登门,主家先用简餐为之"垫底",然后用盛宴款待。拜年最讲究有来有往,俗称"回年"。若别人来拜了年,你却不"回年",就是大大的"失礼"。当然,给同族长辈拜年,长辈可免于"回年"。

(六)闹元宵

按旧俗,正月十五的"元宵节"是过年的最后一天,因此"闹元宵"也叫"过大年"。通行的叫法,还有"上元节""元夕节""灯节"等。

闹元宵,关键是"闹",因此"热闹"是最基本的追求。为了热闹,元宵节的主要活动有:其一,吃元宵。元宵最早叫"浮元子",后来又叫"汤团""汤圆",取团圆之意。因此,吃元宵,是期望家人团圆,幸福美满。其二,观花灯。夜间观花灯之俗,始自汉代,至宋代为盛。宋代观花灯自正月十四日起,到正月十八日止。明代观花灯从正月初八到正月十八,整整十天。现在,观花灯之俗依旧壮观,不但观灯,还猜灯谜,常常是夜深人方散。其三,开展各种民间娱乐活动,如耍龙灯、耍狮子、踩高跷、划旱船(也叫划采莲船)、闹社火等。这些活动都在集镇举行,观者如潮,热闹非凡。其四,走百病。有些地方把这作为一种信仰性活动,也称"散百病"。是日,妇女们结伴而行,或走墙边,或过桥梁,或游郊野,期望用这种活动祛病除灾。

(七)春节(过年)禁忌

除夕夜开始至来年正月初一全天,不向外泼水,不扫地,以免把"财"泼掉,扫掉;不劈柴,以免破财;不用剪刀,因剪刀刀口相交,易生口舌之争;不做针线活,以免年内多伤手指;春节期间不要打骂小孩,不要与家人和外人争吵,不要说不吉利的话(如谈论死亡、病患、灾祸等);另外,万一不小心打碎了杯、盘、碗等物,可言"碎碎(岁岁)平安",以化解心中不快。

二、清明节

清明节是祭祀亡故亲人之节，因此，这个节日的主要活动是上坟和扫墓。上坟有上新坟（亲人亡故之后第一年在清明前上坟）和上老坟之别。上新坟一般在"惊蛰"节气之前，上老坟在"春分"和"清明"两节气之间，最迟不能过了清明节。

上坟、扫墓时，祭祀人员要携带酒食果品、纸钱鞭炮到墓地，燃放鞭炮，摆供祭品，跪拜叩头，洒酒祭奠，烧化纸钱，并在坟头上压纸一张，或在坟头树枝挂纸绺，以示对亡故亲人的怀思。坟头如需添土，就要培土。

有些家族有固定坟地，上坟、扫墓时，则同族人相约而行。上坟、扫墓，可邀请出嫁女子及其丈夫参加。

现在，除了家族式的上坟、扫墓，每到清明节，国家机关、各类学校、企事业单位等，还会组织人员到革命烈士陵园或单个烈士墓地进行祭奠、扫墓活动。

除此之外，清明节的重要活动，还有踏青、放风筝、植树、荡秋千等。在农村，因有"清明前后，种瓜种豆"的时节谚语，所以农民朋友们都要抓紧农时，点瓜种豆，并修、添农具，以备农活之需，期望满意收成。

三、端午节

端午节又称"重五节""午日节""天中节""端阳节"等，时在农历五月初五日。

端午节起源于华夏民族对龙的崇拜和祭祀，故而过端午节在我国已有两千多年的历史。在历史进程中，后来又不断增添了纪念性的内容，如纪念屈原、纪念曹娥、纪念伍子胥等，但因屈原纪念说影响最大，故而后来过端午节时，主要活动内容都与纪念屈原有关。

（一）赛龙舟

赛龙舟活动起源于战国时期。后来，楚国爱国臣子兼诗人屈原忧国忧民而投汨罗江自尽，便有了楚人不舍屈原而划船拯救的传说。赛龙舟活动流传至今，除了纪念屈原之外，各地民众也赋予了带地方特色的内容。水乡之地，多在清明节前后举行赛龙舟活动，极为热闹。

（二）吃粽子

粽子又叫"角黍""筒粽"，春秋时期已有，到了晋代被正式定为端午节食品。现在，端午节吃粽子，南方北方皆同，只不过粽子的风味却大不相同。南方粽子，粽心多为豆沙、咸肉、火腿、枣泥；北方粽子，粽心多为小枣、果脯。至于名称，什么八宝粽、桃花粽、咸水粽、清水粽等，不一而足。

不少地方，端午节不但自己食粽子，走亲访友送"节礼"时，也要带粽子。"节礼"大致有:大肉一方、白糖糕点各一斤、粽子 10 个;未婚夫向未婚妻送"节礼",除以上各物,还得送夏季衣物。

(三)悬挂艾叶、菖蒲

将艾叶、菖蒲捆把悬挂于门楣之上,民间意为"驱邪除妖"。究其实,只不过是驱赶蚊蝇而已。为了杀虫除菌,有的地方,还用艾叶、菖蒲、榴花、蒜头、龙船花等制成虎形或人形,于室内外悬挂。另外,不少地方还在室内外洒雄黄酒或雄黄水,并涂抹小孩的耳、鼻、额头和面颊,用于驱散瘟疫之气,防毒虫及蚊蝇叮咬。

(四)挂香包

香包内装雄黄、苍术、细辛、白芷、丁香、甘松、香草诸物,外用彩绒、花布等制成花卉、瓜果、鸟兽、虫鱼等状的小香包,挂于身边,香气四溢。除了挂香包,有的地方还有"拴百索"之俗。即用红、黄、蓝、白、黑五色线合成股,拴在七岁以下小孩的手脚两腕及脖颈处,名为"拴百索",期望小孩平平安安,长命百岁。

我国的端午节习俗,很早就传入了日本、朝鲜及东南亚一些国家。那些地方,端午节吃粽子也成习惯。"赛龙船"活动,也多有举行。

四、中秋节

中秋节又名"仲秋节""团圆节",时在农历八月十五日。

中秋节在两汉时已有雏形,北宋时正式定节。现在,中秋节不仅在汉族中盛行,而且在蒙古族、苗族、傣族、白族、哈尼族、纳西族、瑶族、布依族等少数民族中也十分流行。

中秋节的主要活动是赏月、拜月和吃月饼。

(一)赏月、拜月

赏月、拜月之习,古已有之。《礼记》中就记载有祭拜月神的礼仪。祭月时,设大香案,摆上月饼、西瓜、苹果、葡萄等时令水果,焚香祭拜。因日为"阳",月为"阴",故旧时拜月时,有的地方是女性先拜,男性后拜;有的地方则是男性不拜月。

(二)吃月饼

月饼很早以前叫"小饼"或"甜饼",因为是祭奉月神的供品之一,才叫"月饼"。据史书记载,唐代时,京城长安已有了专制月饼的铺子。到了宋代,月饼制作业兴旺发达了起来。

"月饼"具有团圆之意,又是丰收的象征(农历八月十五日之前,我国大部分地区的秋收已近尾声),因此,中秋之夜,必吃月饼。现在,"拜月"之习多有消减,唯赏月、吃月饼之风,依旧兴盛。

因为"中秋节"是一个象征团圆的节日,因此,每到此日,如无特殊原因,出嫁之女都要同丈夫一道,携礼回娘家看望父母。未婚女婿,也要给未婚妻家送"节礼"。所送礼品,除了肉食酒水、时令果品外,一盒月饼必不可少。

除了以上共有习俗,不同的地方还有一些各自的特有风俗,也颇有情趣。

在安徽一些地方,有一种"舞草龙"的游戏。中秋节早晨,小孩子用稻草扎草龙,外面糊上彩纸。晚上,龙的身躯上插满蜡烛,小孩们举龙游街,敲锣打鼓,燃放爆竹。夜深之时,将龙抛于河中。据说,"舞草龙"可以避免旱灾。

在苏州,中秋节晚上有"走月亮"的习俗。当夜,明月当空时,妇女们穿戴一新,或结伴出游,或拜访亲友,叙谈家常。只见道路上成群结队,络绎不绝,直到东方欲晓,"走月亮"的人才陆续散去。

在广东,农村有"竖中秋"的习惯。每年中秋节,人们用玻璃或彩纸扎成各种果品、鸟兽、虫鱼状的小花灯。小孩们提着小花灯四处玩耍,大人们则在高处竖一旗杆,杆上挂一对小灯笼,用以庆祝佳节。

陕西一些地方,有中秋赏桂花的习惯;广西,有些地方常在中秋节举办"歌墟"(即唱歌集会)。届时青年男女们相聚一起,纵情歌唱,互诉衷情。

参考文献

[1] 毛泽东. 毛泽东书信选集[M]. 北京:人民出版社,1983.

[2] 阙勋吾,许凌云,张孝美,等译注. 陈蒲清,校订. 古文观止(言文对照)[M]. 长沙:岳麓书社,1988.

[3] 张永言,杜仲陵,向熹,等. 简明古汉语字典[M]. 成都:四川人民出版社,1986.

[4] 张燕婴,译注. 论语[M]. 北京:中华书局,2006.

[5] 傅佩荣. 我读孔子[M]. 北京:北京理工大学出版社,2011.

[6] 南怀瑾. 论语别裁[M]. 3版. 上海:复旦大学出版社,2010.

[7] 练性乾. 南怀瑾谈历史与人生[M]. 上海:复旦大学出版社,1995.

[8] 戴圣. 礼记[M]. 张博,编译. 沈阳:万卷出版公司,2019.

[9] 老子. 道德经[M]. 呼和浩特:远方出版社,2008.

[10] 黄朴民,来可泓,愈忠鑫,等注译. 白话四书[M]. 西安:三秦出版社,1990.

[11] 夏初,惠玲,校释. 蒙学十篇[M]. 北京:北京师范大学出版社,1990.

[12] 金正昆. 社交礼仪教程[M]. 2版. 北京:中国人民大学出版社,2005.

[13] 刘金同,刘晓晨,田桂芹. 实用社交礼貌礼仪教程[M]. 北京:北京大学出版社,2013.

[14] 陆予圻,郭莉. 秘书礼仪[M]. 上海:复旦大学出版社,2002.

[15] 杨爱琴,张朝开. 大学生礼仪规范教程[M]. 天津:南开大学出版社,2013.

[16] 王祥林. 现代礼仪实用教程[M]. 成都:电子科技大学出版社,2011.

[17] 钱文忠. 钱文忠解读《三字经》:上册[M]. 北京:中国民主法制出版社,2009.

[18] 钱文忠. 钱文忠解读《弟子规》[M]. 北京:中国青年出版社,2010.

[19] 薛进官,陈树权,刘万朗. 名言大观[M]. 北京:文化艺术出版社,1983.

[20] 王涵,华石,倪平,等. 名人名言录[M]. 上海:上海人民出版社,1981.

[21] 游国恩,王起,萧涤非,等. 中国文学史(一)[M]. 北京:人民文学出版社,1963.

[22] 陕西省文物管理委员会. 陕西名胜古迹[M]. 西安:陕西人民出版社,1986.

[23] 杨荣国. 中国古代思想史[M]. 2版. 北京:人民出版社,1973.

[24] 张岂之. 中国思想史: 全2册[M]. 西安: 西北大学出版社, 2012.

[25] 陈来. 宋明理学[M]. 上海: 华东师范大学出版社, 2004.

[26] 陈全力, 侯欣一. 帝王辞典[M]. 西安: 陕西人民教育出版社, 1988.

[27] 张生三. 中华帝陵[M]. 郑州: 中州古籍出版社, 1997.

[28] 南郑县地方志编纂委员会. 南郑县志[M]. 北京: 中国人民公安大学出版社, 1990.

[29] 镇巴县地方志编纂委员会. 镇巴县志[M]. 西安: 陕西人民出版社, 1996.

[30] 汉中市地方志编纂委员会. 汉中市志[M]. 北京: 中共中央党校出版社, 1994.

[31] 梁黎, 梁全智. 古今中外节日大全(增订本)[M]. 2版. 太原: 山西教育出版社, 1991.